普通高等教育公共课精品教材

大学生
心理健康教育

主　编　邓志强　郭少聃　罗攀登
副主编　黄国辉　马胜亮　汪凤高　宋伯阳　梁　伟
参　编　李成妍　贺冬梅　李　婷　罗　培　陈　勇　肖　霄

中国轻工业出版社

图书在版编目（CIP）数据

大学生心理健康教育 / 邓志强，郭少聃，罗攀登主编. --北京：中国轻工业出版社，2024.8. --（普通高等教育公共课精品教材）. --ISBN 978-7-5184-5042-8

Ⅰ. G444

中国国家版本馆CIP数据核字第2024SN5222号

责任编辑：李金慧

文字编辑：刘　晶　　　　责任终审：许春英　　　　设计制作：锋尚设计
策划编辑：张文佳　李金慧　责任校对：朱　慧　朱燕春　责任监印：张　可

出版发行：中国轻工业出版社（北京鲁谷东街5号，邮编：100040）

印　　刷：三河市万龙印装有限公司

经　　销：各地新华书店

版　　次：2024年8月第1版第1次印刷

开　　本：787×1092　1/16　印张：14.25

字　　数：330千字

书　　号：ISBN 978-7-5184-5042-8　定价：49.80元

邮购电话：010-85119873

发行电话：010-85119832　010-85119912

网　　址：http://www.chlip.com.cn

Email：club@chlip.com.cn

版权所有　侵权必究

如发现图书残缺请与我社邮购联系调换

240941J1X101ZBW

前言

　　人的发展离不开心理的健康发展，人民健康是民族昌盛和国家富强的重要标志。大学生作为一个特殊的社会群体，其心理健康水平关乎学生自身、家庭、学校乃至全社会的良好发展。因此，加强大学生心理健康教育成为高等院校人才培养中的一个重要课题。

　　全书共10章，涵盖绪论、大学生自我意识发展、大学生人际交往心理、大学生情绪管理、大学生爱情心理、大学生学业心理、大学生人格塑造、大学生常见心理问题与应对、大学生生命教育、大学生幸福心理与积极心理，内容通俗易懂，注重逻辑性，具有实用性、可操作性、趣味性、互动性等特点。

　　具体来说，本书特色体现在以下几个方面。

1. 内容全面

　　本书精选与当代大学生学习、生活、成长和发展息息相关的主题，贴近大学生现实生活、学习和未来发展的需求，丰富了大学生心理健康教育的内容，符合时代发展和大学生全面发展的需要。

2. 体例科学

　　本书采用情境导入、心灵探索等形式，深入浅出，循序渐进，寓教于乐；通过具体案例的阐释，把理论分析与大学生心理健康对策有机结合起来，将科学性、实用性、通俗性、趣味性融为一体，提高阅读性与实践性。

3. 注重素养提升

　　每章均有"学习目标""思维导图""心灵拓展"等模块，致力于培养大学生的综合素养。

　　本书在编写过程中参阅了大量的文献资料和互联网资源。在此，向各位作者一并表示感谢。由于编者理论水平和实践经验有限，书中难免存在疏漏之处，敬请广大师生和教育界同行批评指正。

编者

目录

第一章 绪论 ······1
第一节 心理健康概述 ······3
第二节 大学生心理发展与影响因素 ······11
第三节 大学生心理健康教育及其意义 ······16

第二章 大学生自我意识发展 ······20
第一节 自我意识的产生与发展 ······22
第二节 自我意识的作用与自我认知偏差 ······29
第三节 自我意识的完善与健全 ······32

第三章 大学生人际交往心理 ······38
第一节 大学生人际交往与人际关系 ······41
第二节 大学生人际交往常见问题与调适 ······45
第三节 大学生人际交往的原则与技巧 ······54

第四章 大学生情绪管理 ······63
第一节 情绪与心理健康 ······65
第二节 大学生常见情绪问题分析 ······71
第三节 情绪的自我调控与管理 ······75

第五章 大学生爱情心理 ······85
第一节 爱情心理概述 ······87
第二节 正确认知爱与性 ······91

第六章 大学生学业心理 ······98
第一节 学习的意义 ······100
第二节 学习的动机 ······105

第三节　学习的策略 ·· 112
　　　第四节　学习中的困扰与调适 ·· 117

第七章　大学生人格塑造 ·· **131**
　　　第一节　人格概述 ·· 133
　　　第二节　人格偏差与人格障碍 ·· 143
　　　第三节　大学生人格缺陷和障碍及其调适 ························· 147
　　　第四节　大学生人格完善的途径和调适方法 ····················· 151

第八章　大学生常见心理问题与应对 ···························· **159**
　　　第一节　角色转换与环境适应 ·· 161
　　　第二节　大学生适应问题的对策及心理调节 ····················· 166
　　　第三节　大学生心理咨询发展与概述 ······························ 173
　　　第四节　大学生网络心理问题的干预 ······························ 179

第九章　大学生生命教育 ·· **188**
　　　第一节　生命与生命教育 ·· 190
　　　第二节　大学生生命观 ·· 194
　　　第三节　大学生心理危机的预防与干预 ···························· 199

第十章　大学生幸福心理与积极心理 ···························· **203**
　　　第一节　幸福心理概述 ·· 205
　　　第二节　积极心理学概述 ··· 208
　　　第三节　培养积极品质 ·· 212

参考文献 ··· **222**

第一章 绪论

情境导入

某大学一位辅导员带来中文系一名大二的女生,说该女生长期营养不良而导致全身性紫癜,精神不济,学习成绩下降,人际关系紧张。与该女生详谈后得知,该生家庭十分贫困,无钱供她读书,她靠做家教挣来的工资做生活费,还要养活一个在读高中的弟弟,因此,感到很自卑,总觉得同学都瞧不起她,感觉很痛苦。其实,该生成绩不错,大一时曾获校二等奖学金,同学对她评价都很好。可她却固执地认为同学都因她家庭困难而鄙视她,最令她苦恼的是没有男生追求她。为了改变现状,她常常连续一个月不吃肉,节约伙食开支,去购买漂亮衣服,以获得同学的"羡慕"与"尊重"。这样的"牺牲",并没有让她感觉到自己的处境有任何好转,反而发现同学投来异样的眼光,心情越来越糟。由于长期节食,她患上了严重贫血,常常头晕目眩,上课注意力难以集中,记忆力减退,学习成绩大滑坡,以致补考多门而成为班上的"困难"学生,烦恼、自卑、懊悔时刻吞噬着她不甘人后的自尊心,但此时的她已感力不从心。

像这样的女生在大学里并不少见,只是症状的表现形式与程度不同而已,由于自我认识的偏差而导致自尊与自卑的矛盾体验,为了掩饰自己的自卑,她们常常拒绝帮助,封闭自我,就其内心体验而言是痛苦不堪的,外表的自尊无法欺骗自己真实的内心体验,她们在自卑与自尊的矛盾中挣扎,最后以偏颇的方式来解决问题,使自己越陷越深。

思考

你有哪些建议和措施可以帮助这个女生走出困境?

学习目标

知识目标

1. 掌握心理健康的基本概念。
2. 了解心理健康与大学生心理健康的标准。
3. 了解当代大学生心理健康整体状况和主要挑战。

能力目标

1. 能够根据心理健康的标准,评估大学生的心理健康状况。
2. 能够根据当代大学生的特点,提出相应的维护心理健康的策略和措施。

素质目标

1. 提高自身的心理素质,增强应对压力和挑战的能力。
2. 培养良好的心理调节能力,包括情绪管理、压力应对、自我认知等方面。

思维导图

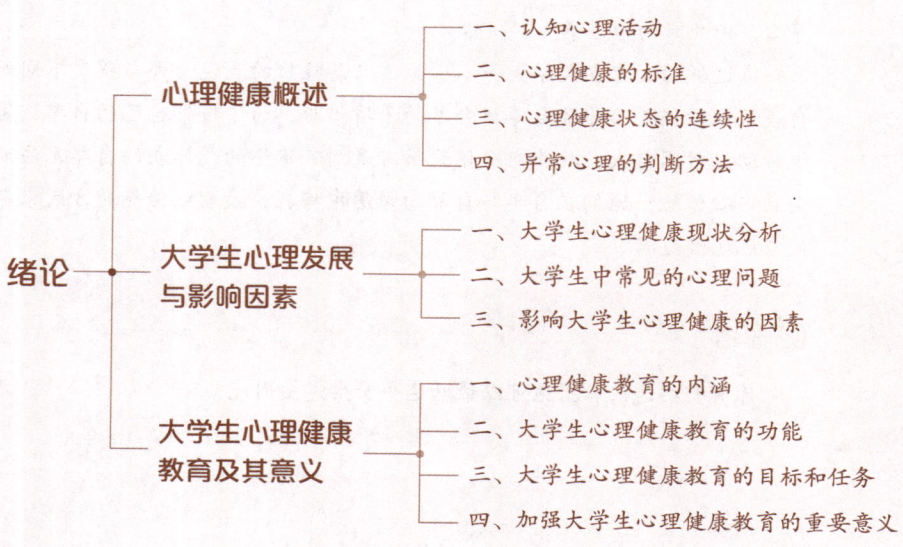

第一节 心理健康概述

一、认知心理活动

科学的心理观认为，人的心理活动的实质是：心理是脑的机能，是人脑对客观现实的主观能动反映。首先，人的心理是人脑的机能。人脑是心理的器官，是一切心理活动的物质基础和前提，为人的心理产生提供了可能。临床医学有研究发现，当人脑由于外伤或疾患而遭受损伤时，其正常的心理活动就会失调和改变。例如，大脑颞上回受损会出现失听症，大脑皮层额中回受损会出现失写症。其次，人的心理是对客观现实的主观反映。人的心理活动，不论简单还是复杂，都可以从现实中找到其内容依据。人的各种心理活动，无论是简单的感觉、知觉，还是复杂的思维，都是对具体的客观存在的物或事件的感知，思维也是对感知到的"信息"进行加工的活动。心理现象复杂变化，表现形式多种多样，但通常可以将其分为心理过程和个性心理两大类。

（一）心理过程

心理过程是指心理现象发生、发展和消失的过程。它相对于个性心理而言，是不断变化的暂时性心理现象，主要包括认识过程、情感过程和意志过程。

1. 认识过程

认识过程是指人在认识客观事物的过程中，为弄清楚客观事物的性质和规律而产生的心理现象，它是人最基本的心理过程。比如，人们看见颜色、听到声音、尝到味道、闻到气味，感觉到物体的软硬或冷热等，这就是感觉。在感觉的基础上，人们能够辨认出是盛开的桃花或是歌唱的黄鹂，是鲜红的苹果或是崭新的手机等，这就是知觉。人不仅能直接地感知事物的表面特征，还能间接地、概括地反映事物的内在的、本质的特征，这就是思维。再如，医生根据病人的脉搏、体温、血液等变化，可以推断出病人体内的疾病；老师根据学生的外部表现和言行，可以了解其内心世界，这些都是思维。人在头脑中不仅能再现过去事物的形象，而且还能在此基础上创造新事物的形象，这类心理活动过程称为想象。感觉、知觉、记忆、思维和想象都属于人的认识过程（图1-1）。

2. 情感过程

情感过程是指人在认识客观事物的过程中所引起的人对客观事物的某种态度的体验或感受。人对客观事物的认识，并不是刻板的、冷漠的，而是总会表现出鲜明的态度体验，渗透着某种感情色彩。这些在认识基础上产生喜、怒、哀、乐等态度体验的过程，心理学

图1-1 感知花香

上称之为情感过程。

3. 意志过程

意志过程是指在认识的支持与情感的推动下，人有意识地克服内心的障碍与外部的困难而坚持实现预定目标的过程。人不仅能认识客观事物，对它产生一定的情感体验，而且还能够自觉地改造客观世界。为了认识世界和改造世界，人总是主动地确定目标、制订计划并树立信心，坚持不懈地去战胜困难和挫折，以达到预期的目标，这种心理活动的过程叫作意志过程。意志是人意识的能动性的集中体现。

认识过程、情感过程和意志过程不是彼此独立的。情感过程与意志过程中含有认识的成分，它们都是由认识过程派生出来的；情感过程与意志过程又对认识过程产生影响，它们是统一的心理活动中的不同方面。

（二）个性心理

心理学上所谓的个性指的是一个人在生活实践中经常表现出来的、比较稳定的、带有一定倾向性的个体心理特征的总和。个性心理由两方面组成。

一是个性心理倾向性，包括需要、动机、兴趣等，它是人的行为的潜在动力，是人的积极性的源泉。需要是人对一定客观事物的渴求或欲望。动机是直接推动人去行动以达到一定目的的内部动力。如饥渴时求饮食，寒冷时求衣被，孤单时求伴侣，疲劳时求休息，其中饮食、衣被、伴侣、休息是需要，而采取行动以获取这些需要的直接动因就是动机。兴趣是指一个人积极探究某种事物或从事某种活动的心理倾向。一个人无论从事脑力劳动或体力劳动，无论从事什么具体工作，只要他是感兴趣的，他就一定会积极地、兴高采烈地、富有创造性地投入进去，并容易做出成绩来。

二是个性心理特征，包括气质、性格、能力，它比较稳定地反映了个体的特色风貌。气质是人典型的、稳定的心理特点，即人的性情或脾气。性格是指个人对现实稳定的态度和稳定行为方式的心理特征。有人大公无私，有人自私自利；有人勤劳朴实，有人懒惰奢侈；有人自尊自强，有人自暴自弃。这些都是人的性格特征。当某些特征稳定地而不是偶然地表现在某人身上时，就可以说这个人具有这种性格特征。能力是成功地完成某种活动的个性心理特征。一个人要能够顺利、成功地完成某种活动，主要的心理前提是要具备某些能力，能力是人完成任何活动不可缺少的一种心理品质。

二、心理健康的标准

（一）世界卫生组织提出的身心健康的标准

1998年，世界卫生组织提出了身心健康的标准，可总结为"五快三良好"（图1-2）。

1. "五快"

（1）快食。胃口好。吃得香甜，吃得平衡，吃得适量。不挑食，不贪食，没有过饱或不饱的不满足感。

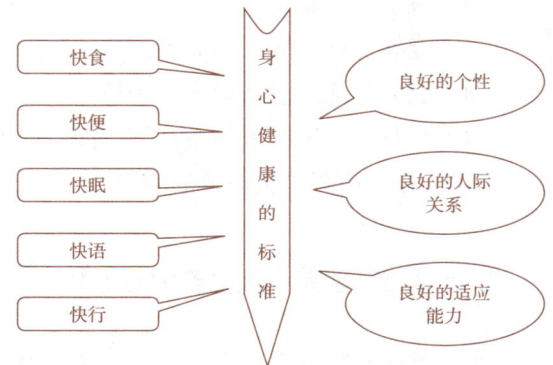

图1-2 身心健康的标准

（2）快便。大小便通畅，胃肠消化功能好。良好的排便习惯是定时、定量，最好每天1次，最多2次。起床后或睡眠前按时排便，肛门、肠道没有疾病。

（3）快眠。上床后很快入睡，并睡得深，不容易被惊醒，又能按时清醒，醒来后头脑清楚、精神饱满、精力充沛、没有疲劳感。

（4）快语。思维能力好。对复杂重大的问题，在有限时间内能讲得清清楚楚、明明白白，语言表达全面、准确、深刻、清晰、流畅。对别人讲的话能很快领会、理解，把握精神实质，思维清楚而敏捷，反应良好，大脑功能正常。

（5）快行。俗话说"看人老不老，先看手和脚""将病腰先病，人老腿先老"。"快行"即行动自如，轻松有力，转身敏捷，反应迅速，动作流畅。

2. "三良好"

（1）良好的个性。性格温和，意志坚强，感情丰富，胸怀坦荡，豁达乐观，热爱生活。

（2）良好的人际关系。包括在人际交往时能助人为乐，与人为善，能有选择地与朋友交往，珍视友情，尊重他人人格，待人接物时能宽大为怀。

（3）良好的适应能力。包括观察问题客观实在，具有较好的自控能力，能适应复杂的社会环境。

（二）心理学家马斯洛提出的心理健康的标准

美国著名心理学家马斯洛在1951年提出的心理健康的10条标准，被认为是心理健康的"最经典标准"，具体标准如下。

（1）有足够的自我安全感。

(2)能充分地了解自己,并对自己的能力做适当的估价。
(3)生活理想切合实际。
(4)不脱离周围现实环境。
(5)能保持人格的完整与和谐。
(6)善于从经验中学习。
(7)能保持良好的人际关系。
(8)能适度地发泄情绪和控制情绪。
(9)在符合集体要求的条件下,能有限度地发挥个性。
(10)在不违背社会规范的前提下,能恰当地满足个人的基本需求。

(三)我国著名心理学家林崇德提出的心理健康的标准

我国著名心理学家、北京师范大学林崇德教授的观点:心理健康标准的核心是凡对一切有益于心理健康的事件或活动做出积极反应的人,其心理便是健康的。他认为心理健康主要有以下10条标准。

(1)了解自我。对自己有充分的认识和了解,并能恰当地评价自己的能力。
(2)信任自我。对自己有充分的信任感,能够克服困难,面对挫折能坦然处之,并能正确地评价自己的失败。
(3)悦纳自我。对自己的外形特征、人格、智力、能力等都能愉快地接纳认同。
(4)控制自我。能适度地表达和控制自己的情绪和行为。
(5)调节自我。对自己不切实际的行为目标、心理不平衡状态、与环境的不适应性,能做出及时的反馈、修正、选择、变革和调整。
(6)完善自我。能不断地完善自己,保持人格的完整与和谐。
(7)发展自我。具备从经验中学习的能力,充分发展自己的智力,能根据自身的特点,在集体允许的前提下,发展自己的人格。
(8)调适自我。对环境有充分的安全感,能与环境保持良好的接触,理解他人,悦纳他人,能保持良好的人际关系。
(9)设计自我。有自己的生活理想,理想与目标能切合实际。
(10)满足自我。在社会规范的范围内,适度满足个人的基本需求。

(四)心理健康与心理不健康者的特征

根据中外学者提出的心理健康的标准,可以看出,界定心理健康的标准一般都是从智力水平、情绪状态、意志品质、行为表现、自我认知等方面提出的,心理健康者与心理不健康者的特征如下(表1–1)。

表1-1　心理健康者与心理不健康者的特征

指标	心理健康者	心理不健康者
智力水平	能适应生活环境 能正常生活、工作、学习 智商不低于70分	不能适应生活环境 不能正常生活、工作、学习 智商低于70分
情绪状态	心情愉快，有幸福感 情绪稳定，反应适度 情绪与目标一致 原因消去，情绪改变	情绪低落，灰心丧气 烦躁不安，喜怒无常 情绪与原因不一致，甚至相反 原因已除，情绪仍不能平复
意志品质	行为有目的，深思熟虑 付诸行动，当机立断 善于控制言行 坚持不懈，百折不挠	行为盲目，轻信武断 优柔寡断，犹豫不决 不能控制冲动 遇难而退，见异思迁
行为表现	思维清晰，符合逻辑 行为有序，语言有条理 言行相符，思维行动一致 行为反应正常	思维混乱，不符合逻辑 行为无序，语无伦次 言行不一，思维与行为矛盾 行为反应过于敏感或迟钝
自我认知	气质、性格、能力均衡发展 有积极进取的人生观 需要、愿望、目标、行为统一 正直、热情、自信、勇敢	气质、性格、能力发展不平衡 人生观消极、悲观失望 需要、愿望、目标、行为相互矛盾 冷漠、自卑、惧怕、自私

（五）我国大学生心理健康的标准

综合国内外专家学者的观点，黄希庭、马建青教授等根据我国大学生这一特殊群体的年龄、心理和社会角色特征，提出了8条学生心理健康的标准。

（1）智力正常。智商（IQ）＞80分是大学生学习、生活与工作的基本心理条件，也是适应周围环境变化所必需的心理保证。

（2）情绪健康。愉快情绪多于不愉快情绪，一般表现为乐观开朗、充满热情、富有朝气、满怀自信、善于自得其乐、对生活充满希望；情绪稳定，善于控制和调节自己的情绪，既能克制约束，又能适度宣泄，不过分压抑，在不同时间和场合能够恰如其分地表达情绪；情绪反应是由适当情境引起的，反应的强度与引起这种情绪的情境相符合。

（3）意志健全。在行动的自觉性、果断性、顽强性和自制力等方面都表现出较高的水平。能适时地做出决定，并能运用切实有效的方法解决所遇到的各种问题。既不顽固执拗、轻率鲁莽、言行冲动，也不意志薄弱、优柔寡断、害怕困难。

（4）人格完整。人格结构的各要素完整统一，具有正确的自我意识，不产生自我同一性混乱；以积极进取的人生观作为人格的核心，并以此为中心把自己的需要、愿望、目标和行动统一起来。

（5）自我评价正确。对自己的认识接近现实，有自知之明，对自己的优点感到欣慰但不狂妄自大，对自己的缺点不回避，也不自暴自弃，而是善于正确地自我接纳。

（6）人际关系和谐。既有稳定而广泛的人际关系，又有知心朋友。在交往中保持独立而完整的人格，不卑不亢。能客观评价别人和自己，宽以待人。

（7）适应能力强。在认清社会发展趋势的基础上，主动适应社会发展的要求，不逃避现实，更不妄自尊大、一意孤行，与社会需要背道而驰。

（8）心理行为符合大学生的年龄特征。大学生是处于特殊年龄阶段的特殊群体，大学生应具有与自己的年龄和角色相应的心理行为特征。一个大学生若经常严重地偏离自己所处的年龄阶段和自己的角色应该具有的相应的心理行为特征，则有可能是心理异常的表现。

♡ 心灵拓展

世界卫生组织关于健康的11条标准

（1）精力充沛，能从容不迫地应付日常生活和工作的压力而不感到过分紧张。
（2）处事乐观，态度积极，乐于承担责任，不挑剔。
（3）善于休息，睡眠良好。
（4）应变能力强，能适应环境的各种变化。
（5）能够抵抗一般性感冒和传染病。
（6）体重正常，身材均匀，站立时头、肩、臂位置协调。
（7）眼睛明亮，反应敏锐，眼肌轻松，眼睑不发炎。
（8）牙齿清洁，无空洞，无痛感；齿龈颜色正常，不出血。
（9）头发有光泽，无头屑。
（10）肌肉、皮肤富有弹性，走路轻松有力。
（11）即使身体病了内心也会坚强，保持好心情，对生活充满希望。

三、心理健康状态的连续性

正常心理的典型状态是健康的心理状态，上面提到的心理健康标准是一种理想的健康状态，它为我们提高心理健康水平指明了方向，当然它不是一个静止的理想标准，而是一个相对的概念。心理健康与不健康之间并没有一条绝对的分界线，而是一种连续、不断变化的状态。正常的心理功能并不仅仅是指绝对的静止的心理健康状态，也包括在心理不健康时个体能自动调节恢复至健康状态，也就是说，社会生活的流动性决定了我们人类的心理状态不是一个绝对的静止状态，而是可以流动变化的，在压力面前，各种心理指标都有偏离反应，但正常心理功能的个体能觉察到这些偏离，并能通过调节相关心理行为模式来"纠正"这些偏离，使健康重新恢复到良好的功能水平。可以肯定地说，绝对、永远心理健康的人是不存在的，健康与不健康之间的界限是模糊的，是否健康取决于当下心理状态对个人生活的影响。根据心理的这种不断变化的状态，有人把人的心理健康状态打了一个比方，分为3个区域：白色区、灰色区和黑色区。

白色区代表心理健康良好，灰、黑色区代表不健康的心理状态，其中黑色表示比较严重的心理障碍，灰色区介于黑白两区域之间，代表程度稍轻的心理问题。既然心理状态是一个连续体，灰色区域内的"灰度"也是高低不同的，白、灰、黑3个区域之间是流动的，可以相互转换，灰色区域内的心理状态调节得当就趋近于白色，不当则会趋近于黑色。实际上，假如选取一个时点来对人群的心理健康状态进行采样，大多数人可能都会处于灰色区域内，即处在心理健康与不健康之间的亚健康状态。心理健康是一个不断发展着的、变化着的过程，在这个过程中，每个人都可能会遇到各种困扰，但这不等于心理不健康，最重要的是能有效地解决困扰，实现心理状态的平衡，这也是心理功能的正常表现——能从灰色恢复到白色的健康状态；否则，若不能有效解决生活中遇到的困扰，处于浅灰地带的就可能转入深灰甚至黑色区域，这就是心理功能的异常状态——靠自我的力量难以恢复到白色区域，形成严重的心理困扰或心理疾病。

四、异常心理的判断方法

由于异常心理或正常心理是相对的概念，在很多情况下，两者的区别只是程度不同，而且心理健康状态受多种因素影响，如生物因素、心理因素、社会环境等，所以判断心理状态正常与否常与社会、生活环境相结合进行分析。

一般而言，人们通过以下方法来区分正常心理与异常心理。

1. 以统计数据为标准

将心理活动的行为表现数量化，然后根据正态分布，对照行为表现，确定是否有异常。即假设健康人的心理状态呈一种正态分布曲线，多数人的行为都处在一个中等水平上，距这个中等值较近的称为正常；远离这个中等值的就可能存在异常，常常把均值加减两个标准差作为正常值范围，偏离此范围者为异常。按照正态分布规律，一般以平均数左右两个标准差为限，涵盖了总样本的90%左右。

比如，面临一场重大的考试，多数人处于中度紧张状态，而那些因压力过大而休克者或对压力无所谓者常常是心理素质较差者。

再比如，一个人的热情和抑制一般都是在比较平衡的状况下存在，兴奋性较占优势的人表现得活跃、好动、爱说，而抑制性占优势的时候则表现得安静、沉默、话少，这些都是正常的。但若一个人兴奋或抑制的表现超出了一定的范围，如兴奋的人见人就打招呼，不管是熟人还是生人都要与之交往，整天说个没完，这时候就应该考虑其心理正常与否了。

同理，抑制性占优势的人假如整天沉默不语、不与任何人交往、什么事情也不想干，也应考虑其有异常心理的可能。

当然统计学标准不是万能的，在考虑正常与否时也应考虑其他因素，在某些情况下，大多数人的行为不能作为正常人的标准，比如大地震后灾区的人们整体情绪都比较低落，他们的情绪水平的平均数显然就不能代表正常。而且变态心理的某些特殊感知和信念不可能用纯客观的方法来判断，必须兼用一些定性描述的方法，结合上述各项标准，根据对象的特殊情况，对心理的异常做出更为科学的判断。

2. 以社会适应性为标准

一个心理正常的人不仅能理解别人，别人也能理解他，他能被集体所接纳，也能处理好人际关系。但当一个人的价值观念、伦理道德标准和行为表现与社会环境的客观需求格格不入时，他就很难与社会协调一致，很难与他人很好地相处——别人不能理解他，他也理解不了别人，这就要考虑其心理是否健康了。

当然这个判别标准也不是绝对的，因为某一区域被普遍接受的价值标准放在另一个区域也许就很难被接受。如果离开了相应的社会文化背景，是无法对一种社会行为模式的正常与否进行判断的。

这个标准是根据个体的行为表现是否能为周围环境接受并能融于其中，即根据其社会功能是否正常来判断其心理是否正常。人是社会性动物，心理健康模式也受社会文化影响。正常人的行为符合社会准则，能根据社会要求、价值观体系、道德规范行事，行为符合社会常态，是适应性行为。

3. 以个人的主观感受和经验为标准

这里的经验包含两个方面，一是个体对自己的心理状态加以比较和鉴别。每个人都能自觉地意识到自身的心理活动，同时也能观察到别人的心理活动，所以说每个人都可根据自己的经验对某一种心理做出自己的评价，即以自己以往的正常标准作为参照物来判断一种心理的正常与否。二是评估者（一般是学校心理咨询师或精神科医生）在经过专业训练并积累相当经验后，对被评估者的心理异常进行判断。

但以个人的主观感受作为评价标准会导致个体差异性较大。比如对于同样一个心理问题，有的人判断为神经衰弱，有的人可能判断为焦虑症，很多情况下这些诊断正确与否没有绝对的判断标准，而主要取决于个人对诊断的倾向性，所以要结合多种评估标准来鉴别诊断，并且最好求助于专业的咨询或治疗机构。

4. 以临床症状为标准

找到病理解剖或病理生理变化的根据，在此基础上判断某人是否有心理问题或心理障碍，专业人员常常参照的是CCMD—3（《中国精神障碍分类与诊断标准第3版》）。以各种心理检查和脑组织检查提供的客观数据指标作参考，这可以大大降低不同研究者对同一心理问题做出诊断的差异度。当然这种判别标准也有一些局限性，人的主观心理活动无论正常还是异常都是非常复杂的，受很多因素的影响和制约，测量仪器和工具很难准确地将其检查出来，所以完全依靠测量仪器来检测心理的正常与否是不现实的想法和苛求。

综合来看，尽管判断一个人的心理是否正常有以上的几个标准，但绝对准确是很难做到的，所以在使用时要综合运用以上的4个方法，以更客观地对人的心理健康程度进行评价。

> ♥ **心灵拓展**
>
> 心理问题≠心理变态
>
> 每个人在成长的不同阶段和生活的不同方面，都有可能会遇到这样那样的问题，这些问题可能会导致一些不良情绪的产生。心理问题是日常生活中经常会遇到的各种困惑，人们针对这些问题来求助于心理咨询，并不意味着不正常或者见不得人，更不是所谓的"心理变态"。人们在生活中经常有这样一种误区：只有"神经病""精神病"才会去做心理咨询。其实，人们所说的精神病严格来讲是重性精神病，如精神分裂症等，它与一般的心理问题和轻度心理障碍有很大区别，并且处于发病期的精神疾病患者也不属于心理咨询的范畴。

第二节 大学生心理发展与影响因素

一、大学生心理健康现状分析

大学生群体的心理健康状况总的来说是好的。大学生群体有较高的智力水平，有强烈的求知欲望，对学习有浓厚的兴趣；他们有较稳定的情绪，乐观自信，积极向上，富有朝气和活力；他们的情感健康，关心国家大事，关心人民的生活，对未来满怀憧憬；他们意志比较顽强，敢说敢干，不怕困难，追求理想；他们的人格比较完整，喜欢幻想，勇于创新，努力向上，积极进取；他们有较完善的自我意识，关心自我、悦纳自我，也能主动展示自我；他们喜欢交往，追求友谊和爱情；他们关心社会，想更多地了解社会，不断调节自我，主动适应社会。但大学生作为现代社会的重要组成部分，社会变革和时代变迁对他们心灵的冲击也是很明显、很强烈的。过高的精神需要与满足的相对不足、各种心理压力与排遣能力的相对不足、集中的心理刺激与转移空间的不足，使大学生成为心理病变的重灾群体，其心理健康问题，既有与其他社会群体相似的一面，又有大学生群体特有的内容。一般而言，凡是社会群体中已经和可能发生的心理健康问题，在大学生群体中也不可避免地会发生。事实上，各种心理障碍、神经症以及严重的精神疾病在大学生群体中都有一定的发病率。就大学生群体的特殊性而言，主要基于大学生特定的身心发育阶段、特定的社会、人生发展课题方面的问题。在一般心理问题领域，大学生的心理健康问题更复杂、更多变，且具有一定的独特性。

一项以全国12.6万名大学生为对象的调查显示，20.23%的大学生存在不同程度的心理问题。其中，存在严重心理障碍的大学生约为3%。心理学家曾用症状自评量表SCL-90对1600名大学生常见心理健康问题进行研究，发现24.8%的大学生至少存在一类心理健康问题。大学生中常见的心理健康问题有强迫症、人际关系敏感、忧郁、偏执和敌对，这些心理健康问题的发生可能同下列几类心理社会因素有关：人格缺陷，独立生活能力差，学习负担过重，人际沟通能力和技巧缺乏，在性生理和性心理发展与恋爱方面存在问题，家庭问题，学生宿舍、学校乃至社会大环境的不良刺激等。

综合各类分析结果来看，大学生心理健康状况不容乐观。大学生心理障碍的主要表现是人际关系和强迫倾向等。心理障碍的发生在专业、年级、地区之间存在差异，竞争压力大的专业发生心理障碍的人数多；从年级角度来看，大学二、三年级的学生心理健康状况最差，一年级次之，四年级再次之；来自农村的大学生心理健康问题比来自城市的大学生多。尽管大学生中存在如此普遍的心理障碍，然而其中只有极少部分大学生接受心理咨询方面的专业帮助。

二、大学生中常见的心理问题

（一）入学适应问题

大学生进入大学校园后，生活环境、生活条件、人际关系、学习方式与方法都不同了，这一系列的变化使他们原有的习惯、心理结构与心理定式被打破，他们渴望独立，自信心、自尊心增强，但心理上还存有依赖性、理想化、盲目自信等特征。他们往往留恋家庭、父母和中学环境、同学等；他们盲目地向往未来，容易随心所欲地把生活理想化。一旦遇到困难，就会引起复杂的心理矛盾，抱怨学校，抱怨同学，极度失落，甚至自我封闭。由于摆不正个人在社会、集体中的位置，盲目自信，很可能走向自我膨胀或自暴自弃。当这种应激超过限度时，就会出现失眠、食欲不振、注意力不集中、环境适应困难以及烦躁、焦虑、头痛、神经衰弱等心理问题。

（二）学业问题

在影响大学生情绪波动的因素中，学习的因素排在第一位。高校就业制度的改革、竞争压力的增大都给大学生增加了心理压力。一般来说，大学生学习压力过大、学习负担过重，会使智力活动能力受限，学习效率下降，这不仅会降低大学生的学习兴趣，而且会使大学生对学习失去信心，精神上会感到压抑，焦虑不安，久而久之就会引起某种心理障碍。

（三）交往的困惑

大学生活中最棘手的问题莫过于人际关系问题。在大学阶段，个体独立地步入了社会群体交际圈，他们积极主动地接触老师、校外及社会，渴望从这些"无字之书"中获得真正意义上的交往体验和真知灼见，以便为将来进入社会做准备。然而，一室难以交往，何谈走向社会呢？交往中语言艺术和技术技巧的缺乏、认知偏差等，带给他们更多的是打击和困惑，或表现为自我否定而陷入苦闷和焦虑，或企图对抗而陷入困境，从而产生心理问题。

（四）网络中的心理问题

网络在给大学生带来积极影响的同时，也给大学生的健康带来了许多负面影响。大学生把大部分时间花在了上网上，不仅会导致眼睛疼痛、视力下降、手关节疼痛、身体疲乏无力、食欲不振等不良生理反应，而且会严重地影响大学生正常的学习、生活、交往，甚至导致大学生人格异化，导致精神障碍。

（五）恋爱与性心理问题

处于青春中后期的大学生，由于性的发展成熟以及性意识的萌发，对异性产生了极大的好感和兴趣，并渴望与异性进行交往。但是，由于大学生认为恋情简单，而特有的激情在给爱情蒙上一层神秘色彩的同时，也会酿成一杯爱的苦酒。另外，大学生是一个十分特殊的群体，他们在校学习时间的延长导致了他们社会化过程的延后。他们在经济上尚未独立，生活在半社会的校园中，还有比较艰巨的专业学习与专业训练的任务，他们的未来还有许多不确定因素，这一切导致了他们性心理的成熟落后于性生理的成熟，使得他们处于早熟与难以自立的两难之中，由此而产生种种与性心理有关的心理冲突。

（六）就业的压力及择业中的问题

就业是人生的重要转折点，也是目前大学生最关心的问题。面对择业，大学生的心理是复杂而多变的，有些毕业生鉴于学习成绩不理想、年龄较大、家庭负担重或鉴于个人条件好、自我评价高，在择业中表现出急于求成、悲观失望、盲目攀高或消极依赖等情绪。大学生求职择业过程中产生的种种矛盾心态、迷茫和困惑干扰了他们正确的就业心态。什么单位才是自己应该去的，什么单位才是最适合自己发展的，什么工作才是最有前途的，这些都是摆在大学生面前的现实问题。

（七）家庭贫困导致的心理问题

大学生中有这么一个特殊群体，他们因为窘迫的家庭状况而陷入常人难以忍受的生存困境。他们是否能成长为人格健全、成绩优秀的人才，非常需要社会以及周围善良的人们给予更多的关注。不少大学生会因为经济的贫困产生诸多不利于自身发展的心理特征，如自卑、敏感、抑郁、多疑、焦虑、孤僻等。这些心理问题如不及时解决，一系列心理疾病将会由此而生。

除了这些一般性的心理问题和心理困惑外，由于大学生心理发展尚未完全成熟，自我调节和自我控制能力不强，有些心理矛盾和心理困惑长期在内心积累，使其产生不适应感、焦虑感和压抑感。如果长期郁积而得不到缓解，就会产生心理疾病。

三、影响大学生心理健康的因素

大学生在生活、学习、工作中常常面临各种考验，如在生活中如何抵御消极情绪的干扰，把自己的感情引向正确的方向；如何正确地对待不幸和挫折；如何对自己的行为真正负责；如何对自己的前途抱有充分的信心。这些都与一个大学生良好的个人心理素质和健康的心理水平密切相关。哪些因素对大学生的心理健康有重要影响呢？影响大学生心理健康的因素是多方面的，归纳起来可以分为个人内在因素和外在环境因素。

（一）个人内在因素

1. 个人生理方面的因素

人的生理特点，尤其是大脑与神经系统的解剖生理特点，是人心理活动的物质基础。如果大脑与神经系统有某些缺陷，人的某些心理活动就不能正常进行。例如，大脑中的听觉中枢不健全，人就不能获得正常的听觉，不仅难以欣赏音乐等，也难以与人进行正常的语言交流，这样就会对人的情绪、人际交往等方面带来直接影响。同时，大脑与神经系统的解剖生理特点，直接决定了人的气质类型，这些气质类型（如胆汁质、抑郁质等，后面会详细介绍）在情绪的表现方面尤其值得注意，如果不能恰当地予以教育、引导，就有可能导致某些心理异常。其他如自主神经系统、内分泌系统功能失调，也会引起人的情绪异常。例如，甲状腺功能过盛，会导致人出现神经过敏与情绪激动的现象；肾腺功能不足，则会使人情绪抑郁。大学生在成长过程中，父母的遗传、病菌病毒感染、大脑外伤或化学中毒及某些严重的躯体疾病都会对其心理健康发展造成极大的影响。

2. 个人心理方面的因素

个人心理活动过程中的冲突与挫折等是影响心理健康的另一类个人内在因素。一方面，处于青春期的大学生，心理发展水平正处在迅速成熟但未完全成熟的阶段。他们有理想和追求，充满热情，但由于情况、条件以及个人能力的限制，在多种目标不能协调时，他们不得不放弃某些目标、忍痛割爱，这种被迫的取舍选择，若是涉及自己心爱的人、事与物，事后又觉得不妥、懊丧不已，那么久而久之就会产生忧郁感，甚至积忧成疾。另一方面，大学生活也不是一帆风顺的，所谓"人生逆境十之八九，顺境十之一二"，大学生随时会在学习、生活、交友、恋爱、择业等方面遇到各种各样的困难，当他们遇到困难又无法克服时，就会产生挫折感，心情不愉快，甚至会感到痛苦。倘若他们不能正确地对待挫折，不能在遇到挫折后通过适当的心理防卫或适应机制去战胜挫折，就会经常感到自尊心的损伤与自信心的丧失，内心滋生失败感和愧疚感，形成一种由紧张、不安、忧虑、恐惧、抑郁等交织而成的复杂心境，这种焦虑的心态若长期持续下去，便会导致不健康的心理。

（二）外在环境因素

1. 社会环境因素

学生是时代的骄子，他们关注社会政治与经济的变化发展，社会物质、社会意识、社会风气、社会舆论4方面对其心理影响较大。市场经济带来物质产品的巨大丰富、利益格局的重新调整及贫富差距的加大。在社会意识方面，社会主义市场经济体制的建立和发展，必然伴随着价值观念的转换。社会的变迁过程，实际上也是人们心理态度、人生价值观和思想行为等更新、定位和变革的过程。社会转型时期信仰的迷茫、价值的失落必然对大学生产生一定影响；与此同时，社会风气、社会舆论也会在成长期的大学生心中留下深层的心理积淀。正确的舆论有利于大学生心理健康成长，不正确甚至错误的舆论则会对大学生心理的健康成长构成不良影响。

2. 家庭因素

家庭的影响也是环境因素的重要方面，如家长对子女的教育方法、父母本身的心理行为、父母关系、家庭氛围等都会给大学生带来影响。毋庸置疑，大学生世界观、人生观的形成是以其少儿时期的思想、观念为基础的。如果在少儿时期，父母的认知不统一，观念行为不一致，往往会使子女产生心理困惑。事实证明，父母感情和谐、兄弟姐妹相亲相爱的家庭氛围，往往会使个体形成谦虚、随和、诚恳、乐观、大方等良好的人格特质。反之，家庭成员之间如果经常吵闹、打骂，则容易使个体形成粗暴、野蛮、孤僻、冷漠等不良的人格特质。有的大学生父母婚姻的不幸，也会给他们造成心理上的阴影，因为在单亲家庭中，婚姻的破裂会使父母将生活中的不满和愤恨转化为一种观念并加诸子女身上，这种有意无意的影响都会使子女形成错误的观念，导致他们产生怀疑、否定别人的心理和行为。

3. 教育方面的因素

教育层面的影响分两个方面：一是高等教育发展的变化。高等教育逐步适应市场，专业拓宽，重视学生的适应力与能力的培养，应试教育逐步弱化。二是高等教育招生、就业体制的改变。学生交费上学，在一定范围内自主选择专业，市场减少了对高校与学生的约束。这一切都直接冲击着当今大学生的心理，他们必须承担上学的部分教育成本，面对求学、择业过程中选择机会的增多，选择难度的增大，他们有着更多的焦虑、不安、失落甚至无所适从。

第三节 大学生心理健康教育及其意义

一、心理健康教育的内涵

所谓心理健康教育，就是教育者运用心理学、教育学原理以及心理咨询理论和技术等，对受教育者施加一定的影响，帮助他们化解心理矛盾、减少心理冲突、缓解心理压力、优化心理素质，使受教育者的心理得以正常发展，保持健康的心理状态，形成良好的个性和思想品质。

心理素质在很大程度上决定着一个人的整体健康状况，决定着一个人对生活的感受，决定着一个人的生活质量，甚至决定着一个人的终身幸福，因此一些学者又将心理健康教育称为心理素质教育。

二、大学生心理健康教育的功能

为了在激烈的高考竞争中取胜，当代大学生入学前几乎是"两耳不闻窗外事，一心只读圣贤书"，家长的过度关爱，学校的应试教育，生活经历的缺乏使一些学生心理脆弱，意志薄弱，缺乏承受挫折和适应社会的能力，依赖性强，情绪不稳定。与以往相比，当代大学生更需要心理健康教育。

谈到大学生心理健康教育，一些人容易联想到"心理障碍""心理疾病"，以为加强心理健康教育是因为有心理障碍的大学生多了，其实这是一种偏见。心理健康教育在本质上是为了促进大学生的身心健康和发展，提高人的适应能力和生活质量。

著名学者马建青认为，大学生心理健康教育具有"三级功能"：初级功能——防治心理疾病；中级功能——完善心理调节；高级功能——促进心理发展。

大学生心理健康教育的初级功能就是及时发现心理异常者并采取相应措施，避免事态的扩大或恶性事件的发生。大学生心理健康教育的中级功能就是帮助大学生加强对自己、他人和社会的了解，完善心理调节机制，学会自我调节，增强挫折承受力和社会适应能力，保持积极乐观的情绪。大学生心理健康教育的高级功能就是帮助大学生认清自己的潜力所在，培养开拓创新、勇敢坚毅、乐观自信的心理品质，使大学生日后可以更有效率地工作，全面而充分地发展自己，幸福而快乐地生活。

大学生心理健康教育应立足于中级功能和高级功能，以培养心理健康、人格健全的大学生为目标，这正是现代学校教育的重要使命。缺乏心理健康教育，则是不完整的现代教育。

三、大学生心理健康教育的目标和任务

我国学者王希永等认为，大学生心理健康教育的总目标是：全面提高大学生的心理素质，使弱者变强，让强者更强；教育大学生学会生存、学会生活、学会适应、学会学习、学会关心、学会合作、学会创造、学会成功、学会审美、学会做人；使大学生能够以自尊为本，以自爱为荣，以自强为律，以自信为勇，以自主为舵，以良好的心理品质走向社会，迎接挑战。还有学者提出，大学生心理健康教育要达到使大学生能够顺利完成学业、促进自我意识的发展和人格的健全、有助于大学生潜能的开发、满怀信心地走向社会、成为一个健康的社会人这一目的。虽然上述观点对大学生心理健康教育目标的表述有所不同，但都可以概括为3个层次：具体目标、中间目标、终极目标。

（1）具体目标是对个体各种具体的心理健康因素进行培养。

（2）中间目标是协调各种心理健康因素，促进个体心理健康的发展与提高。

（3）终极目标是在良好心理健康教育的基础上，促进个体全面、协调、健康地发展。

由此可见，高校心理健康教育关注的不仅是大学生心理问题的预防和治疗，更注重大学生心理健康因素的培养和协调发展。因此，对心理健康的维护，对个体认识机能、情感机能的发展和完善，对个体独立、健全的人格塑造，对学生潜能的开发，对高水平心理素质的培育和养成，对个人生活质量的关注和提高，是大学生心理健康教育的基本内涵。

2005年，教育部、卫生部、共青团中央《关于进一步加强和改进大学生心理健康教育的意见》明确规定大学生心理健康教育工作的主要任务：①宣传普及心理健康知识，帮助大学生认识健康心理对成长成才的重要意义；②介绍增进心理健康的方法和途径，帮助大学生培

养良好的心理品质和自尊、自爱、自律、自强的优良品格，有效开发心理潜能，培养创新精神；③解析心理现象，帮助大学生了解常见心理问题产生的主要原因及其表现，以科学的态度对待心理问题；④传授心理调适方法，帮助大学生消除心理困惑，增强克服困难、承受挫折的能力，珍爱生命、关爱集体，悦纳自己、善待他人。

四、加强大学生心理健康教育的重要意义

（一）有助于大学生正确认识自我、规划自我

"认识你自己"是古希腊一句著名的格言，它体现了人类的最高智慧。大学生学习心理学，掌握人的心理过程与个性心理特征形成的规律，就能采取有效步骤发挥自己的优点和优势，矫正自己的缺点，弥补自己的不足。大学生掌握一定的心理学知识，就等于掌握了认识自我的钥匙，有利于找准自己的位置，达到理想自我与现实自我的统一，发挥自身的潜能，成为一名合格的社会成员。

（二）有助于大学生提高适应能力，形成良好心态

心理健康教育能使大学生积极适应自我、适应环境、适应社会的各种变化，学会调控学习、生活中的各种烦恼，通过有意识的训练，掌握排解心理困扰、减轻心理压力的方法，提高抗挫折的能力，保持心理健康。情绪是人在活动中对客观事物所持态度的体验，即主观对客观的一种感受。情绪状态会直接或间接地影响到人的其他心理活动和身体健康。大学生心理健康教育可以使大学生充分了解人的情绪的正常值及自身情绪变化的特点，通过有效的调控手段，使自己经常保持乐观、满意、愉悦的心态。

（三）有助于大学生建立良好的人际关系

从中学升入大学，不同省市、不同习惯的同学相聚在一起，有一个相互适应、相互熟悉的过程。学习心理学知识，可以增进相互间的理解，促进人际关系的和谐。大学生的友谊往往是深刻而持久的，它可以成为大学生情感的寄托，可以增强归属感，满足被尊重、被爱以及自我实现的需要。与此同时，关心他人、理解他人，也能促使自己拥有博大的胸怀，从而大大增强生活、学习、工作的能力和力量，最大限度地减少心理应激和心理危机感，这是人们维护和保持心理健康基本、重要的因素之一。

（四）有助于提升大学生的综合素质

健康的心理既是素质教育的重要组成部分，也是素质教育的基础和载体。20世纪90年

代以来，我国的教育思想突出强调素质教育，心理素质是人的素质中一个重要组成部分，同时也是各方面素质发展的重要基础。在大学生中有计划地进行心理知识教育与普及，对帮助大学生认识自己、完善自己，提高自身心理素质具有重要作用。通过系统的心理知识的学习和辅导训练，使大学生的心理素质得到整体优化，在培养科学精神和创新思维意识、培养坚韧不拔的意志、增强适应社会生活的能力、从容应对心理困扰、预防精神疾患、提升综合素质方面发挥积极作用。

心灵探索

自我放松训练

身体与心灵是紧密相关的，当我们感到不安时，身体也会产生相应的反应，长此下去，我们的肢体就会被烙上印记，变得僵硬、不适。下面我们进行自我放松的练习。

这种方法要求被训练者记住指导语，或是把指导语做成录音。放松时，找个舒适的姿势躺下或坐下，闭上双眼，不要动，让身体和精神平静下来。把记住的指导语在心里默念，或者是放录音给自己听。自我放松训练的指导语如下。

我要休息。 我摆脱了一切的紧张，我在放松。我感到轻松自如，我是平静的，我是平静的。我什么也不期待。我在摆脱压力和紧张，全身都轻松了。我感到轻松愉快。我在休息。

腿脚的肌肉放松。 腿脚的肌肉放松了，腿是轻松而自如的。左腿的肌肉放松了，右腿的肌肉放松了。腿是轻松自如的。我是安静的，我是安静的。我感到温暖。我很舒服。我已排除了一切紧张。我是非常安静的，是安静的。

手臂的肌肉放松。 手臂的肌肉都放松了。左手的肌肉放松了，左臂的肌肉放松了，肩部的肌肉也放松了，整个左手臂都放松了。右手的肌肉放松了，肩部的肌肉放松了，整个右手臂都放松了。

躯体的肌肉放松。 两臂是自然下垂的，背部的肌肉放松了，胸部的肌肉放松了，腹部的肌肉放松了，放松了，感到全身都放松了。

头部的肌肉放松。 头颈部的肌肉放松了。面部的肌肉放松了，双眉自如地分开了，面额是舒展的。眼皮下垂，柔和地闭住眼睛。鼻翼放松了。口部的肌肉放松了。两唇微开，颈部的肌肉放松了，感到颈部是凉爽的。

我已摆脱了紧张。 我全身都放松了，感到轻松自如。我感到呼吸均匀而平衡，感到清爽的空气舒服地通过鼻孔，肺部感到舒服。我是安静的。我的心脏跳得很缓慢，我已感觉不到心脏在跳动。我感到轻松自如。我很舒服。人休息好了。

我已休息好。 我感到爽快，感到浑身轻松、舒服，感到精神倍增。我在睁眼。我想起来并立即行动。我精力充沛了。起立！

第二章 大学生自我意识发展

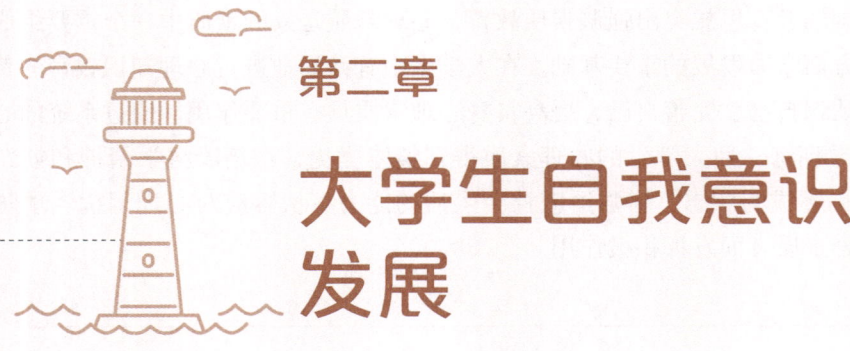

情境导入

晓刚，21岁，某理工学院4年级学生。他相貌堂堂，一表人才。4年来，他一方面努力完成学业，另一方面从事一些兼职工作，显得很成熟，与周围的人相处得很好。在别人眼中，他是一个自信、开朗、有幽默感、坚强而有头脑的人。但他说这不是他，他在心底藏着另一个胆小、懦弱、自卑的自我，他认为这个自我才是真正的"我"，而那个外在的"我"不过是表面现象而已，从未真正在他身上存在过。

晓刚始终能体验到两个"我"的斗争，一个要求他自信坚强，一个要求他自卑懦弱。他觉得自己每天都戴着面具生活，外在的"我"只不过是个虚假的外壳，所以他总是被真正的"我"打击着，经常产生危机感和不安全感，担心这种不一致的状况。他越努力表现自己，就越有压力。总觉得外在的"我"和内在的"我"不能统一起来。这就是青年时期容易遇到的自我同一性的问题、个人的内部状态与外部环境协调一致的问题。

加强正确认识和评价自己的能力的培养，无论是外在"我"还是内在"我"，都是自我构成的一部分，悦纳自我，整合自我，既要看到自己优秀的一面，也不要贬低内在"我"，通过实际行动提升内在"我"，从而解决自我同一性的危机。

思考

如何理解晓刚体验到两个"我"的现象？

学习目标

知识目标

1. 理解自我意识的基本概念及其在个体发展中的起源和演变过程。
2. 理解自我意识在个体心理和行为中的基本作用和功能。
3. 掌握自我认知偏差的类型及其形成机制。
4. 理解自我意识健全与心理健康之间的关系及其长期影响。

能力目标

1. 能够描述和解释自我意识在个体生活和社交中的具体表现和影响。
2. 能够分析和评估个体自我意识在不同情境下的影响力和调节机制。
3. 能够识别和描述自我认知偏差对个体决策和行为的潜在影响。
4. 能够应用理论知识为大学生提供个性化的自我意识发展指导和支持。

素质目标

1. 培养对自我意识多样性和个体差异的尊重和理解。
2. 提升在个体心理健康支持和干预中对自我认知偏差的识别和处理能力。
3. 提升帮助大学生建立积极自我意识的能力和愿望。
4. 增强通过个人和集体行动支持大学生自我意识成长的能力和实际行动意识。

思维导图

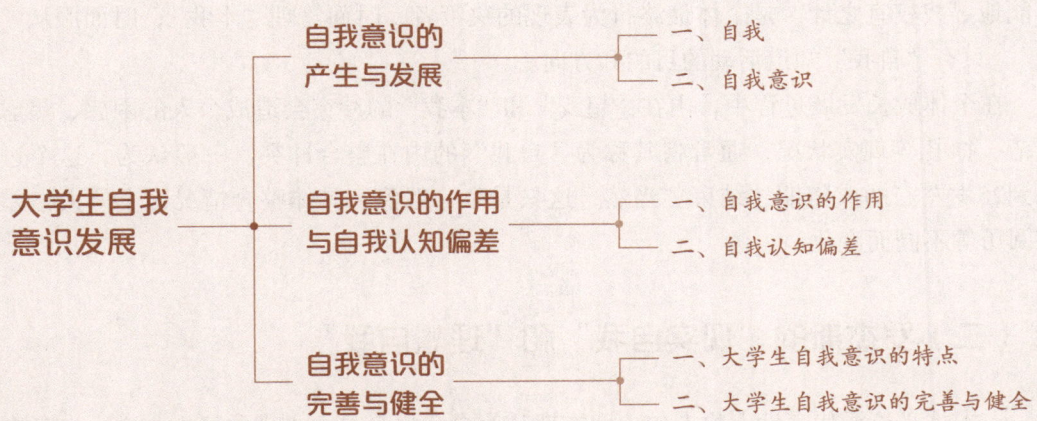

第一节 自我意识的产生与发展

一、自我

（一）弗洛伊德的"本我""自我""超我"

精神分析学派的创始人西格蒙德·弗洛伊德在他的心理学中阐述了自我的概念。弗洛伊德认为，人格由"本我""自我""超我"组成（图2-1）。

"本我"来自人的本能，在社会生活中表现出追求各种个人欲望的满足和追求个人利益实现的特征；"本我"是人的生物性本能，只知快乐，活动盲目。"超我"来自社会文化，是个体在成长经历中已经内化为自身价值观念的种种文化信念，其中以道德、信仰

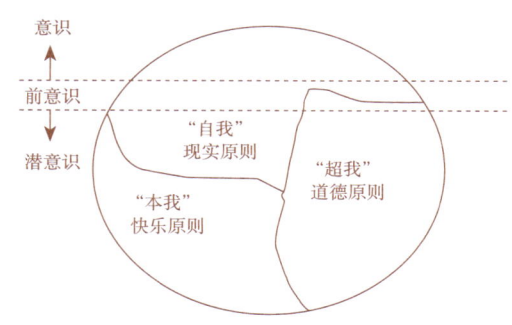

图2-1 弗洛伊德人格结构理论

为主要内容，超我是人内化了的社会道德原则。"自我"是人的理性部分，往往处于社会生活的现实要求、超我的道德追求与本我的利益追求之间，按照现实原则协调矛盾，尽可能地寻找权宜之计，是个体最终行为表现的决策者，时而管理"本我"，时而服从"超我"。只有"自我"知道活动的目的和方向。

在个体成长发展过程中，内在"超我"和"本我"的冲突会造成个人的困惑、焦虑、迷茫、挣扎等现实状况，通常将其称为"自我"的内在整合冲突。一般认为，这个过程要到25岁左右的成年期才结束。当然，这只是个一般值。具体整合情况因个体人格差异与阅历等不同而变化。

（二）罗杰斯的"现实自我"和"理想自我"

人本主义流派代表性人物卡尔·罗杰斯认为自我概念是个人现象场中与个人自身有关的内容，是个人自我知觉的组织系统和看待自身的方式。罗杰斯认为自我包括"主格我（I）"和"宾格我（me）"两个方面。他认为"宾格我"是自我意识的对象，同时也是自我意识的本体，它是通过接受别人（社会）对自我的有意识的态度系统而形成的；"主格我"是自我的动力部分，是自我活动的过程，虽然它在"宾格我"的框架范围内活动，但它具有面向未来的特征，使人可能超出现有的"宾格我"的框架，使人的行为具有自由意志性、创造性和新异性。

罗杰斯还根据临床实践，提出了与"现实自我（real-self）"相对应的"理想自我（ideal-self）"。"理想自我"代表个体最希望拥有的自我概念、理想概念，即他人为我们设定的或我们为自己设定的特征。它包括潜在的与自我有关的且被个人高度评价的感知和意义。而"现实自我"包括对已存在的感知、对自己意识流的意识。通过对自己体验的无偏见的反映及时对自我的客观观察和评价，个人可以认识"现实自我"。罗杰斯认为，对于一个人的个性和行为具有重要意义的是他的自我概念，而不只是"现实自我"。他在临床实践中发现，"现实自我"和"理想自我"之间的不一致是导致神经症的原因之一。

（三）库利的"镜中自我"

查尔斯·库利提出了"镜中自我"的概念。根据他的理论，人们形成自我概念的过程是通过与其他人的互动和反馈来实现的。他认为，个体的自我概念是从他人对自己的反应中产生的，而不是通过自己的内在思想或自我感觉来塑造的。

"镜中自我"理论可以概括为3个主要观点。

1. 我们想象自己是什么样子

个体首先想象自己是什么样子，这可能包括外貌、性格、能力等方面的特征。

2. 我们想象别人对我们的反应

个体试图想象其他人对自己的反应，包括他人的评价、态度和感受。

3. 我们根据这些反应形成自我概念

个体根据他们想象中的他人反应来形成自我概念。这意味着个体认为自己是通过他人的眼睛来看待的，而不是仅仅基于自己的感受或思考。

库利的理论强调了社会环境在个体自我意识和自我认同形成中的重要性，以及人们如何通过与他人的互动来塑造自己的自我认知。

二、自我意识

自我意识的发展是大学生心理健康的基础，在大学生人格形成和人格结构中占有极其重要的地位。大学生只有比较客观准确地认识自我和了解自我，秉持一种接受和开放的态度，才有可能发掘自己的潜能，幸福快乐地生活，才有可能保持心理健康，顺利成长成才。

（一）自我意识的概念

1890年美国心理学家威廉·詹姆斯在《心理学原理》中最早把自我意识（self-consciousness）引入了心理学领域，并把它安排在了最重要的位置——"自我是人类心理宇宙的中心"。他还最先认识到自我的二元性，并建议使用不同的术语主我（I，指作为环境中主动行为者的我）和客我（me，指作为经验客体的我）来区分自我的这两个方面。

詹姆斯将经验自我的不同组成部分分为生理自我、社会自我和心理自我。具体而言，生理自我是对自身生理状态的认识和评价，如对体重、身高、身材、容貌等体态和性别方面的认识，对身体的痛苦、饥饿、疲倦等感觉；社会自我是对自己与周围关系的认识和评价，如自己在朋友、同学、家庭、社会中所处的地位，自己与他人的关系；心理自我是对自身心理状态的认识和评价，如能力、知识、情绪、气质、性格、理想、信念、兴趣、爱好等。因此说，自我意识就是个体对自己的身心状况和对自身与别人以及与周围世界关系的认识和评价。

自我意识是一个结构复杂的心理活动系统，从形式上来看，自我意识又具有认知、情绪和意志三种心理要素。一是自我认识，属于认知范畴，主要涉及"我是一个什么样的人""我为什么是这样的人"等问题，包括自我感觉、自我观念、自我分析、自我批评等。二是自我体验，属于情绪范畴，它以情绪体验的形式表现出人对自己的态度，主要涉及"我是否接受自己""我是否满意自己""我是否悦纳自己"等问题，包括自尊、自爱、自卑、自弃、自恃、自傲、责任感、义务感、优越感等。三是自我调控，属于对自我的意志控制，涉及"我怎样克制自己""我如何改变自己""我如何成为那种人"等问题，表现为自主、自立、自强、自制、自律、自卫等。以上三者之间的和谐程度以及与客观现实的吻合程度，决定了个体自我意识的健康状况。

如果说，自我意识是个体对自己的心理倾向、人格特征、能力以及自身社会价值的自我认识与评价，那么这只是对自我意识狭义的理解，相当于自我意识内容的自我认识部分。从广义上来说，自我意识是指一个人对自己的属性、状态、行为、意识活动的认识和体验，以及对自身的情感意志活动和行为进行调节、控制的过程。这才是对自我意识的完整诠释。

（二）自我意识的结构

所谓自我意识的结构，主要是指自我意识具有哪些表现形式以及自我意识都包括哪些心理成分（表2-1）。从自我意识的表现形式来看，自我意识可以分为自我认知、自我体验和自我调控；从自我意识的心理成分来看，自我意识可以分为生理我、社会我和心理我；从自我观念的角度来看，自我意识可以分为现实我、投射我和理想我。不可否认的是，无论从哪个角度来分析自我意识的结构，都要清楚地认识到自我意识的内部结构是错综复杂的，自我意识本身是一个各种"我"相互为用的综合心理系统。

表2-1 自我意识的结构

项目	自我认知	自我体验	自我调控
生理我	对自己身高、体重、性别、外貌、衣着、痛苦、饥饿、疲倦等的认识	占有感、支配感、爱护感等	追求身体的外表，物质欲望的满足等
社会我	对自己的名望、地位、角色、义务、责任、力量等的认识	责任感、义务感、优越感、成就感、自我效能感等	追求名誉地位，他人竞争，争取收获他人的好感或认可等
心理我	对自己的智力、性格、气质、兴趣、理想、能力、记忆、思维等特点的认识	自信、自豪、自尊、自恃、自傲或自卑、自责、自贱、自弃等	追求信仰，注意行为符合社会规范，要求智慧与能力的发展等

1. 自我认知、自我体验和自我调控

（1）自我认知。自我认知是自我意识的认知成分，它是主体自我对客体自我通过分析、判断、比较等思维活动得到的感知、评价等，既包括对自己的身高、体形、样貌等外形特征的认识，对自己正在进行的记忆、分析、判断等心理活动的认识，还包括对自己的言谈举止、仪态风度等外显行为的认识。自我认知的意识过程，可以明确地告诉自己"我是谁""我是什么样的人"。自我认知包括自我概念、自我感觉、自我观察、自我分析和自我评价等，其中自我概念和自我评价是自我认知较主要的方面，反映了自我认知甚至是自我意识的发展水平。自我认知是自我意识的首要成分，是自我体验的前提，也是自我调控的基础。

（2）自我体验。自我体验属于自我意识的情绪成分，是一个主观的心理过程，是个体在自我认知的基础上对自身产生的一种情绪体验。这种情绪体验既可以是正面的，如自尊、自爱、肯定、接纳、优越感等，也可以是负面的，如自卑、否定、不满意等。如果个体感知的现实自我比理想自我好，就比较容易产生正面的情绪体验；如果个体感知的现实自我没有理想自我好，则容易产生负面的情绪体验。自我体验以情绪体验的形式来表现个体是否悦纳自己，主要涉及"我是否满意自己或悦纳自己"等问题。良好的自我体验有助于个体进行自我调控。

（3）自我调控。自我调控体现的是意志的维度，是指个体对自己的外显行为和心理活动的制止和发动过程，表现为个体对自我的认知、情绪、行为、动机等有一定的控制能力，包括自我监督、自主、自立、自我塑造、自我克制、自我教育等。自我调控能力较强的个体，在做事的过程中更加自制、自律、独立和坚定，往往有详细的计划，不太容易受内在和外界影响；相反，自我调控能力较弱的个体更容易受到内部情绪的阻力和外在因素的诱惑，往往会缺乏主见，遇到困难容易产生退缩和畏难情绪。

综上所述，自我认知是自我体验和自我调控的基础，自我体验强化着自我认知，并决定了自我调控的方向和行动力度，自我调控又对自我认知、自我体验起着调节作用。

2. 生理我、社会我和心理我

生理我是指个体对自己生理属性的意识，包括个体对自己的身高、容貌、舒适感、病痛感等方面的意识；社会我是指个体对自己的社会属性的意识，包括个体对自己在各种社会关系中的角色、地位、权利、义务、人际距离的意识等；心理我是指个体对自己的心理属性的意识，包括对自己的人格特征、心理状态、心理过程、行为表现等的意识。

自我意识的这3个维度，体现了自我意识的发展历程。个体首先是对生理我的认识，然后在社会实践过程中逐渐认识到社会我，最后在生理和心理日渐成熟的时候认识到心理我。

3. 现实我、投射我和理想我

现实我是个体站在现实的角度所认识到的真实的自我，是对个体的现实状况和实际行为的最真实的反映；投射我是个体想象中的他人眼中的自我，与现实我可能存在差距，但是，对于现实我的形成却起着非常重要的作用，因为人们总是把他人对自己的看法和评价作为重要参考来形成对自我的认知；理想我是指个体经由理想或为满足内心需要而在意念中建立起来的有关自己的理想化形象，由于人们总是按照理想自我来塑造自己，因此理想我往往是现实自我努力的方向。正常情况下，当理想我的形成建立在对现实我有较为客观的认识基础之上时，理想我和现实我就会慢慢协调一致，从而使自我意识得到健康而良好的发展。

总之，自我意识作为一个复杂的、高级的心理系统，无论从哪个角度分析它的结构，都会得出不同的结论。事实上，每一种结构都是一个健全的自我意识必不可少的一部分，这些不同的"我"互相作用、互相平衡、互相联系、互相补充，从而形成一个完整的自我意识体系。

心灵拓展

"人设"与印象管理

"人设"即人物设定，原指文艺作品中对人物角色形象的各种设定。现在，"人设"更多地被用来作为对公众人物，特别是流量明星的包装，诸如"学霸人设""毒舌人设""暖男人设""吃货人设"等。面对如此之多花样翻新的"人设"，很多人不禁发出感叹，觉得演艺圈太不真诚了。其实，在戈夫曼的拟剧理论中，不止演艺明星，我们每个普通大众都有"人设"。这个"人设"就是自我的前台部分，是呈现在别人面前的自己，换句话说，是你按照自己的预期所包装的印象管理。比如，面试时精心准备的自我介绍，同学会上定制的衣着妆容，社交媒体中精心处理过的照片，等等。

好的人设和印象管理，帮助人们最大范围地展示个人的魅力，拉近与他人的关系，获得更多的支持与肯定。

那么，如何才能建立一个好的"人设"呢？

1. 多一些真诚，少一些套路

印象管理要展示自己更好的一面，这无可厚非，可是需要注意，这好的一面需要是真实的，而非虚假的。真实的人设，管理起来更加容易，也更加游刃有余。

2. 寻求内群体的比较和参考

在社会心理学中，一个人在工作、学习等群体生活中与之互动最密切的群体被称为内群体。内群体满足了个体关于归属与爱的心理需求，在自我印象管理的过程中，多在内群体中寻找参照样本，有利于与群体保持一致性，获得群体内更多的认同。

3. 挖掘自身潜能

"人设"帮我们获得更好的外在评价，但也要知道，这只是一种自己在社交场合中的形象梳理。不应当反过来被这个框架限定，而是要在此基础上，不断充实与丰富自己，开拓更广阔的人生体验。

（三）自我意识的相关理论

自从苏格拉底两千多年前提出了"认识你自己"，人们便开始了对自我不断地探索。但真正较为科学、系统地对自我进行研究，却只有近百年的历史。关于自我意识的形成与发展，心理学家们从不同的角度进行了探索。

1. 詹姆斯的自我理论

著名心理学家威廉·詹姆斯在《心理学原理》一书中，首次提出了将自我分为主我（"I"）与客我（"me"）两个方面。这是在科学心理学创立之后，首次真正地从科学心理学的角度来阐述与研究自我问题。詹姆斯对自我进行了进一步的研究，他认为自我的客体是由3部分组成的——物质、社会和精神。物质包括个人的身体、衣物、房屋、家庭、财产等；社会是指得到他人的认可，如声誉等；精神包括个人的意识状态、特质、态度、气质等。相对应地，他将自我划分为物质自我、社会自我以及精神自我。詹姆斯的自我结构理论的提出，对后来学者们对自我的研究起到了很大的推动作用，奠定了心理学领域对自我研究的基础。即使是现在，他的这一理论对自我的研究仍然有着巨大的影响力。

2. 埃里克森的自我发展理论

埃里克森关于自我的形成与发展的理论，实际上就是他关于人格的形成与发展的理论。他认为，在人格发展过程中，逐渐形成的自我意识在个体与周围环境的交互作用中起着主导和整合的作用。埃里克森认为，个体在成长的过程中，通常都会体验生物的、生理的、社会的、事件的发展顺序，并按照一定的成熟程度分阶段地向前发展。在他的《童年与社会》一书中，埃里克森将人的发展分为8个阶段，各个发展阶段之间既相互依存，又会形成独特的自我特征。在这8个阶段中，每一阶段都存在着心理与社会的危机，如果危机顺利解决，则形成这一阶段积极的自我，反之，则形成这一阶段消极的自我。埃里克森的这一理论，是以个体成长到某一阶段就会有相应的社会环境及需求与之相适应为前提的，这一点过于理想化。尽管他的理论缺乏严格的论证，但对于青少年自我意识的发展仍然有着深刻的影响。

（四）自我意识与心理健康的关系

自我意识是人区别于动物的根本所在，也是人的心理、思想具有多样性的原因之一。自我意识不但是人认识客观世界、改造客观世界的前提，也是一个人能否获得主观幸福感、保证心理健康的关键所在。

1. 良好的自我意识是心理健康的重要标志

大学生只有客观准确地认识和了解自我，并对自己的经验持一种接受和开放的态度，才有可能充分发掘自己的潜能，使自己成才；反之，则会影响到自己的身心健康和个人发展。

2. 良好的自我形象是成功的基础

自我形象不仅影响人的心理健康，而且影响人的成就水平。只有具备良好的自我形象的人，才会有勇气和信心面对一切，不畏困难，实现自己的奋斗目标。反之，对自己信心不足的人即使本身具有极高的素质也会畏缩不前、瞻前顾后，错失大好的机会，最后与成功擦肩而过。

3. 不良的自我意识会导致心理疾病

在实际生活中，有些人因为错误的自我概念而产生各种各样的心理问题，如自卑、自责等，严重的还会发展成恐惧症、抑郁症等心理疾病。

4. 影响心理健康的客观因素是通过个体的自我意识而起作用的

影响心理健康的因素是多种多样、非常复杂的，既有生物因素、家庭环境与教养方式、人际关系以及社会区域文化等客观因素的影响，也有气质、性格、情绪等主观因素的影响；既有压力和挫折事件等直接因素的影响，也有对直接因素的不同认知风格和体验的间接因素的影响。身处相同的环境、面对同样的压力和挫折，不同的人有着不同的心理感受，主要是因为影响人的心理健康的客观因素是通过个体的自我意识这一人格调控系统的核心而起作用的。

自我意识越成熟、越完善的人，其自我认知、自我体验和自我控制越能够协调一致。他们对生活中的负性事件的认知比较客观，情绪体验较适度并能积极地进行调节和控制。

他们表现出较强的心理承受能力和自我调节能力，因此能够经常保持心理健康。自我意识不成熟或自我意识本身就有障碍的人，由于其对自身都无法正确地认识，也就无法客观地分析、评价生活中的负性事件，要么产生歪曲的认知，要么情绪反应过激，要么缺乏行动的动机，因而他们的心理素质较差，心理健康水平也较低。

第二节 自我意识的作用与自我认知偏差

一、自我意识的作用

（一）自我意识对个体成长的影响

1. 促进社会适应，建立和谐的人际关系

自我意识健全的人能够正确地评价自我，同时也能科学、客观地认识、评价他人与社会，能够建立和谐的人际关系。如果大学生过分地以自我为中心，会出现理想自我与现实自我差距过大，容易造成社会适应不良和人际关系不协调，从而影响其心理健康。

2. 促进自我教育，完善自我

自我意识健全的人能够正确评价、认识自我，可以有效地自我调节，控制、纠正心理偏差，缩小理想自我与现实自我的差距，以达到加强自我教育的目的。如果不能很好地客观评价自我则需要重新调整认知结构，改变对自己的认识，重塑理想自我，以接近现实自我，达到与社会统一协调。

3. 促进自我调节，创造最佳心理品质

健全的自我意识通过合理的自我认识，良好的自我体验，自觉的自我调节，能促进自我实现，最大限度地挖掘自身心理潜能。

（二）自我意识能够丰富人的情感

自我意识成熟后会形成一个新的更高级的情感世界。例如，当人意识到自己是独特的时会产生孤独感；当产生自尊需要时则产生羞耻感；当发现一个自己的内部世界，才感到内在自我和外在行为的种种不符或冲突而产生痛苦、彷徨等新的情感；当把自己的情感作为自我意识的客体时，才得以发现大自然的美丽和音乐、绘画等艺术品之美，从中体验到美感。

总之，自我意识的不断发展完善使得人的情感日益丰富，生活日益多彩。

二、自我认知偏差

需要指出，人在认识自己的时候，往往是达不到完全客观的，而可能出现这样那样的认知偏差。认知偏差是人们在知觉自身、他人或外部环境时，常因自身或情境的原因使得知觉结果出现失真的现象。在自我认知方面，个体倾向于以有利于自身的方式来进行自我知觉。比如，人们倾向于把成功归因于自己的努力、智慧和能力等内部因素，而将失败归因于运气不好、客观条件受限等外部因素。

这种把成功归因于自己而否定自己对失败负有责任的倾向性即为人在自我服务方面的自我认知偏差。

常见的自我认知偏差主要有以下几种。

（一）聚光灯效应

聚光灯效应：指不经意地把自己的问题放到无限大。

夏天了，大家都会穿得比较清凉。某天，一位女同学走在路上，听见身后不远处两个同学在交谈，提到夏天到来，最早穿裙子的女生都是腿比较细的那些女生，因为腿粗的女生先穿了裙子大家都会注意到她长了一副"萝卜腿"。本来是无心之谈，可是前面听到对话的女生却特别在意，回到寝室不但反复照镜子、询问室友自己是不是长胖了，甚至可能开始新一轮的减肥。造成这种情况的就是聚光灯效应。

♡ 心灵拓展

聚光灯效应

聚光灯效应，又称焦点效应，是心理学家季洛维奇和萨维斯基于1999年提出的心理学名词。

当时，心理学家季洛维奇和萨维斯基在美国康奈尔大学设计实施了这样一个有趣的心理实验：要求被试穿着十分怪异出格的衣服在马上要上课的时候走进教室，招摇地从前门走进去，经过所有的座椅，然后到达教室的最后排坐好，下课后，再从后门离开。之后先行采访被试认为有多少人注意到了他的奇装异服，再去询问当时教室中的同学。结果显示，被试认为有50%以上的人都注意到了他，但针对当时在场同学的调查显示，他的被关注度其实只有23%。

由此推论：人们往往以为自己是一切的中心，是所有情境的焦点。太在乎和自己有关的事物，这就是聚光灯效应。

英国心理专家艾玛·库克撰文称，有两种情况最容易遭遇聚光灯效应：

第一，重大聚会之前；第二，过度关注自身，而忽视了外部评价。

聚光灯效应的启示：正、反方向的聚光灯效应可带来自负和自卑。假设自己的成功所有人都知道，其实并不是；相反，失败也并非有你想象的那么多人关注。可能的确有一些人当时注意到，但是他很快就遗忘了。活用这个知识，可以有效缓解舞台紧张、面试紧张等心理反应。

（二）乐观偏差

乐观偏差，又称非现实的乐观主义，指人们倾向认为自己更可能经历积极事件，而他人更可能遭遇消极事件的现象。

对于他人遇到的积极事件，更容易产生与自己有关、自己也可能遇到类似事件的联想。例如，看到媒体报道有人中了彩票大奖，进而产生自己如果中奖要如何分配奖金的联想。而对于车祸、癌症等灾难事件，则很少产生与自身相关的联想。例如，烟民认为肺癌只是很小概率事件，与自己无关。

乐观偏差的启示：乐观偏差与自我中心有关。乐观偏差的好处在于：让人们觉得自己的生活、自己周围的世界更美好；相对地弊端也十分明显：认为坏事不会降临，所以不做出适当防御。明知熬夜、酒驾等行为有害，可在很多时候，仍然缺乏必要的风险意识，直至结果难以挽回才追悔莫及。

（三）虚假独特性

虚假独特性：在能力方面，当人们成功时，人们会把自己的才智和品德看成是超乎寻常的，以满足自己的自我形象，即高估自己的优点在人群中的独特性。

虚假独特性的启示：认为自己是最棒的，是很强的，是与众不同的，而事实上，我们大部分人都是芸芸众生中的一员。需要保持理性，找准自己的真实定位，才不会落入错判时局的圈套。

（四）虚假普遍性

虚假普遍性：在道德方面，当人们行为不佳时，人们会高估自己观点和立场的普遍性。

虚假普遍性的启示：认为我们的观点，别人也有；我们的看法，别人也一样；我们的信念，别人也相同。虚假普遍性在很多社会事件中都有缩影。例如，酒驾的司机认为别人也酒驾，是虚假普遍性；而认为自己技术高，肯定不会出事，则是虚假独特性。

介绍了自我认知偏差，不难发现，人在认识自己的过程中，其实是很难达到完全理智客观的。那为什么人类在千万年的遗传进化中，依然保留了这种偏差呢？那是因为，这种不客观虽有弊端，可也有一定的好处。比如，相信自己比同伴拥有更多的天赋和积极的品质，能使人们对自己保持良好的感觉，产生良好的自我安全感，缓解压力，提升自信。

需要指出，人们只有在保持偏差适应性的同时，理性判断、谋定后动，更好地审时度势，避免因认知偏差引起的错误评价和群体冲突，才能更好地处理自我冲突与群体关系，更好地平衡自己的心理水平。

第三节
自我意识的完善与健全

大学生随着自身年龄增长与社会阅历的加深，自我意识因其所处环境的不同，在自我认识、自我体验、自我调控各方面的认知能力明显增强，表现出该时期的自我独特性。

一、大学生自我意识的特点

大学生自我意识发展的特点包括三个方面的内容，即自我认识的特点、自我体验的特点和自我控制的特点，具体如下。

（一）大学生自我认识的特点

1. 更加注重对自己内在素质的认识

调查表明，大学生对自我的认识不再像初中生或者是高中生那样看重一些外在的东西，如身体、容貌、仪表等，而是更加看重内在的素质。在一所大学的问卷调查中，许多大学生在回答"你认为你是一个什么样的人"时，都选择了心理品质的特征来回答，如善良、热情、自信、诚实等，很少有大学生选择自己的外在条件来回答。

2. 更加注重自己在社会中的地位和作用

随着年龄的增加，大学生对自我的社会属性，如社会地位、社会责任等越来越关注，渴望与社会进行近距离的接触，能够主动思考将来在社会上要扮演一个什么样的角色。

3. 自我评价能力提高

由于自我认识的广度和深度进一步提高，大学生对自己的评价能力日益提高。大多数大学生能够对自己有较全面、较客观的评价，并根据这种评价调整自己的行为。

（二）大学生自我体验的特点

1. 自我体验较为强烈

大学生在逐渐加深自我了解的基础上，表现出越来越强的价值感和责任感，因而在学校的各种活动中表现出强烈的好胜心理，一旦这种心理不能得到满足，就会产生内疚和压抑的情绪。相反，如果好胜心理得到满足，就会表现出极大的满足。总之，失败与成功都会引起大学生强烈的情绪反应。

2. 自我体验具有丰富性和起伏性

大学生丰富多彩的学习生活为他们发展自我体验的丰富性提供了有利条件。例如，大学生由于意识到自己的社会角色和社会地位而产生了社会责任感和义务感；大学生由于意识到自己的能力和品德的高低而产生了自豪、自尊或自卑、自惭等感受。

大学生的自我认识到这一阶段也并不意味着成熟，它仍然处于不断完善的过程当中。此时，大学生对自己的情绪、情感、意志还不能完全控制，因此，大学生的自我体验会表现出起伏性的特征。有的大学生因为一点小事就斤斤计较，悲观沮丧；有的大学生取得一点成绩就骄傲自满、忘乎所以。

3. 自我体验敏感性增大

大学生对涉及自我的事情非常敏感，在与他人的交往尤其是与异性交往中，情绪更是敏感脆弱。他们喜欢寓情于景，在景中抒发自己的感情，喜欢运用想象来表达自己对生活的感悟，因而在他们的思维中总是会出现许多的想象和感慨。

从性别差异来看，在自我体验的强度方面，男生大于女生；在自我体验的持续性上，女生比男生持久。

（三）大学生自我控制的特点

1. 对未来目标的设定从依附性向独立性发展

大学生已经处于成人的阶段，应该像成人一样独立地去完成一些事情。对于未来发展目标的设定，大学生不再像中学生那样依赖于父母、老师等他人的意见，而是越来越独立地决策。

2. 行为方式由盲目性向自主性发展

随着生活阅历的增加和认知能力的提高，大学生的自我控制能力越来越强，他们非常清楚自己在做什么，能够为了达到目标而自觉采取一些行动，并控制好自己的行为。

二、大学生自我意识的完善与健全

（一）从众心理与自我中心

从众心理，即个体在群体的影响或压力下，放弃自己的意见或违背自己的观点使自己的言论、行为保持与群体一致的现象，即通常所说的"随大流"。

自我中心，指从自身意愿出发，根据自己的需要和情感去判断和理解周围世界及和他人的关系等，不能从多视角或从事物自身规律和特点出发，不能或很少顾及他人的立场和观点。

从众心理和自我中心，均与个体在自我认识上的偏差有关。过度关注自身导致"自我中心"，而对外在群体规范、信息的过度输入和解读则可能转向从众。

1. 克服从众

（1）独立思考，辩证思维。努力培养和提高自己独立思考和明辨是非的能力。遇事一分为二，兼听则明，既要注意多吸取多方的不同观点意见，也要保持自己的理性判断，特别是事关自身的重要选择，做到审时度势、慎重分析、主动决策。需要注意，果断的决策力是与个人知识、经验和阅历的积累密不可分的，提升与历练自己是成长过程中的必修课。

（2）破除权威迷信，勇于创新思考。权威的存在为人们的学习和生活提供了捷径，可与此同时，人们也必须看到，过度迷信权威不但可能延缓创新与突破，严重者更可能导致在决策上的失误。摒除盲目迷信，自主独立思考。用小组分享、交流辩论、头脑风暴等不同方式从多个角度分析问题，敢于质疑，多多提问，自主意识自然能够随之逐渐增强。

2. 克服自我中心

（1）积极融入集体。很多同学的自我中心与成长过程中因为家庭关系、居住环境等因素限制所造成的人际隔绝、缺少社群互动有关。如过度溺爱的父母养成了孩子说一不二的性格，成长过程过于顺遂的孩子缺乏抗压能力，等等。多增加与同学、同龄人互动的机会，可以从班级、社团开始，尝试多参加集体活动，多交朋友，学习接纳他人。

（2）留心观察，换位思考。大家的同学来自不同的地域，有着不同的性情、习惯与价值理念，可这些都不妨碍大家求同存异，成为至交好友。前提就是进退、收放与取舍的尺度。在不碰触自己核心利益的同时，从自我的圈子跳出来，设身处地替其他人想想，尊重、关心、帮助他人，自然也会获得别人同等的回报，体验到与独善其身截然不同的幸福。

（二）孤独、自卑与自负

孤独、自卑与自负都是与自我体验相关的自我失衡状态。

对于自卑与自负，在上一节"自我认知偏差"的内容中已有涉及，这里主要论述孤独相关的内容。

孤独，一种自觉得不到他人思想上的理解与情感共鸣的主观感受和体验，是一个人生存空间和生存状态的自我封闭。孤独的人会脱离社会群体而生活在一种消极的状态之中。要对抗这种人际孤独感，可以尝试以下几方面的建议。

1. 多元立体社交，扩大择友范围

大学生的年纪正是青少年与成年的衔接阶段，少年老成的同学觉得与同龄人社交缺乏思想深度，与至亲长辈交流又有难以逾越的代沟，在身边有限的圈子里少有共同语言，等等。对于这些情况，都不妨打开社交思路，破除年级、学院和地域的界限，尽量参加社团、联谊等活动，一定可以找到更多同路好友。

2. 放平心态，增长见闻

一本好书、一段音乐、一场讲座、一次打工体验、一场能力所及的旅行……确幸的生活可能在很多不经意的时刻悄然发芽开花。不用刻意营造，也不用急于求成，阅历世界，填补内心，在这个过程中，也许你就会发现，好友与知音正以同样的方式与你不期而遇。

（三）拖延与逆反

在自我控制方面，大学生自控水平明显提升，具体表现为能够自觉、主动、果断地选择目标，并加以坚持。然而，这个年龄阶段的青年人，体质、生理上的发展与情绪上的调控能力尚未达到稳步平衡，加之情绪上的波动对自我调控的直接影响，在理想与现实存在较大落差或环境预期与内在诉求出现冲突时，拖延、自我放弃、盲目逆反等消极的自我控制就会出现。

1. 克服拖延

（1）善用外部监督。无论是相较于被一个个时时悬在头上的项目"截止期限"调控的打工一族，还是大考小考不断的中学生，大学生的拖延成本无疑都要低得多。工作学习缺乏外在监控，执行力下降，对自控能力较差的学生，自然容易引起拖延症泛滥的连锁反应。对于这部分学生，可以考虑找有共同目标的同学组成学习小组互相监督。

（2）破除完美主义倾向。很大一部分有拖延症的同学，究其拖延原因可能发现，当时他并非不想完成任务，恰恰相反，是想把任务完成得尽善尽美。而这种力求完美的想法，就要求大家空出一整块的时间，在条件充分允许、心理建设完备的情况下开始工作学习。事实上，这在大学各种课业与活动交织的大环境下很难成行。于是，内在的迫切相反地表现为外在的拖延。不妨尝试利用碎片时间，一步步累积下去，要记住，完成本身的价值是先于完美存在的。

心灵拓展

人人都有拖延症

加拿大心理学博士蒂莫西·A. 皮切尔曾在其出版的《战胜拖延症》一书中说："人人都会有拖延症。"

美国科学杂志的调查数据显示，大概95%的人都承认曾经拖延，而没有承认的另外5%的人，则被认为是在说谎。另一项调查显示大约75%的大学生认为自己有时拖延，50%认为自己一直拖延。

皮切尔博士指出，拖延是一种"屈服以求得自我感觉良好"的行为。在面对来自任务的压力时，为了保持短期的平衡、愉悦，大脑边缘系统会驱动情绪，选择即时性的满足感，以暂时回避任务，脱离压力。这种对压力的逃避和从即时满足中获得的快乐感彼此纠缠，随着现实压力的增大和自责的加剧愈演愈烈，使个体陷入不断逃避与不断自责的怪圈。

2. 克服逆反

逆反，表现为当事人采取的行动与其所处环境中大部分人的预期完全相反的心理现象。很多人认为，逆反是出现在学龄前幼儿和青春期的中学生身上的事，其实不然。在发展心理学的理论中，个体对父母的认同往往经历着从认同到否定再到认同的过程。而这漫长的发展过程可能一直持续到我们的中年时期。"少年不懂父母恩，懂时已是中年人"，正是很多人成长的缩影。

（1）客观剖析自我与环境。从明确自身的目标和定位开始，客观评价环境限制、他人建议与自身优势和短板，积极进行自我规划，并在此基础上主动进行自我提升。自觉能动地以实际行动完善自我。对于尚未找到自身目标的同学，完善自我可以从规避不良信息开始，也就是拥有虽然我可能暂时不知道我要什么，但我至少要清楚我不能成为什么的底线思维。从此开始，丰富阅历、增长见闻，一个拥有丰富见识与底蕴的人，自然更能够兼收并蓄，理性思考与接纳更多的意见和建议。

（2）加强沟通，求同存异。很多时候，人们与父母、与他人的矛盾，并不是势同水火的原则、底线之争。相反，仔细分析后可能发现，彼此在大的目标与方向上是一致的，或是至少可以朝着趋同的方向发展的。有分歧的只是具体的执行顺序、理念和策略。比如，你深知父母都是为自己好，可却常常无法接受他们为自己好的方式。"有一种冷，是你妈觉得你冷"就是指向这种矛盾的一句无奈的吐槽语。对于这种情况，多加沟通，加强彼此的理解，让父母切实感觉到你是可以把自己管理得很好的成年人。多加沟通不仅可以减少很多双方基于逆反和失望的负面情绪，而且可以增进亲子关系。

心灵探索

自信心小测试

请根据自己的情况，选择"是"或"否"。

（是/否）（1）没有人赞同我，我仍然会冷静地坚持到底。
（是/否）（2）我不满意自己的容貌。
（是/否）（3）当别人对我态度不好时，我的情绪不会受到影响。
（是/否）（4）我很不欣赏自己。
（是/否）（5）我乐意接受别人对我的批评。
（是/否）（6）我总觉得自己不够优秀。
（是/否）（7）我觉得自己是个有能力的人。
（是/否）（8）参加演讲比赛之类的活动时，我心里总是没底。
（是/否）（9）我是一个受欢迎的人。
（是/否）（10）我觉得自己缺乏魅力。
（是/否）（11）我不喜欢与他人攀比。
（是/否）（12）我总觉得自己将来很难有所作为。
（是/否）（13）我很少为了讨别人喜欢而打扮自己。
（是/否）（14）我经常勉强去做自己不愿意做的事情。
（是/否）（15）我不喜欢他人安排或支配我的生活。
（是/否）（16）我认为自己的缺点很多，优点很少。
（是/否）（17）我经常认真听取别人的意见。
（是/否）（18）我总是回避与别人交往。
（是/否）（19）我的记性非常好。
（是/否）（20）学习中遇到难题，我总是求助他人。

结果解释

奇数题回答"是"记1分，回答"否"记0分；
偶数题回答"否"记1分，回答"是"记0分。

总分数为14~20分：说明你更倾向于积极地看待自己，对自己信心十足，明白自己的优点，对自我的评价比较高。

总分数为7~13分：说明你的自信心比较适中，对自己的评价不过高，也不过低，偶尔表现出缺乏信心的情况。

总分数为0~6分：说明你对自己的评价比较低，显得对自己不太有信心。你可能过于谦虚或自我轻视。因此，你可能过分关注自己的缺点和不足了，你需要更多地关注一些自己的优点和长处。

第三章

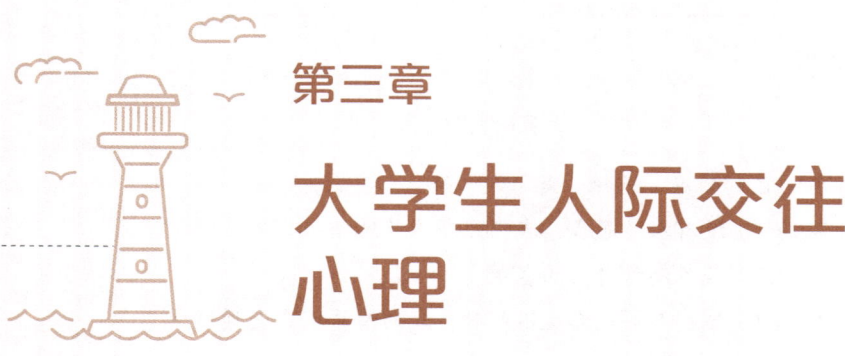

大学生人际交往心理

📖 情境导入

小张是大学二年级学生,自大二开学以来,她感到焦虑,郁闷,苦恼。她感觉"大家都挺虚伪的",根本不想待在寝室,一回到寝室,就胸口发闷。原因是她觉得自从大二以来,室友们都不怎么关心学习了,只顾玩、找男朋友什么的;尤其是那个本地的女孩子,小张觉得她老是和自己针锋相对:小张晚上说早点睡觉,那个女孩子晚上就睡得特别晚,小张觉得她肯定是在报复自己,让她小声点,她就很冒火地和小张吵起来了。还有一件事就是班上的同学竞争入党,本来寝室也有3个室友申请了,但是后来因人数有限,只有小张得到了入党的机会。一天,小张回寝室看到她几个在聊天,听到她们好像说什么"就会讨好老师,拍马屁"。小张一听就知道在说自己,从那天以后她们几个关系就变得很差了。小张心里特别不舒服,已经到了孤立无援的地步。因为心情一直很糟糕,所以在学习上面不能静下心来,根本无法专心复习,还有一个多月就要期末考试了,小张怕成绩考得不好,更怕会挂科,她越想心里越乱,越不知所措。

小张内心十分困扰、焦虑,来到咨询室求助。

小张:"我觉得她们不喜欢我,我又没做错什么!"

心理老师:"你觉得她们不喜欢你,但又不知道为什么。"

小张:"对,我难受死了。"

心理老师:"你现在感到很孤独,也很痛苦,还有些委屈,是吗?"

小张:"对。(哭泣)……我不知道怎么就成现在这样了,我觉得她们对我不满,我不知道自己能做些什么。"

心理老师:"你希望做点什么,改善和其他人的关系,是吗?"

小张:"是的。"

在开始的咨询中,心理老师通过咨询技术鼓励小张发泄情绪,并加强小张对改善人际关系的渴望和决心。小张性格比较内向,个性追求完美,在交流过程中心理老师也发现了小张对室友存在诸多偏见。如"小张晚上说早点睡觉,那个室友晚上就睡得特别晚，室友肯定是在报复自己"等，针对这些情况，心理老师采用合理情绪疗法对小张的不合理信念进行了调整。

心理老师："你说她睡得晚是在报复你，有没有其他的可能？"

小张："有吧，最近快考试了，大家都很努力。"

心理老师："很有可能，所以她并不一定像你说的是在报复你。"

小张："嗯，现在想想确实不是，好像是自己想得太多。"

心理老师在不断调整小张不合理信念的同时，还鼓励小张主动与室友进行沟通，勇敢表达自己的感受。在几次咨询后，小张的情绪改善许多，脸上的笑容逐渐增多，和室友的关系也缓和了很多。

宿舍关系在大学生人际交往中占有很大的比重，室友关系的好坏也会影响宿舍成员的情绪、学习等，改善室友关系具有十分重要的意义。

思考

作为大学生的你是如何看待小张遇到的问题的？

学习目标

知识目标

1. 理解大学生人际交往的认知过程和关系建立的心理机制。
2. 掌握人际交往的心理结构，包括情感、认知和行为等方面的重要组成。
3. 理解人际交往对个体和社会的价值，以及不同文化背景下的差异。

能力目标

1. 能够分析和解释大学生在人际交往中遇到的各类问题和挑战。
2. 能够识别和评估大学生常见的人际交往问题的根源和影响因素。
3. 能够应用理论知识和技能帮助大学生调适不良的人际交往心理，提出解决方案。

素质目标

1. 培养对多样人际交往方式和文化背景的尊重和理解。
2. 提升帮助他人解决人际关系问题的能力和愿望。
3. 增强通过积极的人际交往促进社会和谐的责任感和行动力。

思维导图

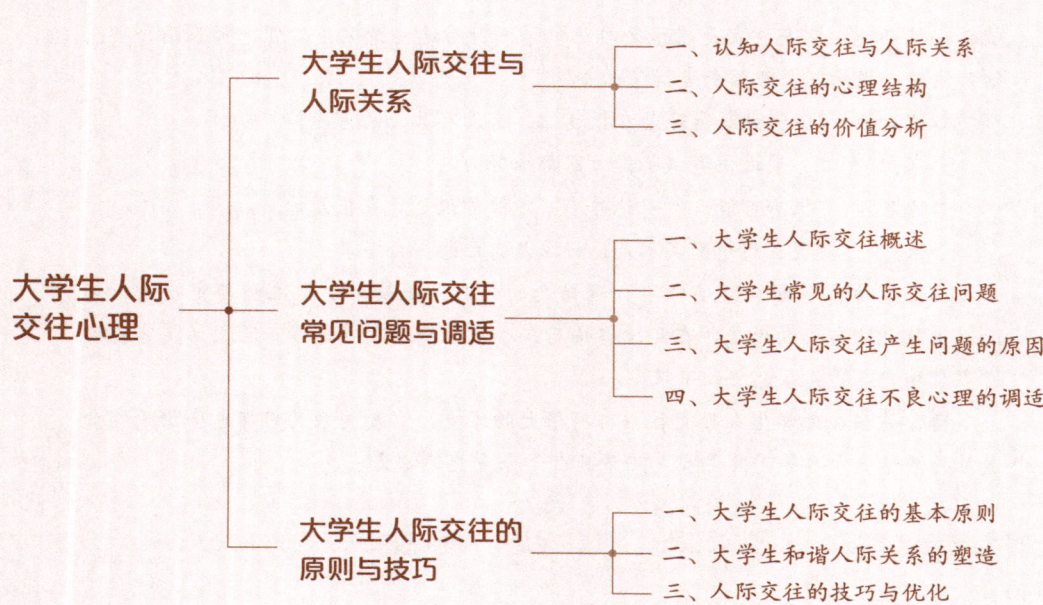

第一节 大学生人际交往与人际关系

一、认知人际交往与人际关系

（一）人际交往概述

人际关系是在人与人的彼此交往过程中建立和发展起来的。交往就像是一座桥梁，联结着社会网络中的个人与个人、个人与群体、群体与群体。没有人际交往，就无所谓人际关系。关于人际交往的具体含义，不同的人往往也有不同的解释。这里认为，人际交往是指人们实现相互之间的交流信息、消除生疏、加深了解、获得肯定或否定体验、完善自我的一种重要途径。通常而言，人际交往的频率会调节人际关系的亲疏远近。人与人之间的交往频率越高，人际关系就越会向纵深发展；而人与人之间的交往频率越低，其人际关系也就越趋于淡化。就人际交往的意义而言，它不仅能够使个体获得生活所必需的一些信息，还能够使个体拥有强大的心理支持，是个体成功的重要条件。因此，大学生在校期间，如果能注重培养和训练自己的人际交往能力，不断整合人脉资源，就必然有助于促进自己的成长与发展。

（二）人际关系概述

1. 人际关系的定义

人际关系是与人际交往联系非常紧密的一个概念。所谓人际关系即人与人之间的关系，是人与人在交往过程中所产生的各种社会关系的总和。人际关系网络是付出和给予之间的不断平衡，一种双方同意的公平交易。不同的发展阶段，会形成不同的人际关系网络，从整体上一般分为3类：以感情为基础的各类关系，包括亲情、友情和爱情；以熟识为基础的同事、同学、上下级等关系；缺乏任何基础的陌生关系，如萍水相逢。其中，最早产生的、最持久的人际关系是以感情为基础的人际关系。

2. 人际关系的特征

（1）个体性。人际关系的第一特点就是个体性，人际关系的本质表现在具体个人的互动过程中，其主要问题是对方是不是自己所喜欢或者愿意亲近的人，在人际关系中，"教师"与"学生"，"上司"与"下属"等角色地位退居其次。这就是人际关系的个体性特点的表现。

（2）直接性（可感性）。人际关系的第二个特点，即人际关系的直接性（可感性），直接的、面对面的交往，为人们所直接体验到，不通过第三者或是中介，而是双方对于对方的直接感受，这样会增加真实性和可靠性。

（3）情感性。人际关系的第三个特点是人际关系的情感性，人际关系的基础是人们彼此之间的情感活动，动之以情，这样的情既包括喜欢、关心等积极的情感因素，也包括厌恶、憎恨等消极的情感因素。

人际间的情感倾向可以归结为两大类：一类是使人们互相接近或吸引的情感，即连属情感。这种情况下，对方总是自己所希望的、满意的客体，个体有强烈的与其合作或交往的行为倾向。第二，使人们互相排斥和反对的情感，即分离的情感。在这种情况下，对方则是自己不能接受的、难以容忍的，甚至是感到厌恶的客体。

心灵拓展

人际关系和社会关系

人际关系和社会关系是两个不同的概念，社会关系是一个非常广泛的范畴，它是指人们在社会生活实践过程中结成的一切关系的总和。这是广义上的社会关系，即人与人之间的一切关系。可以说，社会关系是人与人一切关系的科学抽象。另一种是狭义上的社会关系，指在一定生产过程中人们所结成的相互关系，即社会生产关系。作为两个级别的概念，社会关系和人际关系具有不同的理论概括力。它们的不同之处体现在以下几个方面。

（1）社会关系强调现实关系的整体方面，而非个性方面，而人际关系则更多从个体、个性方面来表现现实。西方心理学将人际关系与社会关系混淆起来是不利于研究的。苏联社会心理学家安德烈耶娃认为："要正确认识人际关系的性质，就不要把人际关系和社会关系放在'同一类'，而要把它看成是社会关系中一个特殊的'类'，它产生于每一种社会关系之中，而不是产生于社会关系之外。"她还进一步指出，在人际关系之外再也找不到某个地方有"纯粹"的社会关系。

（2）社会关系是社会学研究的主要对象。一方面，它研究人与物的关系，如生产资料的分配和继承；另一方面，它还包括意识形态的关系，主要有法律关系和道德关系等。而人际关系则是人与人直接的心理关系，它受社会关系所制约，是社会关系的反映，却具有某种相对独立性。

（3）社会关系和人际关系是从属关系，同时，社会关系决定着人际关系的性质。人类从事的物质文明和精神文明活动是人际关系变化的基础。一旦个人参与的社会活动和社会关系发生了变化，人际关系自然也就发生了变化。

二、人际交往的心理结构

一般来说，人际交往的心理结构包括人际认知、人际情感和人际行为3个具有内在联系的具体层面。

（一）人际认知

人际认知是指人与人在交往过程中的相互认知，即通过彼此相互感知、识别、理解而建立的一种心理联系。它包括自我认知、对他人的认知、对人际关系的认知3个方面。

人际交往的建立是从人与人之间的相互认知开始的。人际认知是双向的互动过程，一方面要使自己了解他人，另一方面也要使他人了解自己。当然，全面而客观的人际认知是一件十分困难的事情，人们几乎谁都无法完全理解他人内在的精神世界，即俗话所说的"画虎画皮难画骨，知人知面不知心"。因此，人际认知是人际交往的前提，人们随着交往频率的增多，对他人的了解也会逐步加深。

（二）人际情感

人际情感是指在人际交往中因各自的需要是否得到满足而产生的情绪、情感体验。

通常人们将人际情感分为积极（正情感）和消极（负情感）两种类型。积极情感是指促使人际相互亲近、融合的情感，如喜欢、喜爱等（图3-1）；消极情感是指导致人际相互疏远、分离的情感，如厌恶、仇视等。除了上述两种类型外，人际情感中还有一种若即若离、不即不离的中性情感，而且在人际交往中这种中性情感大量存在。由于人际交往在心理上总是以彼此满意不满意、喜爱不喜爱等情感状态为特征，因此，人际情感就成为人际交往的核心，是人际交往中最本质的、具有决定性影响的因素，是衡量人际关系的晴雨表。

图3-1　积极的人际情感

（三）人际行为

人际行为是指双方在相互交往过程中的外在行为的综合体现，它包括人们的仪容仪表、服饰打扮、言谈举止、礼仪礼节等。

在人际交往中，不论是认知因素还是情感因素都要通过人际行为表现出来，人际行为是人际交往的调节杠杆，人们可以通过各种行为调节、修补、完善人际关系。

三、人际交往的价值分析

人际关系在人的发展中具有不可替代的作用。心理学的大量研究与人们的日常生活都已证明，正常的人际交往与良好的人际关系是个性正常发展、心理保持健康与生活幸福快乐的必要条件。

（一）人际交往与个性发展

心理学研究表明：儿童与其照看者之间通过积极的交往，形成稳定的亲密关系，以满足其强烈的爱与归属的需要，是其心理乃至身体正常发展不可缺少的条件。如果缺乏与成人、与同伴的正常交往以及由此建立起来的亲密关系，不仅他们的性格发展会出现问题，连智力发展也会出现明显障碍。

（二）人际交往与心理健康

20世纪以来，人类生存环境越来越复杂，生态问题变得越来越尖锐，高技术的劳动市场的竞争日益加剧，人际关系变得错综复杂，这一切无不加重了人们的心理负担，各种心理问题明显上升。大量的心理问题、心理危机都与缺乏正常的人际交往和良好的人际关系相联系，那些生活在缺乏友好合作、融洽气氛的人际环境中的人们，经常感到压抑、情绪低落。心理学家曾经从不同的角度做过大量研究，结果都证明，健康的心理总是与健全的人际交往相伴随，心理健康的水平越高，与他人的交往就越积极，越符合社会的期望，与他人的心理关系也就越深刻。对人的身心健康的伤害莫过于剥夺他的交往需求。知觉剥夺实验表明，当所有外界知觉都被剥夺，一个人最多能忍受2~3天，这时他的身心已经受到较为严重的损害。因此，历史上曾把流放作为对人的严厉惩罚。

（三）人际交往与人生幸福

日常生活中，有些人往往认为，人的幸福是建立在金钱、名誉和社会地位基础上的，实际上对于人生的幸福来说，所有方面都远不如健康的交流与良好的人际关系重要。心理交往和人际关系在人们生活中的地位，无法被金钱、名誉和地位所取代。

心理学家在研究中发现一个有意义的现象：自20世纪30年代以来，人们的金钱收入一直呈上升趋势，但是，对生活感到幸福的人的比例并没有增加，而是稳定在原有的水平上。当创业者的事业上升到一定高度，大部分人要经历减少陪伴家人的阶段，因此激发的家庭矛盾也不在少数。

心理学家林格于1977年做了一个广泛的调查，当人们被问到"什么使你们的生活富有意义"时，几乎所有的人都回答，亲密的人际关系是首要的。从这些被调查者的回答中，可以看到人际关系的重要性远远超过了成功、名誉和地位。

第二节 大学生人际交往常见问题与调适

一、大学生人际交往概述

大学生人际交往就是大学生与他人之间的信息沟通过程。大学生正处于人生的重要转折时期,非常渴望获得良好的人际关系。因此,处理好人际交往问题对他们来说非常重要。

(一)大学生人际交往的特征

1. 人际交往的愿望较为迫切

很多大学生都是离开家乡,到一个陌生的城市上学,因此在新的环境中,他们往往迫切地想认识新的朋友。加之大学生普遍思想活跃、精力充沛、爱好广泛,人际交往的愿望与需要就更为强烈。他们十分希望被他人所认可、接受、尊重、理解,需要得到良好的人际交往机会、平台。

2. 注重情感需求

大学生主要的交往对象是同学和老师,交往中涉及的内容主要是学习、思想、集体活动等,因而大学生的人际交往往往较为单纯、坦诚,功利性色彩淡,比较注重满足情感的需求。这种情感需求往往不仅有消除孤独、寻求友谊的需求,同时也有与异性交往以获得爱情的情感需求。

3. 注重平等交往

伴随着大学生自我意识的逐步提高,很多大学生都认为,人与人之间的交往必须是完全平等的。所以,虽然大学生之间存在着诸多方面的差异,如生活阅历、性格特征等,但他们在交往中却有意识地寻求平等的机会、过程与结果。他们不仅对他人平等相待,同时也希望他人能对自己一视同仁。

4. 开放性

大学生对异性交往的认同度变高,认为谈恋爱是很正常的事,因而与异性的交往更为开放。很多大学生虽然来自不同的地区,甚至是不同的国家,在语言、生活习惯等方面有较大的差异,但是这并不影响他们之间的交往。为了适应当今社会激烈的就业竞争,大学生越来越注重扩大自己的社会交往面,因而会通过参加社会实践、参与勤工俭学等来扩大自己的人际关系网络。

5. 多元化

在当前阶段下，大学生人际交往的多元化趋势越来越明显，主要体现在以下两方面。

（1）交往的手段多元化。随着科学技术与互联网的广泛应用，大学生的交往行为也发生了较大的变化。大学生在以往传统的校内外社团活动、联谊活动、文体竞赛等与他人交往手段的基础上，还可通过网络与他人进行交往。在网络中，大学生可以完全按照自己的喜好选择交往对象，也可以完全按照自己的方式与他人交往。很显然，多样化的人际交往手段使得大学生的人际交往变得更为方便、更为快捷，突破了时间、空间等条件的限制。

（2）交往的内容多元化。由于大学生求知欲强，所以他们对各种自然现象与社会现象就显得格外关注。而这也导致他们交往的内容体现出多元化的特点。例如，大学生不仅寻求感情、寻求友谊、追求爱情，还寻求专业以及感兴趣的各方面信息等。

（二）大学生人际交往的影响因素分析

大学生处在人生的一个重要转折阶段，他们面对着复杂的生活背景，在人际交往和良好人际关系建立的过程中通常会受到很多因素的影响，以下则是几种主要的影响因素。

1. 认知因素

大学生对自己的认知、对他人的认知和对交往本身的认知会影响其人际交往。其中，对自己的认知关键在于自我评价是否恰当。过高地评价自己，在人际交往中往往会盛气凌人，处于不平等的地位；过低地评价自己，往往会引起自卑，不愿或害怕与人交往。对交往本身的认知，也会影响交往行为，因为交往的过程是双方彼此满足需要的过程，如果只考虑满足自己的需要，忽视他人的需要，就会引起交往障碍。对他人的认知出现偏差是最影响人际交往的。大学生往往容易受多种心理效应的影响而出现认知偏差。

2. 情绪因素

在大学生的人际交往过程中，情绪过于激烈或过于冷漠都不利于建立良好的人际关系。因为情绪反应过于强烈，会给人造成感情用事、不成熟、轻浮不实的感觉；情绪反应过于冷漠，则会被视为不友好、对人没感情、姿态高、瞧不起人。大学生感情丰富，情绪变化较快，有时把握不住自己的情绪，会产生一些冲动，这很不利于人际交往。

3. 态度相似性因素

当交往双方在兴趣、爱好、理想、信念、价值观等方面有相似的态度时，感情上就容易产生共鸣，就容易形成良好的人际关系，这就是态度相似性因素在起作用。大学生可以寻找具有相似态度的人来交往，以发展良好的人际关系（图3-2）。

4. 时空因素

图3-2 发展态度相似性友谊

时间因素和空间因素在人与人的交往中也发挥着重要的作用。时间因素主要是针对交往的机会、频率而言的。一般来说，交往的机会多，频率高，交往双方就越容易相互了解；而交往机会少，频率低，彼此之间就容易缺乏相互的了解和沟通，就较难建立良好的人际关系。空间因素主要指交往双方距离的远近。距离近，则更容易接触，也就更利于建立密切的关系，反之则不然。对于大学生来说，住一个宿舍的学生往往更容易建立起较密切的人际关系。

二、大学生常见的人际交往问题

大学生进入大学后，虽然在生理上已经具备了成年人的体格及种种生理功能，但其心理还未成熟，还处于走向成熟的关键期。所以，在大学阶段，大学生常常会在交往过程中出现这样那样的问题。以下就是比较常见的问题。

（一）自我认识问题

大学生在人际交往中出现的自我认识问题主要是社交自负和社交自卑。

1. 社交自负

当代大学生在人际交往中存在的最常见、最突出的一个问题就是社交自负。它是一种过高评价自己，不信任他人的心理。具有这方面问题的大学生常常表现出以下几方面的特征。

第一，以自我为中心，尤其总是将自身的兴趣和需要放在重要位置上，片面追求自我需要的满足。

第二，不能站在对方的位置上进行客观思考，经常颐指气使、盛气凌人。

第三，在与同学共同的学习和生活中，总是凭自身的主观经验或喜好观察、分析、解决问题，固执己见，唯我独尊。

第四，不允许别人批评自己，往往见好处就上，有困难就让，遇错误就推。

第五，自我优越感很强，总认为别人不如自己，对别人的成功不屑一顾，缺乏自我批评。

第六，常常与人发生利益、兴趣、需要等方面的冲突。而在冲突中又不肯让步，忽视别人的感受，期望甚至强迫别人满足自己。

第七，与同伴交往过程中，高兴时会海阔天空、手舞足蹈地讲个痛快，不高兴时会不分场合地乱发脾气，全然不考虑别人的情绪和别人的态度。

需要注意的是，当今市场经济中"自我"的彰显和竞争现实的影响，在促进大学生自我意识觉醒的同时，也非常容易致使大学生自我膨胀，陷入社交自负的境地。

2. 社交自卑

社交自卑主要是说大学生在交往活动中对自身的认识与评价不准，存在自卑感，难以与他人保持正常的交往。具体而言，存在社交自卑问题的大学生在人际交往中往往有以下表现。

第一，不自信，认为自己这也不行，那也不行，不敢与人交往，很怕受到他人的拒绝和嘲笑，所以经常畏首畏尾，逃避集体活动。

第二，与同学交往时，常常防备心很重，不敢打开心扉，时时处处给自己安装上一副铠甲，或是表现得像一只浑身长满刺的"刺猬"，以刺来护卫自己容易受伤的脆弱的自卑"心"。

大学生出现的社交自卑问题也是由多方面的原因导致的，如大学生自身存在的一些劣势（生理缺陷、家境贫寒等），大学生归因不当，自尊心过强等。这种社交自卑不仅严重影响着大学生良好的人际交往，还非常不利于大学生身心的健康发展。因此，这是不可忽视的一个问题。

（二）交往观念问题

大学生的交往观念与其人际交往的顺利与否有着非常密切的关系。人际交往的目的是获"益"，但想要获"益"的前提却是交往的对方也可以获"益"，没有这个前提，则难以进行交往这一活动。然而一些大学生认为，与他人交往就是为了自己能够获"益"，因而毫不关心别人的情况。也有一些大学生认为交朋友就要交知音，因而排斥那些和自己价值观不同的人；也有一些大学生认为，要交朋友就应该将自己所有的秘密都告诉对方，毫无保留；还有一些大学生认为，"君子之交淡如水"，与朋友的来往要始终保持一定距离，因而很少有情感交流。这些人际交往观念都会影响人际交往的广度和深度。

（三）缺乏人际交往技巧

大学生缺乏一定的社交技巧，也很容易导致人际交往不良。这一问题最突出的表现就是沟通不良和人际冲突。在高校中，有很多大学生虽有良好的沟通愿望但不得其法，不知如何与他人进行沟通，频频引发误会；也有很多大学生我行我素，从不与人沟通，而沟通不良就很容易引发人际冲突。

冲突是一种对立的状态，表现为两个或两个以上的相互关联的主体之间的紧张、不和谐、敌视，甚至争斗关系。大学生正处在心理的极速发展期，自控力较弱，不能很好地管理自己的情绪，遇事容易冲动，还总是错误地将冲动认为是自己率真，做事爽快。实际上，大学生所出现的很多人际冲突，都是因一些没有什么原则问题的小事引起的。因此，大学生必须重视人际交往技巧的自觉学习与应用。

（四）交往心理障碍

大学生在人际交往过程中出现的心理障碍不少，最为突出的就是交往恐惧心理和交往中猜疑嫉妒心理都过强。

1. 交往恐惧心理过强

交往恐惧心理是指个体害怕自己在他人面前出洋相，担心被他人耻笑，对与他人交往总是存在一种强烈的恐惧感。大学生进入大学后，都渴望友谊，获得更多的朋友。但有些大学生在与人交往这件事上过于敏感、害怕，总是回避与他人的接触，在不得不接触时则表现出紧张、恐惧、心跳加快、面红耳赤等症状，说话也说不清楚，总是重复所说的话，难以自制。

2. 交往中猜疑嫉妒心理过强

交往中的猜疑心理，主要指个体针对一个假想目标进行封闭性思考，表现为难以相信别人，总是胡乱猜测，对他人的言行过于敏感，总觉得他人谈论的事情与自己有关。这种心理非常影响人际关系的和谐。大学生在交往中就很容易产生猜疑心理，导致人际关系紧张。此外，人际交往中的嫉妒心理也是要十分注意的。任何人可能都存在一定程度的嫉妒心，这是很正常的一件事，但如果嫉妒心过强就会走向反面。大学生在人际交往中的嫉妒心理过强主要表现为当别人获得荣誉、取得进步时，不服不满，甚至贬低、敌视；当自己取得成绩、获得荣誉时，又焦虑不安，害怕他人赶上自己。有些大学生甚至出现憎恶、怨恨的心理。这非常影响人与人之间正常的关系。

3. 交往中羞怯心理过强

一般来说，每个人有一定的害羞心理，这是很正常的，只要不影响正常的人际交往就不会被视为问题。但是如果一个人在任何场合与人交往都害羞，甚至不敢或不愿与人交往，那么这就成了交往心理障碍。大学生在人际交往中就很容易出现羞怯心理障碍。这主要表现为：站在陌生人面前，总感到有种无形的压力，似乎自己正在被人审视，不敢迎接对方的目光，感到极难为情；与人交谈时，会出现面红耳赤、冒虚汗、心发慌等紧张反应。

4. 交往中报复心理过强

交往中的报复心理主要是指交往者一方自认为受了委屈、被羞辱甚至是人格情感被伤害时所产生的反击心理。大学生在人际交往中也比较容易产生报复心理，尤其是那些心胸狭窄、脾气暴躁、文明水准较低的大学生。

三、大学生人际交往产生问题的原因

（一）心理原因

大学生处于特定的生理发展期，自制能力较弱，遇事容易冲动，有些同学认为自己做事爽快，实则也是冲动表现。还有，爱面子也经常导致大学生之间的冲突。有很多人际冲突都是发生在没有什么原则问题的小事情上，往往是一次无意的碰撞、不经意的言语伤害或区区小利等，本来只要打个招呼、说声道歉，也就没事了，但双方都"赌气"，出言不逊，结果争吵起来。更有甚者，一个不让，一个挥拳相向，头破血流，事后懊悔不迭。从心理学角度讲，这是双方都在用不适当的方法维护自尊，即典型的面子心理。仿佛谁先道歉就伤了面子，谁在威胁面前低了头，谁就是弱者，于是矛盾层层升级，甚至以悲剧而告终。

（二）社会原因

在不同生活背景下成长起来的大学生，其思维方式和潜意识都会有很大差异。随着高校规模不断扩大，贫困大学生的人际交往问题显得十分突出。贫困大学生有着和普通大学生一样的交往需要，但是由于贫困的影响，许多学生不能正确处理个人与同学的关系，在人群中感到不自在。而家庭条件相对较好的大学生却经常有意无意地表现出自身的优越性。这种优越性会刺伤贫困大学生脆弱的自尊心，继而产生隔阂。

另外，由于家庭环境差异而产生的认识上的不同也是造成人际关系冲突的一个主要原因。贫困大学生与家庭富裕的大学生之间的矛盾，绝不仅是高档用品上的差异，而是根植在头脑之中的贫富差异，以及在长期的不同生活环境下产生的对事情的观点上的差异。

（三）利益原因

在大学里，存在着各种形式的竞争，如奖学金的评定、学生干部的竞选、党员的推荐以及各种评优，这些都可能给大学生的人际关系带来微妙的变化，甚至引发冲突。

（四）个性原因

在这个讲求个性的时代，大学生来自不同的地方，由于成长环境不同，他们有着不同的价值观和生活习惯。每个大学生都在追求或培养着自己的个性。这样给大学生的人际关系无形中增添了许多危险的因素。有很多人际冲突，就是因为一方或双方个性太强，不肯让步形成的。有的同学别的方面都很好，就是因为脾气太暴躁，常因为一些小事跟同学发生冲突，然后就是冷战，互不理睬，影响了大学生活。

良好的人际关系是大学生心理健康的重要保证，具有良好的人际交往能力也是一个人适应社会、走向成功的重要内容。因此，作为当代大学生应该有意识地培养自己的人际交往能力，掌握人际交往的技巧，懂得人际交往的基本原则，遵循人际交往的规律。

四、大学生人际交往不良心理的调适

不良的人际交往心理不仅影响大学生的学习和生活质量，而且影响大学生的心理健康。因此，了解大学生人际交往中存在的不良心理，提出有针对性的调适方法，有助于改善大学生的人际交往状况，提高大学生的心理健康水平。

（一）自卑心理的调适

在心理学上，自卑属于性格上的一个缺点。自卑是一种因个人自认为不如别人而产生的轻视自己的不良心理，表现为忧郁、悲观、孤僻。很多同学都习惯于拿自己的短处和别人的长处比较，过低评价自己，常有我不行，我不如他人等消极暗示，对自己信心不足，盲目依赖别人、取悦别人，不敢涉足新的交往领域，在交往中总是表现出羞怯、忧伤、退缩，而不敢交往、缺少交往则会使自己陷入更深的自卑中。自卑心理可以从以下几方面进行调适。

1. 正确认识自身的生理缺陷和不足

要认识到只有通过自己的努力和奋斗，不断增长知识，提高自身的全面素质，才有可能改变自己的家庭状况，提高自己的社会地位，减轻生理缺陷的影响。

2. 自我积极暗示

要进行积极的自我暗示、自我鼓励。尤其处于不利地位时，要给自己加油打气，竭尽全力争取成功。

3. 正确评价自我

正确认识自我，提高自我评价。要善于发现自己的长处，肯定自己的成绩，改善自我形象，积极参加社交。

4. 积极与人交往

自卑的人往往容易把自己孤立起来，并形成恶性循环，越害怕交往，就越自卑。自卑的人要看到自己在人际交往中也有许多积极影响，因为自卑的人大多谦虚，善于体谅人。所以尽量积极地与人交往，并通过成功的交往开阔自己的胸怀，克服自卑心理。

（二）自负心理的调适

自负是骄傲自大、自以为是，过于相信自己而不信他人。只关心自己的需求而不去考虑他人的感受。外在的自负源于内在的自卑，因此自负心理导致部分学生在自我封闭的狭小空间里逞能。自负心理的调适主要从以下几个方面改善。

1. 接受批评

接受批评是根治自负的最佳办法。自负者致命的弱点就是不愿意改变自己的态度或者接受别人的观点。它不是让自负者完全服从他人，只是要求他们能够接受别人正确的观点。

2. 要学会与人平等相处

自负者无论在观念还是行动上都要求别人服从自己。平等相处就是要求自负者以一个普通成员的身份与别人平等交往。

3. 提高自我认识

要全面地认识自我，既要看到自己的优点和长处，又要看到自己的缺点和不足，不可"一叶障目，不见泰山"。与人比较不能总拿自己的长处去和别人的不足比，把别人看得一无是处。

4. 以发展的眼光看待自己

辉煌的过去可能标志着过去是英雄，但它并不代表现在，也不预示将来。

（三）孤独心理的调适

孤独心理表现为不愿与他人交往，喜欢独来独往，不合群。由于不善于主动与他人交往而感到孤立，自我心理压力大，生活态度不乐观。孤独一般表现为把自己的真实思想、情感、欲望掩盖起来，对别人心怀戒备，自我防御心极强。由于难以沟通，使人感到与之交往不是很累就是无效。如何面对人际交往中的孤独感呢？

1. 把自己融入集体之中

任何一个大学生都处在一定的环境中，如果拒绝把自己融入集体之中去，孤独肯定会格外地"垂青"你。

2. 积极参与社交活动

要敢于冲破自我封闭的枷锁，越过心灵的障碍，通过广泛的交流寻觅知音。当真正感到与同学们心理相容并为人所接受时，就会享受到正常的人际交往的快乐与幸福。

3. 克服不良的人格因素

高傲、冷僻、尖酸、刻薄等不良人格往往会使人与你疏远，应该加以克服和矫正。

4. 培养慎独的能力

失意与独处是人生不可避免的，应培养自己慎独的能力，以期在个人独处时不至于因难以忍受孤独、寂寞而变得意志消沉。

（四）猜疑心理的调适

猜疑心理就是在对人对事没有进行客观的了解之前，主观地进行假设与推测，是一个非理智的判断过程。猜疑心理在人际交往中表现为对他人不够信任，与人交往时过分小心谨慎，待人不够诚恳，往往误解他人的好意。猜疑心理的正确调适方法主要有以下几个方面。

1. 学会正确的人际认知方法

对他人和客观事物的认知要力求客观、全面、公正。只有对他人的认知正确、全面、深刻，才会避免猜疑。

2. 加强沟通，多做调查研究

出现了疑点，不要马上乱猜测、乱对号入座，否则就会产生记恨和报复心理。要主动与你所怀疑的对象多接触、多交流，敞开心扉交流，这样往往会得到你意想不到的信息。

3. 学会"冷处理"

对于那些一时得不到证实的事情，最好的办法就是先放一放，相信总有水落石出的时候。急于求成、胡乱猜测，弊多利少，远不及耐心考察的冷处理方法好。

4. 学会识别信息

猜疑心理可能源于自身，也可能是听信别人的流言蜚语而产生的。因此，在人际交往中，要善于对信息和信息源进行认真的鉴别，冷静筛选，去伪存真，不可偏信。善于鉴别信息真伪是大学生修身处世、避免在人际交往中走入误区的重要武器。

（五）过强的嫉妒心理的调适

过强的嫉妒心理是一种十分有害的不良心理，对这种不良心理的调适主要从以下几个方面入手。

1. 纠正自己认知的偏差

嫉妒者在别人成功时，总以为别人的成功是对自己的威胁，是对自己利益的侵占。嫉妒者应该学习别人的长处来克服自己的短处，而不是以己之短比人之长。

2. 积极升华，悦纳他人

要积极升华，应该把不服气的心理引导到积极的方面，化嫉妒为积极进取的力量，赶上甚至超过对方。还要学会悦纳他人，学会赞美别人的成功和优点，在真诚的祝愿中学会"我好你也好"的交往态度。

3. 进行注意转移

嫉妒的产生总是在闲暇时间。如果人们积极参加有益的活动，使自己的生活充实起来，也许就没有时间去嫉妒别人。人们应该有意识地进行一次注意的转移，看看自己的优点，这样便会使原先失衡的心理获得新的平衡，嫉妒心理也就不会产生。

第三节 大学生人际交往的原则与技巧

一、大学生人际交往的基本原则

（一）互利原则

人与人之间的互利原则包括物质和精神两个方面。如果一方只索取不给予，交往就会中断。互利性越高，交往双方关系就越稳定、密切；互利性越低，交往双方关系就越疏远。例如，人们的友好行动被别人接纳后，同时也希望别人做出友好的回应；如果别人的行动偏离自己的期望，就会认为别人不通情理，从而产生一种不愉快的情绪体验，对对方产生心理排斥。同样，对于排斥和拒绝自己的人，我们通常也会报之以排斥与否定。

（二）自我价值保护原则

自我价值保护是指个人对自身价值的意识与评判。每个人为了保持自我价值的确立，在心理活动的各个方面都会有一种防止自我价值遭到否定的自我支持倾向。

人在任何时期的自我价值感都是既有的一切自我支持信息的总和。自我价值支持的变化来自两方面：符合人们意愿，自我支持力量的增加；与人们的期望相反，使人们面临自我价值威胁，因而必须进行自我价值保护的消极变化，即自我价值支持力量的失去或自我面临新的攻击。一旦肯定的人转向否定，人们将面临两种选择：一是承认别人转变的合理性，否定自己，贬低自我价值；二是进行自我价值保护，尽可能维护自我价值不变，降低所失去的自我价值对自己的重要性。自我价值的否定是非常痛苦的，因此当面临自我价值威胁时的优先反应不是否定自身，而是尽可能保护自己。为此，交往中必须遵循尊重、相容、信用等原则。

（三）尊重原则

尊重包括自尊和尊重他人两个方面。自尊就是在各种场合自重自爱，维护自己的人格；尊重他人就是重视他人的人格、习惯与价值，尤其是对隐私的尊重。尽管由于主客观因素的影响，人与人在气质、性格、能力、知识等方面存在差异，但人格是平等的。

（四）相容原则

相容是指人际交往中的心理相容，即指人与人之间的融洽关系，与人相处时的容纳、包涵、宽容及忍让。要做到心理相容，应注意增加交往频率，寻找共同点。为人处世要心胸开阔，宽以待人。要体谅他人，遇事多为别人着想，即使别人犯了错误，或冒犯了自己，也不要斤斤计较，以免因小失大，伤害相互之间的感情。只要有利于团结，做出一些让步是值得的。

（五）信用原则

人际交往要讲究"信"字。信用有两层含义：一是言必信，即说真话，不说假话；二是行必果，即说到做到，遵守并践行诺言。如果一个人到处许愿而不去做，必然会引起人们的反感和唾弃。要取信于人，第一要言行一致，说到做到。第二要信任，不仅要信任别人，而且要争取赢得别人的信任。第三不要轻易许诺，即不说大话，不做毫无把握的许诺。第四要诚实，即自己能办到的事一定要答应别人去办，办不到的事要讲清楚，以赢得对方的理解。第五要自信，即要有一种自信心，相信自己能行，给人以信赖感和安全感。

二、大学生和谐人际关系的塑造

（一）提高自身认识

大学生出现的很多人际交往问题主要是因为认识不足造成的，有对自我认识的不足，有对他人认识的不足，也有对交往观念认识的不足等。因此，大学生要尤其注重提高自身这3个认识。

1. 提高自我认识

大学生要想塑造和谐的人际关系，提高自我认识是第一步。因为客观、准确地认识自己和评价自己，能够帮助自己摆正位置、调整情绪，避免过分的自卑和自负，进而以积极、乐观的心态面对交往过程中的问题。

2. 客观评价他人

大学生生活在集体之中，因而不能再以个人的价值观念和人格标准去要求别人，而是应该着眼于他人身上的特点和优势，从客观的角度出发去评价他人，充分地肯定他人和尊重他人，赞扬与学习他人的优点，包容他人的缺点与不足。这样才能在平等的基础上与人正常交往，从而提升自己的人际交往能力。

3. 改变交往观念

很多时候，正是一些错误的交往观念影响着大学生的人际关系，因此，大学生要改变错误的交往观念，以积极、正确的观念去看待人际交往。例如，人际交往是一个心理互动的过程，要赢得他人的友谊，首先需要自己主动向对方发出友善的信息；不单凭自己的好恶去与人交往，而是要以接纳的态度去看待他人，适当地改变自己适应他人，在与志趣相投的人建立密切关系的同时，对萍水相逢或是不太欣赏的人也要保持友好态度。

（二）优化人格特征，提高人际魅力

大学生人际交往中出现的心理障碍如自负、多疑、报复等诸多问题都可归结为个人人格的表现。因此，要想塑造良好的人际关系，就应当注重优化人格特征，提高人际魅力。

我国学者黄希庭曾采用社会测量、访问与观察的方法，对大学生的人际吸引进行了研究，并归纳了"人缘型学生"与"嫌弃型学生"的人格特质（表3-1）。表中的人格特质是按顺序依次排列的。

表3-1 "人缘型学生"与"嫌弃型学生"的人格特质

"人缘型学生"人格特质	"嫌弃型学生"人格特质
尊重他人，关心他人，富于同情心	自我为中心，不考虑他人的处境和利益，嫉妒心强
热心集体活动，工作可靠、负责	对集体的工作缺乏责任感，敷衍，浮夸，不诚实
持重，耐心，忠厚老实	虚伪，固执，吹毛求疵
热情、开朗，喜欢交往，待人真诚	不尊重别人，操纵欲、支配欲强

续表

"人缘型学生"人格特质	"嫌弃型学生"人格特质
聪颖，爱独立思考，成绩优良，乐于助人	淡漠，孤僻，不合群
独立、谦逊	敌意，猜疑，报复性格
兴趣和爱好广泛	行为古怪，喜怒无常，粗鲁，粗暴，神经质
温文尔雅，端庄，仪表美	狂妄自大，自命不凡

个体人格特征的形成，有先天的生理因素——气质特点做基础，但重要的还是在后天的生活与教育中慢慢学习、培养起来的。尤其是那些好的人格特质，需要在生活的点点滴滴中进行有意识的培养与磨炼。

人际魅力是一个人综合素质在人际交往中的体现。大学生要提高自己的人际魅力，就要注意丰富自己的内心世界，从仪表到谈吐，从形象到学识，多方位提高自己，给人留下一个良好的第一印象。

（三）遵循合理的人际交往法则

在人际交往中，往往有一些法则能够帮助大家提高人际交往能力，改善人际关系。以下是两条较为著名的人际交往法则。大学生在人际交往中可以考虑这两条法则的合理运用。

1. 你希望别人如何对待你，你就那样去对待别人

这条法则是美国著名的心理学家埃利斯提出的，是受到大家一致好评的人际交往的一条黄金法则。大学生在人际交往中，很容易对别人和周围环境持有绝对化、不合理的要求。例如，"我对你怎样，你就必须对我怎样"或"别人必须喜欢我，接受我"等，而这样要求的大学生自己却往往做不到自己对别人提出的要求。这就是违背了上述所说的黄金法则，是难以与人建立起良好的人际关系的。相反，大学生若能够遵循"你希望别人如何对待你，你就那样去对待别人"这样的黄金法则与他人相处，正确看待周围的人和事，就会发现其实人与人的相处并没有那么复杂。

2. 别人希望你怎样对待他们，你就怎样对待他们

这条法则是美国迈克尔·奥康纳博士提出的。它主要是为了告诉大家：应从别人的需要出发，学会真正了解别人，然后以他们认为最好的方式对待他们，而不是自己中意的方式。每一个大学生都有自己的习惯，都有自己审视世界的方式，都有自己传达个性风格的方式和途径。例如，握手的方式，处理事情的方式，排解郁闷心情的方式等，都不尽相同，都可以传达出一个人个性风格的信息。在人际交往中，大学生若能够花一些时间去观察和分析自己身边的人，了解他们的个性风格，然后调整自己的行为方式，让他们觉得更

称心和自在，就会获得他们对自己的认同，减少和避免冲突及不快的发生，塑造和谐的人际关系。

（四）掌握行为规范和体态语言

一个人的动作、神态、表情和手势等都是进行人际交往的重要手段，是交往风度的具体表现。大学生在日常交往过程中，应养成良好的行为规范，掌握必要的体态语言。具体而言，以下几方面是掌握行为规范和体态语言所必须注意的。

（1）坐、立、行要保持姿态端正，既不过于懒散，也不过于拘谨或做作。

（2）在交往过程中要面带微笑，神情专注，温文尔雅，以表示对他人的尊重。

（3）在交往中学会控制自己的情绪，不过分冲动、任性或鲁莽，以免使人尴尬。

（4）对于礼节性的行为，如点头和握手等，不要过于亲密和讨好，要保持适当的交往距离，以避免引起不必要的误会。

三、人际交往的技巧与优化

（一）人际交往的技巧

人际交往大体上分为语言交往和非语言交往。语言交往通常以达意的功能为主，非语言交往则一般以传情的功能为主。

1. 掌握语言交往技巧

俗话说"良言一句三冬暖，恶语伤人六月寒"，这句话告诉我们语言在交往过程中的重要性，掌握好语言交往技巧，可以促进感情的提升。

（1）称呼得体。恰当的称呼，能够使人获得一种心理满足，使对方感到亲切。在交往过程中，要根据对方的年龄、身份、职业等具体情况及交往的场合、双方关系的亲疏远近来决定对方的称呼。对长辈的称呼要尊敬，对同辈的称呼要亲切、友好，对关系密切的人可直呼其名，对不熟悉的人要用敬辞。

（2）说话要注意礼貌。正确运用语言，清楚地表达。要避免争论，青年大学生往往在争论中互不服输、面红耳赤，甚至演化成直接的人身攻击或严重的敌意，这对人际关系的有害影响是显而易见的。语言艺术运用得好，就能吸引和抓住对方，调动彼此倾谈的激情和兴趣，从内容到形式适应对方的心理需要，有助于人际交往。

（3）适时适度地赞美对方。每个人都希望别人赞美自己。适当地去夸赞对方，会让对方心情愉悦，但是赞美要适度，不能曲意逢迎，也不能夸大其词。真诚是赞美的前提，对着一个胖胖的女生，不能说"你真瘦，一阵风都会把你吹倒"。这样的赞美会让人反感，觉得你很不真诚。赞美越具体越好，赞美的话越细致越好。当室友穿了件漂亮的衣服要适时地赞美，当同学在比赛中获得了荣誉要衷心地赞美鼓励。间接的赞美会取得意想不到的效果。

2. 掌握非语言交往技巧

非语言交往是指交往双方通过服饰、目光、表情、身体的动作姿态、人际空间距离和交往频率等进行交往的技巧。在人际交往中，虽然非语言行为通常只是语言行为的辅助和强化手段，但它有的时候可以代替语言传情达意，还可以微妙地传递语言难以表达的弦外之音，产生此时无声胜有声的效果。

（1）把握好距离。人都有一种保护自己个人空间的需要，人际距离其实也是人与人之间的心理距离，心理学根据不同的交往对象和情境，划分了四种交往距离。公众距离，大于360cm，这个空间内，人际间的双向交往大大减少，一般都是单向的交往，比如演讲报告，明星演唱会等。社交距离，120～360cm，保持这一距离的人们，谈话的内容一般都是正式公开的。个人距离，45～120cm，这个区域有较大的开放性，一般朋友和熟人可以自由地进入这个空间。最后就是亲密距离，45cm以内的距离。这个距离的都是家庭成员、亲密朋友等关系较密切的人，但是如果没达到那种亲密程度的人进入这个区域很容易引起对方的反感。所以大家在交往的过程中，一定要把握好交往距离的尺度。

（2）体势。包括体态和身体的动作和手势。在人际交往中，人的举手投足、回眸顾盼都能传达特定的态度和含义。当身体微微倾向对方，表示热情和感兴趣，微微欠身则表示谦恭有礼，身体后仰，显得轻视和傲慢，身体侧转或者背向对方，表示厌恶反感，不屑一顾。不同的手势也具有各种含义，摆手表示拒绝或者否定，双手外摊表示无可奈何，搔头皮表示困惑，搓手或者拽衣领表示紧张，拍脑袋表示自责或者醒悟，竖起大拇指表示夸奖，伸出小拇指表示轻蔑。值得注意的是，同样的体势，不同的人使用，给人的感觉不一样，比如：领导或者长辈对下级、晚辈拉拉手、拍拍肩，表示赞许和鼓励。但是下级、晚辈对上级、长辈做这样的动作则会被人认为不尊重。

（3）交往频率。指在特定的时间里人与人之间的接触、见面、来往的次数。掌握交往频率，可以维护自己的形象，发展友谊。

（二）人际关系的优化

1. 宿舍人际关系的优化

大学宿舍人际关系是社会人际关系的缩影，是大学生思想、行为及情感的晴雨表。能否处理好宿舍人际关系是衡量大学生人际交往能力大小、心理素质高低及为人处世是否得体的一把标尺。除去睡眠时间，大学生每天在宿舍5个小时左右，与室友间的接触与交往的时间比较长。因此，与室友的关系融洽与否，决定了一天的大多数时间里心情是否愉快。如何处理好宿舍人际关系呢？

（1）共同遵守宿舍规定。如统一作息时间、协作搞好宿舍卫生、合理使用宿舍公共资源、积极参加宿舍集体活动等（图3-3）。

（2）注重交往细节。"细节决定成败"，注重生活上的细节，才能与人更好地和谐相处。如不搞小"团体"、不逞口舌之快、不触犯室友隐私、不拒绝小惠而报之以感谢、别人有难要帮、自己有事要求，积极参加宿舍的集体活动、不斤斤计较、容忍别人的斤斤计较等。

图3-3　整理宿舍

（3）学会化解冲突。室友之间对抗、不理解、怀疑、敌意、拒绝、破坏等冲突虽然隐藏在宿舍内部，相对不公开，但对大学生的身心健康影响很大。遇到冲突时，可采取幽默法、回避法、合作法、求和法等方式化解。

2. 班级人际关系的优化

班级人际关系是指班级中同学之间在相互交往过程中形成的比较稳定的心理关系。班级人际关系如何，不仅影响班集体的形成和发展，也影响大学生个体社会化和个性的发展。大学班集体，少则几十人，多则上百人，由于个性、生活习惯、家庭背景等的差异，难免会产生各种摩擦或冲突。有时只要换个角度，发现事物的积极面，感受就完全不同。对待班上的同学，如果多一分理解、多一分关心、多一分欣赏、多一分宽容，那彼此之间的信任感、和谐感和幸福感才会不断增多。

3. 异性人际关系的优化

由于性生理的成熟、性意识的觉醒和性心理的逐步发展，大学生对异性逐渐产生了兴趣，对异性之间的交往感到既好奇也困惑。相比中学而言，大学生异性之间的交往更自然、更大方。大学生也更加重视与异性的交往，因此优化与异性的交往是十分必要的。

（1）转化男女交往观念。既要反对男女之间"授受不亲"的传统观念，又要注意"男女有别"的客观事实。彼此做到"不失足于人，不失色于人，不失口于人"，这样男女同学的真诚友谊才有保障。

（2）要把握好友谊与爱情的度。在友情和爱情之间并没有不可逾越的鸿沟，超过一定的限度，兴许自己也分不清是友谊还是爱情了。如果在异性交往中，有意或者无意地联想到彼此之间可否发展成恋人关系，就会增添彼此的心理负担，使正常的异性交往变得各怀心事，别别扭扭。

（3）自尊、自立、自制、自重。相处中的男女同学要自尊、自立、自制、自重。恋人交往属于异性交往，不少大学生之所以深陷失恋的痛苦中无法自拔，是因为他们把爱情的失去等同于自我价值的失去，从而使情绪或行为失控。

4. 师生人际关系的优化

除了同学之间的关系外，师生关系也是构成大学生人际关系的重要方面。同中小学相比，大学师生的交往范围要小得多，而且具有自发性、偶然性，且多局限于知识学习方面，因而不少大学生在对老师的关系上表现得拘谨和胆怯，对建立和谐良好的师生关系显得无所适从。融洽师生关系可从以下几个方面做起。

（1）师生之间相互尊重。尊重是一种爱，一种信任。师生之间要主动尊重彼此的人格，尊重彼此的劳动成果。只有老师与学生都为对方付出真挚的、深厚的爱，师生之间才能建立起高度的人格信任，促进良好师生关系的形成。

（2）师生之间相互理解。这是老师与学生有效交往的前提，更是当代师生沟通的关键。因此，理解学生，是老师的首要任务；理解老师，是学生优化师生人际关系的基础。

（3）师生之间平等交往。平等交往主要是人格上的平等。老师与学生虽然角色不同，但是人格是平等的。只有师生都具备这种平等心态，师生才可能真正沟通。学生和老师都要正确理解平等，正确对待平等，建立平等的师生关系。

（4）拓宽师生之间的交流渠道。在活动和交往中更有利于良好师生关系的建立。课堂教学是师生交往的主要途径，此外，日常生活中的交往是建立良好师生关系不可或缺的渠道。

心灵探索

人际关系综合诊断量表

本量表共28个问题，每个问题做"是"（打√）或"否"（打×）的回答，请你认真完成。

（1）关于自己的烦恼有口难言。（　　）

（2）和生人见面时感觉不自然。（　　）

（3）过分地羡慕和嫉妒别人。（　　）

（4）与异性交往太少。（　　）

（5）对连续不断的会谈感到困难。（　　）

（6）在社交场合感到紧张。（　　）

（7）时常伤害别人。（　　）

（8）与异性来往感觉不自然。（　　）

（9）与一大群朋友在一起，常感到孤寂或失落。（　　）

（10）极易受窘。（　　）

（11）与别人不能和睦相处。（　　）

（12）把握不好与异性相处的度。（　　）
（13）当不熟悉的人对自己倾诉他的生平遭遇以求同情时，自己常感到不自在。（　　）
（14）担心别人对自己有什么坏印象。（　　）
（15）总是尽力使别人赏识自己。（　　）
（16）暗自思慕异性。（　　）
（17）时常避免表达自己的感受。（　　）
（18）对自己的仪表（容貌）缺乏信心。（　　）
（19）讨厌某人或被某人所讨厌。（　　）
（20）瞧不起异性。（　　）
（21）不能专注地倾听。（　　）
（22）自己的烦恼无人可以倾诉。（　　）
（23）受别人排斥。（　　）
（24）被异性瞧不起。（　　）
（25）不能广泛地听取各种意见、看法。（　　）
（26）自己常因受伤害而暗自伤心。（　　）
（27）常被别人谈论、愚弄。（　　）
（28）与异性交往不知如何更好地相处。（　　）

测查结果的解释与辅导

如果你得到的总分是0~8分，那么说明你在与朋友相处上的困扰较少，你善于交谈，性格比较开朗，主动关心别人，你对周围的朋友都比较好，愿意和他们在一起，他们也都喜欢你，你们相处得不错。而且，你能够从与朋友相处中得到乐趣。你的生活是比较充实而且丰富多彩的，你与异性朋友也相处得比较好。一句话，你不存在或较少存在交友方面的困扰，你善于与朋友相处，人缘很好，获得许多的好感与赞同。

如果你得到的总分是9~14分，那么，你与朋友相处存在一定程度的困扰。你的人缘一般，换句话说，你和朋友的关系并不牢固，时好时坏，经常处在一种起伏波动之中。

如果你得到的总分是15~28分，那就表明你在同朋友相处上的困扰较严重，分数超过20分，则表明你的人际关系困扰程度很严重，而且在心理上出现较为明显的障碍。你可能不善于交谈，也可能是一个性格孤僻的人，不开朗，或者有明显的自高自大、讨人嫌的行为。

第四章
大学生情绪管理

情境导入

佳佳从记事以来到大学,这一路走来可谓一帆风顺,没有经历什么大风大浪,有温暖的家,有从小玩到大的朋友,学习也算顺利,不能说出类拔萃,但也是中等往上的趋势,她一直很努力地做一个好学生。但是她总觉得生活中缺少了点什么,具体缺少什么,她也说不上来,只是一种直觉吧。什么时候开始了这种思考呢?或许是参加了毕业生交流座谈会,看到师兄师姐如此不同的差别和去向后;或许只是更愿意关注内心,更习惯向内思考之后。

上周系里组织部分低年级大学生参加了一个毕业生交流座谈会,师兄师姐的发言让佳佳感触很深。细细碎碎的心情点滴积累到极点,莫名的烦躁与悲伤升腾、包裹了她,犹如一石激起万层浪,往日的平静不再,发呆的时间变长了,她更愿意一个人待着。她不知道自己怎么了,真的是自己太敏感了吗?自己该怎么打破当下的状态呢?

思考

案例中的佳佳无疑正在经历情绪的波动,设想一下,如果你可以思考和活动,却没有感觉,生活将会怎样?如果你可以做一个选择,你是愿意做一个远离现实、永远开心的人,还是做一个痛苦而清醒的人?

学习目标

知识目标
1. 理解情绪的基本含义和构成要素,包括情绪的生理、认知和行为表现。
2. 掌握不同类型情绪的分类及其特点,如自卑、焦虑、愤怒、抑郁和嫉妒等。
3. 理解情绪的动态特性,包括情绪的起因、持续时间和影响因素。

能力目标
1. 能够分析和评估大学生常见情绪问题的特征和影响。
2. 能够识别和描述不同情绪状态对个体行为和决策的可能影响。
3. 能够应用情绪管理理论和方法帮助大学生进行情绪调控和管理。

素质目标
1. 培养对情绪多样性和个体差异的尊重和理解。
2. 提升帮助他人管理情绪问题的能力和愿望。
3. 增强通过积极情绪管理促进个体和社会福祉的责任感和实际行动能力。

思维导图

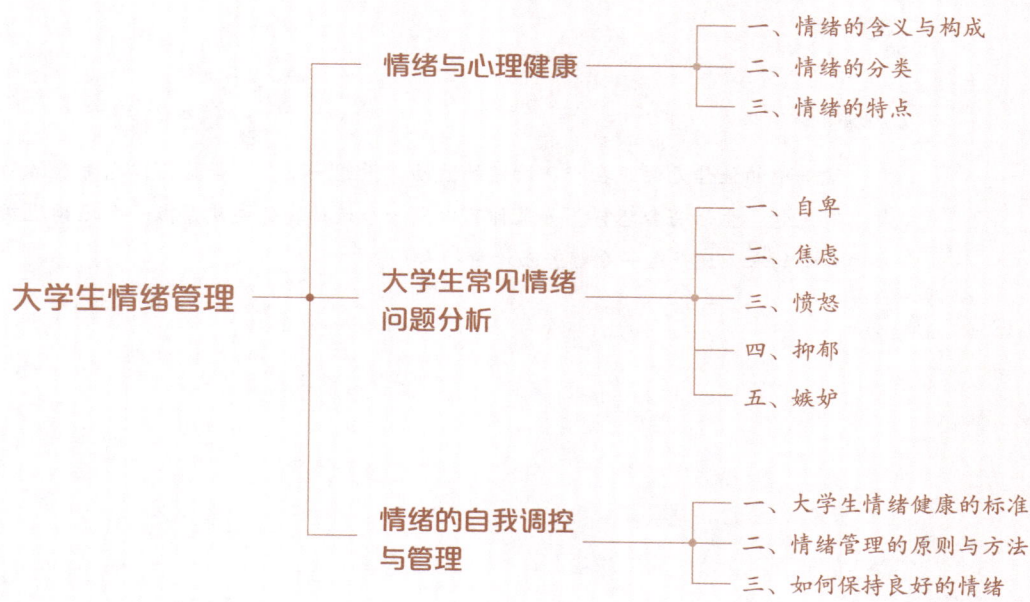

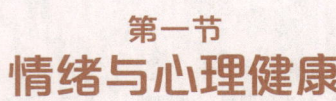
第一节 情绪与心理健康

一、情绪的含义与构成

什么是情绪？人的情绪是如何产生的？情绪又是由哪些因素构成的呢？

（一）情绪的含义

情绪是人对客观事物是否符合自己的需要而产生的主观态度的体验。情绪是由客观事物引起的，离开了具体的事物，人不可能自发地产生情绪，当客观事物或情境符合主体的需要和愿望时，就能引起积极的、肯定的情绪。例如，看到美景会感到高兴，工作得到了他人的认可会感到满意，生活中遇到心仪的人会感到幸福，看到见义勇为的行为会感到敬佩，找到了志同道合的朋友会感到愉悦等。当客观事物或情境不符合主体的需要和愿望时，就会产生消极、否定的情绪。例如，期望落空会感到失望，被冤枉会感到委屈，失去亲人会感到悲痛，无端受到责难或攻击会感到愤怒，工作受挫会感到苦恼等。由此可见，情绪是人脑对客观事物的反映，但它反映的不是客观事物本身，而是客观事物与人的需要之间的关系。

（二）情绪的构成

情绪是由个人独特的主观体验、外部表现和生理唤醒3种成分组成的。

主观体验是个体对不同情绪和情感状态的自我感受。每种情绪都有不同的主观体验。如在失去至爱的亲人时，人们感到无比悲痛；在突如其来的危险或灾难面前，人们感到惊恐万分；在通过努力赢得比赛时感到由衷的满足和自豪等。这些都是人们对情绪的主观体验。

外部表现指的是情绪的镜像，即表情。它是在情绪和情感状态发生时身体各部分的动作量化形式，包括面部、姿态和语调等。人的主观体验总是表现出相应的表情模式，如高兴快乐时，面颊上提、嘴角上翘、手舞足蹈、语调高昂、语速较快；悲哀时面容哀戚、痛哭流涕、语调低沉、语速缓慢；悔恨时捶胸顿足，惧怕时手足无措，等等。一般来说，在上述3种表情形式中，面部表情在情绪交流中起主导作用，姿态和语调表情起辅助作用。

生理唤醒是情绪的生理反应，即生理激活的状况，如心率加快、血压升高、瞳孔放大、内分泌的变化等。不同情绪的生理反应模式是不一样的，如满意愉快时心跳节律正常；暴怒时心跳加速、呼吸频率增加、血压升高；恐惧时脸色发白、出冷汗、口干；焦虑抑郁时失眠、食欲减退等。

二、情绪的分类

根据不同的标准可以将情绪分为不同的类型,由于目前并没有完全标准统一的情绪分类方法,所以下面主要对几种常见的情绪分类方法进行简要阐述。

(一)根据情绪的形式进行分类

根据情绪的形式,可以将其分为以下几种类型。

1. 喜

喜即喜悦,是个体在需要得到满足或者目的成功达到之后所获得的情感体验。这种体验能够使人感到轻松、快乐。通常来说,喜悦有满意、愉快、欢乐、狂喜等程度上的差别。

2. 怒

怒即愤怒,是个体在需要得不到满足或者目的无法达到后所获得的情感体验。这种体验会使人产生紧张、压抑等感觉。通常来说,怒有不满、生气、愤怒、暴怒等程度上的差别。

3. 哀

哀即悲哀,是个体失去所喜爱的东西或者希望破灭之后所获得的一种情感体验。这种体验能够使人产生失落、痛苦、无奈等感觉。通常来说,哀有遗憾、失望、难过、悲伤、哀痛等程度上的差别。

4. 惧

惧即恐惧,是个体遇到危险或者意识到存在一些潜在的威胁时所获得的情感体验。这种体验会使人产生紧张、心悸,甚至使人本能地产生想逃离的心理。通常来说,惧有害怕、惊恐等程度上的差别。

(二)根据情绪的状态进行分类

根据情绪的状态,可以将其分为以下几种类型。

1. 激情

激情是一种短暂的、强烈的、具有爆发性的情绪状态。通常情况下,激情是由强烈的外界刺激所引起,且这种刺激一般对个人有重大意义,如事业成功后的狂喜、亲人逝世后的悲痛等。

2. 心境

心境是一种轻微、平和而持久的情绪状态，它具有弥散性，会影响人的整个精神活动。当一个人拥有一个良好的心境时，可以体会到"万事称心如意、神清气爽"之感。反之，如果拥有一个不佳的心境，则会感觉一切都不顺利。

3. 应激

应激是指由出乎意料的紧急事件所引起的极度紧张的情绪状态。应激既具有积极作用，也具有消极作用。从积极作用方面来说，应激使人具有特殊的防卫机能，调动潜力，增强反应力；从消极作用方面来说，应激可能使人的意识范围缩小，认识机能下降，动作紊乱，强烈而持续的应激状态，不仅会干扰人的学习和工作，甚至可能影响人的身心健康。

（三）根据情绪的社会内容进行分类

根据情绪的社会内容，可以将其分为以下几种类型。

1. 理智感

理智感是指人们在智力活动过程中对认识活动进行评价时所产生的情感体验，这种体验是与人的求知欲、好奇心、探求和热爱真理的需要相联系的，它体现出人对自己智力活动过程与结果的态度。理智感是在人的认识和实践活动中产生和发展起来的，反过来，它又成为人认识和实践活动的动力。任何学习活动、科学发明、艺术创造都与理智感分不开。

2. 道德感

道德感是个体用一定的道德标准去感知、评价各种社会现象时所产生的情绪体验。个体在与他人进行交往的过程中获得社会道德标准，并且会转化为自己的道德需要，当个体根据自己所掌握的道德标准去评价他人或某件事时，如果认为所评价的事物符合自己的道德需要，就会产生肯定性的情感，反之则会产生否定性的情感。道德感在社会情感体系中占有特殊地位，对人的活动具有重要的指导作用。

需要指出的是，道德感具有一定的社会历史性，不同的社会、不同的民族、不同的时期有着不同的道德标准，不同的人对于这些道德标准又有着不同的理解，于是就会产生不同的道德需要，因此也就会有不同的道德感。

3. 美感

美感是人们根据自己的审美标准对各种社会现象及其在艺术上的表现进行评价时所产

生的情绪体验。这种情绪体验具有以下几方面的特点。

（1）个体性。在日常生活中，对于不同的事物或人，每个个体的审美标准是不同的，有的人觉得某个事物或人很美的时候，其他人可能会觉得不美。当然，不可否认的是，人类具有共同的美感，鲜艳的花卉、美丽的风景、动听的音乐、雄伟的建筑，这些在人们眼中都是美的代表。

（2）直觉性。直觉性是内容美和形式美的统一，它是在个体直接接触事物时立即产生的。因此，物体的外在形式对美感的形成具有重要影响。但需要指出的是，虽然物体的外在形式对美感具有不可忽视的重要作用，但是事物的内容也会对美感产生重要的影响，而且这种影响具有决定性的作用。

（3）社会历史性和阶级性。不同的时代、不同的民族、不同的阶级等的审美标准不尽相同，因而也就会产生不同的美感。例如，在我国明清之际，人们以瘦弱为美，所以林黛玉是当时典型的美女；而在现代社会，人们以健康、大方、自然、协调为美，所以对美女的审美标准就与明清的时候存在较大的差别。

三、情绪的特点

（一）情绪的维度

情绪的维度包括情绪的复杂度、情绪的强度、情绪的紧张度以及情绪的快感度等几个方面。

1. 情绪的复杂度

由于情绪是不同体验的组合，所以其具有一定的复杂性，例如，爱有时包含着快乐、柔情的成分，而恨则包含有厌恶、恐惧、愤怒等情绪。

2. 情绪的强度

情绪体验可以在强度上有由弱到强的不同等级的变化。情绪的强度越大，整个自我被情绪卷入的程度也越深。例如，喜有满意、愉快、欢乐、狂喜等强度上的差别；怒有不满、生气、愤怒、暴怒等强度上的差别；哀有遗憾、失望、难过、悲伤、哀痛等强度上的差别；惧有害怕、惊恐等强度上的差别。

3. 情绪的紧张度

情绪在紧张度方面也存在着较大的变化，紧张的情绪体验通常与人们所进行的一些活动相关，所进行的活动对于个体来说越重要，那么个体所体验的紧张度就越明显。当个体所进行的活动已经结束时，个体就会体验到由紧张到放松的感觉。

4. 情绪的快感度

情绪的快感度是指个体的情绪体验在快乐与不快乐的程度上的差异。欢喜、快乐、满意等具有明显的快乐的感受；悲伤、悔恨等具有明显的不快乐的感受。但需要指出的是，也有一些情感体验个体所获得的快感度是比较模糊的。例如，惊奇、怜悯等既不是快乐的感受，也不是不快乐的感受。

（二）情绪的功能

1. 适应功能

情绪是人类早期赖以生存的手段。婴儿出生时，不具备独立的生存能力和言语交际能力，这时主要依赖情绪来传递信息，与成人进行交流，得到成人的抚养。成人也正是通过婴儿的情绪反应，及时为婴儿提供各种生活条件。在成人的生活中，情绪与人的基本适应行为有关，包括攻击行为、躲避行为、寻求舒适、帮助别人和生殖行为等。这些行为有助于人的生存及成功地适应周围环境。情绪直接反映着人的生存状况，是人的心理活动的晴雨表，如通过愉快可以表示处境良好，通过痛苦可以表示面临困难；人还通过情绪进行社会适应，如用微笑表示友好，通过移情维护人际关系，通过察言观色了解对方的情绪状况，进而采取相应的措施或对策等。总之，人通过情绪了解自身或他人的处境，适应社会的需求，得到更好的生存和发展。当然，情绪有时也有负面作用，如一些球迷会因为输球闹情绪而在赛场闹事、斗殴，破坏公共财产，甚至造成人身伤亡。

2. 动机功能

情绪是动机的源泉，是动机系统的一个基本成分。它能激励人的活动，提高人的活动效率。适度的情绪兴奋，可以使身心处于活动的最佳状态，推动人们有效地完成任务。研究表明，适度的紧张和焦虑能促使人积极地思考和解决问题。唐纳德·赫布认为，唤醒水平和绩效之间存在着倒"U"形曲线的关系，太低或太高的唤醒水平都会损害工作效率。同时，情绪对于生理内驱力也具有放大信号的作用，成为驱使人的行为的强大动力。如人在缺氧的情况下，产生了补充氧气的生理需要，这种生理驱力可能没有足够的力量去激励行为，但是，这时人的恐慌感和急迫感就会放大和增强内驱力，使之成为行为的强大动力。

3. 组织功能

情绪的组织作用是指情绪对其他心理过程的影响。心理学家认为情绪作为脑内的一个检测系统，对其他心理活动具有组织作用。这种作用表现为积极情绪的协调作用和消极情绪的破坏、瓦解作用。中等强度的愉快情绪，有利于提高认知活动的效果，而消极情绪如恐惧、痛苦等会对操作产生负面影响。消极情绪的激活水平越高，操作效果越差。研究还表明，情绪状态可以影响学习、记忆、社会判断和创造力。

4. 社会功能

情绪在人际间具有传递信息、沟通思想的功能。这种功能是通过情绪的外部表现，即表情来实现的。表情是思想的信号，如用微笑表示赞赏，用点头表示默认等。表情也是言语交流的重要补充，如手势、语调等能使言语信息表达得更加明显或确定。情绪在人与人之间的社交活动中具有广泛的功能。它可以作为社会的黏合剂，使人们接近某些人，也可以作为一种社会的阻隔剂，使人们远离某些人。如某人暴怒时，你可能会后退或压抑自己的消极情绪，不让它表露出来。由此可见，人所体验到的情绪，对其社会行为有重大影响。

（三）情绪的影响

情绪会对个体产生一定的影响，概括来说，这些影响主要包括以下两方面。

1. 情绪对个体健康的影响

良好的情绪对个体的身心健康成长有促进作用；反之，不良情绪对个体的身心健康具有危害作用，其干扰个体的心理活动，会导致心理障碍，引发生理疾病。

2. 情绪对个体人际关系的影响

情绪具有一定的感染性和传染性。在现实生活中，乐观、自信的人会将自己的情绪带给身边的人，人们因此也会愿意与其交往，所以乐观、自信的人更容易形成良好的人际关系；反之，悲观、自卑的情绪同样也会对身边的人产生一定的影响，人们也会因此发现悲观、自卑的人不容易沟通，所以就会自然地与之疏远，这对其良好人际关系的形成具有负面作用。由此可知，情绪对个体的人际关系具有重要影响。

（四）健康情绪的标准

健康情绪和不健康情绪之间的区别是相对的，很难有严格的界限。目前大多数人所采用的一种观点认为，健康情绪应当符合以下几个标准。

第一，情绪反应的强度和引起它的情境相适应。过于强烈的情绪反应或强度不足的反应都不是健康的情绪反应。

第二，情绪是由适当的原因所引起的。心理学研究表明，情绪反应都是有其原因或对象的。同时，当事人和周围的人也能觉察到情绪产生的原因，或赞同其对情绪产生原因的解释。毫无原因的情绪反应不是健康的情绪反应。

第三，情绪反应能够随着客观情境的变化而转移。人们在日常生活中，情绪反应的持续时间是不同的。当引起情绪的因素消失后，情绪反应在较短的时间内恢复平静。但有的情绪（如失恋、亲人的死亡）则需要较长时间才能恢复到正常的状态。不能随着客观情境的变化而变化的情绪反应，不是健康的情绪反应。

第二节 大学生常见情绪问题分析

一、自卑

自卑是指大学生由于自身生理或者心理上存在的某种缺陷或某种原因而产生的自我轻视的情感体验，其主要表现为看不起自己，这种不良情绪很容易产生孤独和压抑的情感，严重时会对大学生的生活和学习产生较大影响（图4-1）。大学生这种情绪的产生往往具有一定的原因，概括来说，这些原因主要包括主观和客观两个方面。

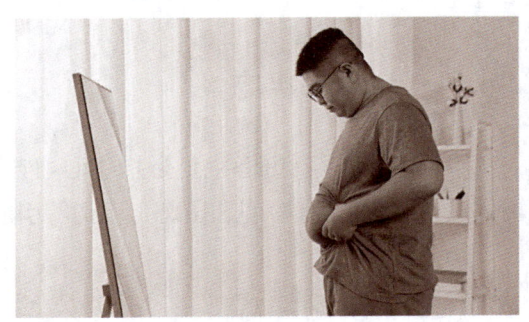

图4-1 自卑

（一）主观原因

自卑的产生与大学生的主观因素密切相关，同样条件的大学生，有的可能会自卑，有的则毫不在意，这就与大学生个体的心理状态有密切关系。

（二）客观原因

引起大学生产生自卑情绪的客观原因有很多，概括来说，这些原因主要包括以下几个方面。

第一，感觉自己在家庭出身、生活环境、能力及专业等方面不如别人。

第二，对自己生理素质的不满意，如在长相、身高、体态等方面不如他人，为此感到自卑，特别是那些有严重疾患和缺陷的人。

第三，自尊心得不到应有的尊重。一个大学生如果经常受到老师的责备和同学的疏远冷淡，那么他就很容易产生自己被别人瞧不起的自卑感。

第四，好胜心受到挫折，如由于学习上的失败，以及由于理想和现实冲突所带来的优势感丧失。

二、焦虑

焦虑是一种非特定的、不知所以然的提心吊胆与紧张不安的情绪状态。现代生活中的许多大学生经常会体验到这种情绪，大学生的压力越大，这种情绪体验就越明显。

大学生常见的焦虑情绪主要有反应性焦虑和神经质焦虑两种。反应性焦虑是一种暂时波动的情绪状态，它由可以知觉到的外在危机引起，具有客观性、情境性与意识性，是每个人都会碰到的一种体验。神经质焦虑是由于长期的焦虑体验的累积，成为一种根深蒂固的人格特质。神经质焦虑患者除了感受一般焦虑症状的压迫，如提心吊胆、心神不宁外，还常常伴随一系列明显的神经生理反应甚至自主神经系统的功能障碍，比如感到窒息、恶心、出冷汗、心悸手颤、胃痛腹泻、食欲减退、失眠等。

大学生常见的焦虑主要来自以下几方面。

（一）形象焦虑

大学生的形象焦虑主要是指担心自己的外貌不够漂亮、没有魅力。通常是由身材矮小、肥胖，脸上有粉刺、雀斑、胎记等引起的焦虑。

（二）学习焦虑

与高中时代相比，大学阶段的学习环境、授课方式等发生一定的变化，这就使得部分大学生对于学习感到无所适从，从而出现了学习焦虑的情绪。

（三）考试焦虑

考试焦虑通常是大学生担心考试失败或因刻意要考取更好的考试成绩而产生的，具体表现为总将自己的成绩与同伴相比较，对考试成绩缺乏自信或经常产生失败的预想，考试之前焦躁不安、失眠、记忆力减退，考试过程中产生与考试无关的想法和知识遗忘现象。

（四）社交焦虑

社交焦虑是指大学生对于人际交往具有强烈的紧张不安或者恐惧的情绪反应，在社交交往中对自己缺乏自信心，不敢或者不愿与人交往，或者在被动交往时产生极度紧张、恐惧的情绪。

（五）择业焦虑

择业焦虑是指大学生由于不能很好地适应以及解决在择业过程中出现的各种问题而产

生的焦虑情绪，主要表现为面临择业过分紧张，甚至产生逃避心理。

三、愤怒

愤怒是由于外界干扰使人的愿望实现受到阻碍，从而使人们内心产生的一种激烈的情绪反应。心理学相关研究表明，"当愤怒发生时，可能导致人体心跳加快、心律失常、高血压等躯体性疾病，同时还会使人的自制力减弱甚至丧失，思维受阻、行为冲动，甚至做出一些事后后悔不迭的蠢事或造成不可挽回的损失"。

大学生愤怒的产生往往具有一定的原因，概括来说，这些原因主要包括以下两个方面。

（1）大学生正处在身心急剧发展、激情澎湃的青年时期，往往好激动、易动怒，常常会因一句刺耳的话或不顺心的小事而暴跳如雷；因别人的观点或意见与自己不合而恼羞成怒。

（2）大学生具有较强的自尊心和好胜心，当其自尊心、人格受到侮辱的时候，就容易产生愤怒情绪。

四、抑郁

抑郁是指一种由情绪低落、悲观、失望等构成的一种复合性负情绪。抑郁者常常用错误推理进行自我贬低和自我责备，抑郁既可以是一种心理疾病，也可以是一种相对轻微的心境状态。概括来说，大学生常见的抑郁情绪主要包括以下几个方面（图4-2）。

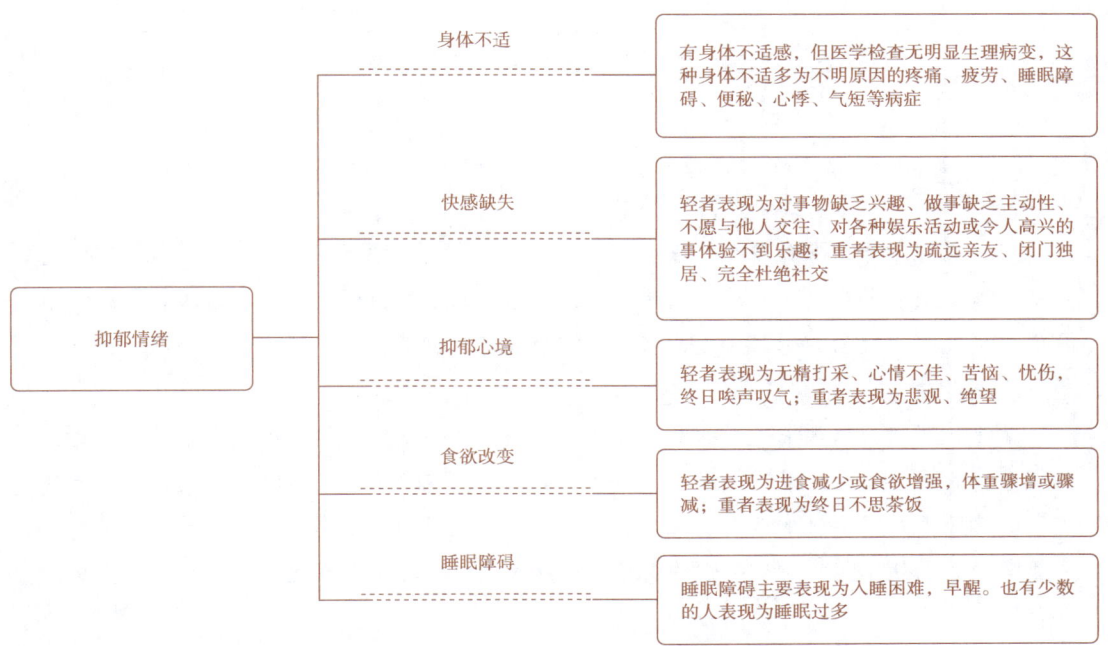

图4-2 大学生常见的抑郁情绪

五、嫉妒

嫉妒是指一种发现他人在某些方面胜过自己时而产生的不快、怨恨、痛苦等的情绪体验。这种情绪体验对个体的身体健康极为不利,有这种心理状态的人常常由于长期压抑,胸中郁闷,整日忧心忡忡,长此以往会导致食欲减退、夜不能寝、烦躁易怒、疲劳无力、机体防御机能下降、免疫力降低,导致一系列生理疾病;另外,嫉妒破坏情绪、干扰心境、妨害心理平衡,还会影响人的判断力和自我控制力。

大学生嫉妒情绪的产生具有一定的原因(图4-3),概括来说,这些原因主要包括以下几个方面。

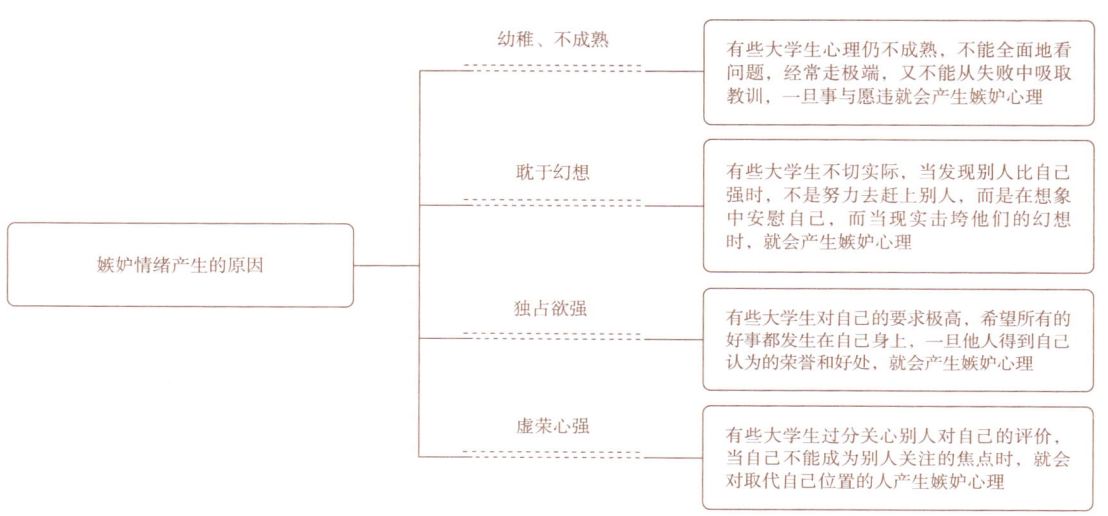

图4-3 大学生嫉妒情绪产生的原因

💛 心灵拓展

古代阿拉伯学者阿维森纳,曾把一胎所生的两只羊羔置于不同的外界环境中生活:第一只小羊羔随羊群在水草地上快乐地生活,第二只小羊羔旁却拴了一只狼。第二只羊因为总是受到自己面前那只野兽的威胁,在极度惊恐的状态下,根本吃不下东西,不久就死去了。

后来,医学心理学家还用狗做嫉妒情绪实验:把一条饥饿的狗关在一个铁笼子里,让笼子外面另一条狗当着它的面吃肉骨头。笼内的狗在急躁、气愤和嫉妒的负性情绪状态下,产生了神经症性的病态反应。实验告诉人们:恐惧、焦虑、抑郁、嫉妒、敌意、冲动等负性情绪,是一种破坏性的情感,长期被这些心理问题困扰就会导致身心疾病的出现。

第三节
情绪的自我调控与管理

一、大学生情绪健康的标准

情绪健康是人格健全、心理健康的必要条件。一般情况下，人们所描述的情绪健康并不是指情绪在任何时候都保持古井无波的状态，而是目的恰当，反应适度，并能够及时调整情绪状态，没有过度幼稚或冲动的特征，符合当前社会规范标准。

心理学家瑞尼斯提出了情绪健康的6条标准：能够掌握应对挫折的技巧；能够重新认知和解释情绪和自我的关系，不会一直处于自我防御状态；能够尽量避免挫折，成功转换目标，预判某些可能引发挫折的情境，并能寻找替代情境，以获取情绪的满足；能够找出缓解痛苦或不愉快的方法；能够认清各种不成熟的防御机制和成熟的防御机制的不同功能，尽量避免错误的思维和行为习惯，以免过度防卫，引发情绪困扰；能够主动寻求专业性的援助。

（一）情绪反应与情境相一致

情绪的产生是由外界或自身的刺激产生的，情绪的性质应该和所处的情境和自身状况相一致，如果总是出现莫名其妙的悲伤、痛苦，感觉自己和周围的环境格格不入；在欢快的环境氛围中，总是自怨自艾、唉声叹气，很有可能是你的情绪出现了不健康的状况。情绪的产生要和周围的情境相一致，也要和自身的身体、心理状况相一致。比如，春节很快就要到了，大家都在欢天喜地过新年，人们认为这是一个喜庆、团圆的日子，大家的心情应该是欢快的、幸福的，但是，在春节的时候，那些因为各种原因不能回家与亲人团聚的人，可能会感觉到失落、痛苦、难过、孤单……这个时候，你不能说那些在春节的时候痛苦的人情绪不健康，因为，对于大家来说，春节的情境是团圆，而对于那些不能回家过年的人来说，春节意味着不能团聚，那么大家在春节时开心的相聚，和他们在春节时因为不能相聚而痛苦、难过，就都属于正常、健康的情绪反应。

（二）情绪反应恰当

每个人的情绪感知能力不同，生活情境不同，对各类事物的评价标准也不同，这些都会造成人们情绪反应的不同。健康的情绪应该是反应恰当的，每个人在情绪产生之后，都会有不同的情绪反应，这些反应包括心理体验、生理反应和行为反应。反应恰当的第一层意思是，三种系统是协调一致的。比如在愤怒的时候，人们会感觉到怒火中烧，感到自己要爆炸，能够体验到心跳加速，气血上涌，此时的心率增快，血压升高，肾上腺素分泌，机体随时进入战斗状态，眼睛瞪大，握紧拳头。反应恰当的第二层意思是，情绪反应与情境的一致性。遭遇挫折时难过、痛苦、愤怒、悔恨，遇到期待已久的成功，又会欣喜若狂，手舞足蹈，失恋时痛哭流涕，情绪崩溃，当心仪的人向自己表白时，则会心花怒放，觉得自己的世界都在闪光。反应恰当的第三层意思是，情绪反应适度。虽然在不同情境下，人们会产生不同的情绪，但是情绪的强度也应该和情境事件相一致。大学生的情绪稳定性已经得到了很好发展，对于一些微小的刺激事件能够自如应对，不会产生强烈的情绪反应，但是也有部分同学仍然会出现情绪反应强度与情境刺激强度不一致的事件。比如，冬天天气很冷，每个人都要克服内心想要在温暖的宿舍继续待下去的愿望，冒着寒风去教室上课，大部分同学可能会说"哦，天气好冷，好想在宿舍里待着"。但是到了出发的时间，都能离开宿舍去教室，但是情绪反应过度的同学可能会表现为号啕大哭，拉着宿舍的床，不能准时出门。例子非常夸张，但是情绪反应过度的表现就是别人会觉得"就这么点事，至于吗？"如果你经常因为一点点小事就有夸张的情绪反应，你可能就属于情绪反应过度。与情绪反应过度相对应的是对所有的事情都无动于衷，别人看来"高冷"范十足，对任何事情都缺乏兴趣和关注的欲望，这种状态是情绪反应缺乏的一种，是不健康的情绪状态。

（三）情绪稳定

　　大学生的情绪总体来说应该保持稳定，虽然情绪会随着生活中不同事件的发生而不停波动，但从总体趋势来看，大学生的情绪应该是稳定的，没有过度的开心也没有极度悲伤或愤怒，如果出现了极端情绪，也能够随着事件的发展，时间的推移，情绪逐渐回归到平静的状态。如果你的极端情绪一直存在，机体就要维持应激状态，这种长期的应激和防御会给身体机能造成损害，同时影响心理健康。

　　情绪不稳定的同学还可能因为不能很好地管理和控制自己的情绪，影响人际关系。有的同学会因为一点儿小事和自己的同学、朋友发脾气，发完脾气之后，跟朋友道歉："唉，你一定要原谅我，我这个人就是这样，直脾气，你不要往心里去，我发完火也就没事了。"也许，你认为你已经在为自己的情绪过度反应而道歉，就是对自己的情绪负责，但是实际上，当你每次都控制不了跟别人发脾气的时候，就已经在破坏你们的关系了。没有人愿意做一个天生的"出气筒"。

（四）相信不良情绪可以调节

　　不良情绪是可以被调节的。人们的情绪波动会随情境转变而变化，情绪的认知理论已经解释了在情绪产生的过程中，认知评判的重要作用。所以，当人们深陷不良情绪的时候，在认知层面和行动层面进行积极调节就能够转变情绪状态。

1. 认知层面

从认知层面，认识到不良情绪可以调节，我们可以通过主观能动性来完成不良情绪的转换。有了这个观念，对于不良情绪的调节和控制才有了基础保证。很多大学生会陷入消极情绪，虽然感到非常痛苦，却不想改变的原因是从他们的认知上就忽略了人的主观能动性，认为自己现在身处痛苦，没有人能够拯救。尤其当他们向亲友求助，得到的答案并不像他们想象的效果那么明显，甚至还会出现反效果的时候，他们可能就会放弃自我调整的机会。比如一个有抑郁情绪的同学，跟自己的家人说"我可能抑郁了"，家里人不仅不能给他支持和帮助，反而回应："都上大学了，你能有什么事？现在一点负担也没有，家里供你吃，供你穿，让你安心上大学，你却说你抑郁了。你有什么压力，什么事想不开？"面对家人这样的质问，抑郁的同学可能除了悲伤无力，更添了一份无助。真正地调节情绪，并不是责问你的家人和不理解你的朋友，而是求助于你自己。你才是情绪的主人。只有认识到了这一点，情绪调节的事情才能成为可能。

2. 行动层面

觉察是改变的开始，但行动才是改变的重要环节。当你发现自己深陷不良情绪的时候，及时觉察自己的情绪状态，认真辨别那些假象的、不合常理的信念和推断，然后积极改善认知情况，行动方面也要积极跟进，选择适合自己的方式调节情绪，宣泄不良情绪。可以选择的改变情绪的方式有很多，但是要记住以理性、合适的方式宣泄，才能利己又不伤害他人。

（五）心情适度愉悦

每天的心境决定了这一天的生活状态、学习效率甚至很多跟情绪看起来毫无关联的方面。心境具有弥漫性，就像是生活的幕布，当你的心境是愉悦的，那么你的学习效率会受到积极情绪的增力作用，你能够感受到生活的美好，感知自我存在的力量，自己的生活也充满了希望和未来。但是，如果处于消极的、悲观的、绝望的心境中，可能就失去了学习的热情，对自己的方方面面都失去希望，影响自己的发展。心情愉悦能够让机体处于健康的生活状态，中国的俗语说"笑一笑，十年少"，心情愉悦能够看起来更年轻。积极的情绪不仅能够让人们的心情轻松愉悦，还能促进注意力集中，激发人的活力和创造力，改善人际关系，进而促进大学生的全面发展。

健康的情绪包括情绪反应与情境相一致，反应恰当，情绪稳定，相信不良情绪可以调节，心情适度愉悦。健康情绪对我们的身体健康、学习效率、人际交往和心理健康都会产生重大的作用。因此，要注重情绪反应的性质、强度和调节，保持情绪的愉悦和稳定，健康的情绪能够帮助人们获得更好的人生发展。

二、情绪管理的原则与方法

（一）情绪管理的原则

1. 不逃避

当自己出现了情绪的波动，感觉到了负面情绪，要尝试面对，而非逃避，逃避或压抑情绪看起来似乎不用面对情绪带来的问题，享受着暂时的安宁，实际上产生情绪的原因没有消除，问题没有得以解决，逃避带来的可能是更严重的情绪问题或者不良情绪困扰。

遗忘，有人会采取这种更为坚决的方式处理情绪问题。那些痛苦的回忆因为太难以承受，所以就选择遗忘，这个选择其实不是人的有意识的选择，而是人们的潜意识为了保护内心世界的秩序，主动将痛苦的回忆压制到了潜意识领域，在你的意识领域，无法再察觉那段痛苦的记忆片段，痛苦似乎也会随之消失，但是这种方式依然是在逃避，风平浪静的生活经不起相似情境的激发，一旦出现了某个和回忆中相应和的线索，所有痛苦的回忆都会汹涌而来。

情绪管理首先要做的是面对，只有正视它，并且认真分析情绪产生的原因，寻找情绪平复的方法，积极做出个人努力，才有可能真正地成为情绪的主人，做到收放自如，提升自己的情感成熟度。

2. 不责备

当人们面对问题，或者无法阻挡的情绪到来时，很多人在归因的时候，都将责任推到他人身上，"都怪他，害得我……"这样的想法不仅不利于情绪问题的处理，还会导致人际关系出现危机，所以当人们遭遇不良情绪，并且觉得必须面对，进行归因分析的时候，要全面客观地分析问题，主观因素和客观因素，自我的成分和他人的成分，甚至还有外在的和人为无法控制的因素都要分析，不能将原因简单归结为他人的过错，因为这样不仅不会解决现存的问题，还会导致新的痛苦和愤怒产生。所以，当人们遇到情绪需要管理的情况，就要主动、积极，不必一味责备、埋怨，要做一个善于解决问题的人。

3. 不委曲求全

每个人都希望自己关心和爱的人能够开心和快乐，所以很多人宁愿自己受委屈，也要满足他人的情绪感受。在与亲密的人相处时，很多人都委曲求全，"我为了和宿舍同学和睦相处，不愿意指出她们的缺点，不过我一点也不开心，很多看不惯的事情只能忍着，比如我讨厌别人用我的东西，某某就老用我的东西，我内心很反感，觉得特难受，但是也不好意思说。""女朋友真的一点都不关心我，她总是沉浸在自己的世界里，我都病了，在医院输液，她还在嫌弃我没有陪她去逛街，我生病都没人陪着，她还冲我发脾气，真的心累啊。""想要和朋友们保持一致，但是最近感觉他们好像都不爱学习，他们还经常说那些刻苦学习的同学是榆木脑袋，用尽了大学该玩的时间，简直不懂得享受人生，我想好好学习，每天去图书馆自习或者读书，但是真心怕他们也会瞧不起我，好矛盾，感觉自己的人生都停滞不前了。"……

每个人的目标不同，期望不同，心理位置不同，所以在同样的情境中会产生不同的情绪感受、行为反应，以恰当的方式表达自己的情绪，那些爱你的人，即使和你的立场不同，也会尊重你的情感和选择，而那些丝毫不在意你情绪的人，或许跟你本来就没有那么亲密，所以不必在情绪方面强制自己委曲求全，情绪合理表达就是情绪管理要学习的内容之一。

（二）情绪管理的方法

1. 认知行为疗法

认知行为疗法是情绪管理的代表性方法之一，其中合理情绪疗法在世界各地的心理咨询与治疗工作中经常用于不良情绪改善。大学生应当掌握合理情绪疗法的基础概念，在自己的学习和生活中可以尝试运用此方法来分析和调节自己的情绪。

合理情绪疗法是美国心理学家阿尔伯特·埃里斯提出的，也叫情绪ABC理论。该理论的核心观念是使用理性思维方式和观念代替不合理的思维方式，最终改善由于非理性信念带来的情绪问题。埃里斯认为，人在出生的时候就开始有心理倾向，这种倾向是坚信自己的向往和追求都能满足，期望自己的愿望都能实现，这是因为人在最初有记忆的时候，生活完全不能自理，但是婴儿通过哭泣就可以得到妈妈及时、正确的回应，这种与妈妈之间形成的亲密联系，让婴儿产生了一种感觉——"全能感"，"我是无所不能的，我的愿望都能够被满足"。随着年龄增长，实际上所有愿望都被满足的想法一直存在，想要事事强于他人，认为幸福快乐聪明美丽健康一定会追随自己，就会形成一种不合理的信念。依然持有全能感的孩子长大了，但是遭遇了挫折和苦难之后，发现这些逆境自己根本无法接受，不相信它们真的存在，而这些想法他们又无法调整，只能钻牛角尖，形成心理负担。

合理情绪疗法认为，情绪不一定是由诱发事件A（activating event）直接引发，而是经过了个体对这一事件的解释和评价B（belief），解释和评价的根源就是信念，最终产生了事情的情绪和行为反应结果C（consequence）。情绪ABC理论强调了信念B的作用，诱发事件A虽然能够引发情绪反应C，却是间接原因，直接原因则是信念B。

不合理的信念B导致了不良的情绪反应C，那么个体就该努力地认识自己的不合理信念，然后使用新的、合理的信念D（disputing）取代它，形成一个合理信念驳斥和对抗不合理信念，从而改变不合理的信念。如果驳斥成功了，就能产生有效的效果E（effect），个体的认知、情绪和行为反应都会发生改变。

心灵拓展

常见的不合理信念

（1）人应该得到所有人的喜爱和赞许。
（2）一个人就应该在各方面都能力十足。
（3）犯了错误，就一切都完了，应该受到惩罚。
（4）任何事情都要按自己的意愿发展，否则就太糟了。
（5）情绪是由于外部事件决定的，自己无法控制。
（6）总是担心灾祸降临。
（7）逃避困难和责任比正视它们要容易得多。
（8）人要依靠他人，尤其要依靠强者。
（9）过去事件的影响是无法消除的。
（10）任何问题都应有一个圆满的正确答案。
（11）一个人应该关注别人的问题，并对这些问题负责。

2. 放松训练法

放松训练是有机体从紧张到放松的一种练习过程。放松可以让肌肉从紧张状态进入松弛状态，还可以消除心理紧张。原理则是通过肌肉的主动放松来增强人对情绪的控制能力，充分利用了肌肉系统的生理反应反馈给神经系统，进行从生理到心理的放松。放松训练方法包括呼吸放松法、肌肉放松法和想象放松法。

呼吸本身具有自己的节律，当人们心态平静，专心于外部事物的时候，大家很少注意到呼吸的存在，但是每个人每时每刻都在呼吸，通过呼吸放松可以让处于紧张、焦虑状态的人逐步将注意力从引发紧张的情境中转移到呼吸上，通过主动控制呼吸频次、呼吸深度缓解情绪带来的紧张状态。

肌肉放松法也是同学们常用的一种放松方法。可以选择自上而下或者自下而上的方式进行肌肉放松，通过肌肉放松，身体进入松弛状态，心理上的紧张感体验也会随生理上的变化而变化。同学们可以尝试握紧拳头，然后再慢慢放松的过程，通过肌肉从紧张到放松的状态，放松情绪，也可以尝试将自己的全身从头到脚逐个部位放松，身体和心理关注点相重合，逐步放松全身的同时达到放松心情的目的。

想象放松和肌肉放松的步骤类似，可以采用平缓的引导语，引导自己或他人，通过想象自己的状态或者形象来完成放松，通常可以想象自己的身体变成了一团白云，一根燃烧的蜡烛，随着燃烧时间的变化，身体也变得松软，通过营造心理意象的方式达到放松目的。

3. 适当的运动

运动能够让人的心情发生比较明显的转变。篮球的发明就和人类的攻击性有很大的关系。运动可以让人们在合理的范围内表达自己的攻击性，以文明的方式解决人与人之间的冲突，能够有效缓解直接的暴力行为，将自己的情绪转化为运动，是人们宣泄不良情绪时经常用到的方式。剧烈的运动可以消耗大量体力，强烈的情绪体验都会伴随高度的生理唤醒，当剧烈运动之后，身体的唤醒水平会逐渐降低，副交感神经系统会让身体逐渐恢复平静状态，而情绪的能量和可能产生的破坏性行为也会随之宣泄。温和的、持久性的运动，比如散步或者跑步，可以帮助人们认真思考，将注意力从外界拉回自身，冷静地进行自我分析，这个过程有助于认知调整，情绪也会在认知调整完成之后发生转变。

三、如何保持良好的情绪

如何保持良好的情绪？如何提高自己的情绪智力或者情商？似乎没有一个确切的答案，但是确实能够通过一些方法保持良好的情绪，人们需要在日常生活中时常练习保持良好的情绪，享受大学生活，为了自己的理想努力奋斗。

（一）善于觉察

情绪的改善与管理，需要反复强调的是觉察，觉察自己的情绪，觉察他人的情绪，你将从觉察的过程中学习到很多有价值的内容。自我情绪状态的觉察能够帮助人们认真识别不同情绪的作用和功能，分析情绪产生的原因，及时控制不良情绪和消极情绪，稳定积极情绪，保持稳定而适度愉悦的心境。真正爆发愤怒等消极情绪的时候，也能够让自己迅速平静下来，不会因为情绪冲动而鲁莽行事。对于他人情绪的觉察能够促进人际交往，通过对他人情绪的敏锐反应，掌握人际互动中的主动权，避免出现过度以自我为中心，忽略他人的情绪情感状态，损害人际关系的情况发生。

（二）悦纳自我

悦纳自我，悦纳自己的情绪特点。有的同学确实认为自己的情绪存在问题，或者觉得控制不了自己的情绪，一旦冲动起来，就是头脑发热，顾不了那么多。冷静的时候自我否定，冲动的时候如脱缰的野马，而事后又后悔无比。对于自己的情绪，认真觉察，也要勇于接纳，只有接纳了现在的、有缺点的、情绪化的"我"，才能冷静地分析"我"的这些情绪特点是如何形成的，哪些是可以短期改变的？哪些需要做出长期努力？哪些是先天特点，哪些是后天学习得来的？哪些信念是非理性的，不合理的？悦纳自我，接受这个不完美的自己。

悦纳自我还体现在自我是一个立体的、丰满的形象，不要片面地概括自己的形象，或者以偏概全，或者绝对化思维，要么是个完美的"我"，要么是个糟糕透顶的"我"，这种绝对化思维和以偏概全的想法都是不合理的，都会影响到情绪的正常发展。承认自己有很多特点，有优点，有缺点，还有很多无法评述好坏的特点，正是这些特点组成了一个完整而独具特色的"我"，这样才能在情绪发展方面认可自己的独特性，不盲目攀比，不盲目自卑，自信地面对大学阶段情绪发展过程中可能遇到的各种问题。

（三）善于交往

好的朋友就像是一面镜子，一架梯子，不仅能照出你的优点和缺点，还能将你送到更高的地方。当自己的情绪管理遇到困难，情绪处理不得要领的时候，不妨寻求朋友的帮助，他们的情绪管理方法，他们的为人处世方式，或许都可以给你带来启发，而他们对你的帮助，可能也是你继续探索、继续前行的动力。

除了朋友，大学生还有父母，老师和周围的同学，可以从和他们的交往中汲取生活的智慧。情绪管理不是一朝一夕能够练就的功夫，人们需要和他人交往，从他人那里学习这些宝贵的生活经验，这些间接经验能让大家少走弯路。"三人行，必有我师焉"，善于交往，情绪管理的好方法也能从身边的"老师"那里得到。

寻求专业的心理援助。有的同学深受情绪问题的困扰，似乎又不足为外人道，所以只能自己忍受，长时间如此，不仅影响自己的生活和学习，还影响到了人际交往和未来发展，想要改善情绪，调整情绪，却又无法自行解决问题的同学，不妨主动寻求心理咨询师的援助，主动面对情绪背后的能量流动或者心理创伤，梳理应对情绪问题的非理性信念，寻找情绪产生和波动的内在原因，帮助自己重新掌握情绪的控制权。

（四）设定合理期望

设定合理期望，在生活中努力去实现自己的目标和期望，不要盲目认为自己高人一等，时时处处都要争强好胜，因为这些主观上的目标和现实的差距越大，那么心理感受到的挫败感就越严重，也更容易引发各类消极情绪。正确看待自己的情绪特点，积极去改善你认为影响自己生活和学习的情绪特点，但是改善的进度要符合自己的心理状态，不必强制自己一下子就变得全都是积极情绪，消灭掉所有消极情绪，这也根本无法实现。也不必羡慕他人情绪稳定性很强，而自己却情绪波动很大，每个人都有自己的情绪特点，只要善于认识和运用情绪，你依然可以享受自己的多彩生活。想哭的时候大声哭，想笑的时候大声笑，情绪是沟通内心与外界的重要纽带，保持这条通道的顺畅，也是维系我们身心健康的保证。

设定合理的目标，通过自己的努力能够达到，但也不是毫不费力就可以达到，这样，你才能全力奔跑，并且在成功后享受胜利的果实，每一步目标达成后的喜悦和满足感又会强化前进的动力，你就可以继续设定合理的目标，继续前行，不要好高骛远，也不要不思进取，选择适合自己的速度向前发展。

情绪如同大海，时而波涛汹涌，时而平如明镜，要努力做情绪的主人，觉察情绪、认识情绪、悦纳情绪，管理和使用情绪，为自己的人生画卷调制五彩缤纷的颜色。

心灵探索

测试你的情商（emotional quotient，EQ）有多高，请用"是"或"否"回答下列问题。

（1）对自己的性格类型有比较清晰的了解？
（2）知道自己在什么样的情况下容易发生情绪波动？
（3）懂得从他人的言谈与表情中发现自己的情绪变化？
（4）有扪心自问的反思习惯？
（5）遇事三思而后行，不赞同"跟着感觉走"？
（6）遇有不顺心的事能够抑制自己的情绪？
（7）遇到意想不到的突发事件，能够冷静应对？
（8）受到挫折或委屈，能够保持能屈能伸的乐观心态？
（9）出现感情冲动或发怒时，能够较快地"自我熄火"？
（10）听到批评意见包括与实际情况不符的意见时，没有耿耿于怀？
（11）在人生道路上的拼搏中，相信自己能够成功？
（12）决定了要做的事不轻言放弃？
（13）当在工作或学习上遇到困难时，能够自我鼓励克服困难？
（14）相信"失败乃成功之母"？
（15）办事出了差错，自己能够总结经验教训，不怨天尤人？
（16）对同学、同事的脾气性格有一定的了解？
（17）经常留意自己周围人们的情绪变化？
（18）与人交往时知道要了解和尊重他人的情感？
（19）能够说出亲人和朋友各自的一些优点和长处？
（20）不认为参加社交活动是浪费时间？
（21）没有不愿同他人合作的心态？
（22）见到他人的进步和成就没有不高兴的心情？
（23）与人共事懂得不能"争功于己，诿过于人"？
（24）与朋友相处能够"严于律己，宽以待人"？
（25）知道失信和欺骗是友谊的大敌？

评分标准

如果你在第1~4题中答"是"达3个以上，则表明你对自身的情绪有较高的认知。

如果你在第5~10题中答"是"达到4个以上，则表明你对自身的情绪有较高的控制力。

如果你在第11~15题中答"是"达4个以上，则表明你善于自我激励。

如果你在第16~18题中答"是"达3个，则表明你能够了解他人的情绪。

如果你在第19~25题中答"是"达5个以上，则表明你善于人际关系管理。

第五章

大学生爱情心理

📥 情境导入

小敏最近一直在为她和男朋友的感情问题而苦恼。他们在一起两年了，男朋友是个很独立的人，一开始的时候小敏很喜欢他这一点。可是相处久了，男朋友还是喜欢一个人忙事情，比如打电话想和他一起吃午饭，他说在图书馆不方便接电话。有时候约他出去玩，他总说没时间，让她和宿舍同学去。她有时候很羡慕其他女生，因为人家的男朋友都可以陪伴她们。她询问男朋友能否多挤一点时间在一起，但男朋友认为他们都是成年人，各自都有很多事情要忙，不要每天黏在一起。小敏听了很恼火，如果各自忙自己的事情，那在一起还有什么意义呢？没时间相处还谈什么恋爱？可是想到他们已经在一起两年了，小敏发现他们还是有感情的，尽管可能只是她个人的一厢情愿。她舍不得，也无法提出分手……

💡 思考

小敏和男朋友之间的感情是爱情吗？你认为是什么原因造成了小敏目前的心理状态？

学习目标

知识目标

1. 理解爱情的多重定义和其在个体生活中的重要性。
2. 掌握爱情形成的心理机制,如亲密关系的发展和维持。
3. 理解性心理和性心理健康的基本概念,以及性心理在大学生群体中的特征和影响。
4. 理解大学生恋爱和性关系的心理分析,包括互动模式、沟通需求等。

能力目标

1. 能够分析和解释大学生在恋爱关系中的心理动态和挑战。
2. 能够识别和评估大学生在性心理方面可能遇到的问题及其根源。
3. 能够运用爱情心理理论和性心理健康知识,帮助大学生处理爱情和性关系问题。

素质目标

1. 培养对爱情多样性和性别差异的尊重和理解。
2. 提升帮助他人解决爱情和性心理问题的能力和意愿。
3. 增强通过积极促进健康爱情和性关系来推动社会和谐的责任感和实际行动能力。

思维导图

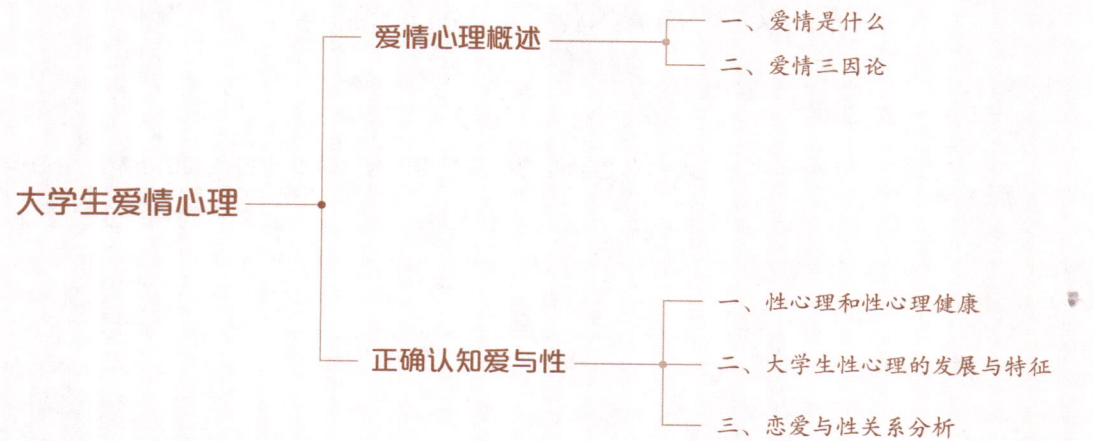

第一节 爱情心理概述

爱情是一个古老而永恒的主题,古往今来人们对爱情的努力追寻和浪漫遐想一直没有停止过,几乎每个人都可以信手拈来几句爱情诗歌或者讲述几个动人的爱情故事。文人墨客感叹道"问世间、情是何物,直教生死相许""曾经沧海难为水,除却巫山不是云""两情若是久长时,又岂在朝朝暮暮"。哲学家黑格尔认为"爱情确实有一种高尚的品质,因为它不只停留在性欲上,而是显出一种本身丰富的高尚优美心灵,要求以生动活泼、勇敢牺牲的精神和另一个人达到统一"。心理学家弗洛姆认为:"爱是我们对所爱者的生命与成长的主动关切,没有这种关切就没有爱。"显然不同个体对爱情的感悟是不一样的,那么渴望爱情的大学生对爱情有什么感受和认识呢?

一、爱情是什么

爱情是一对男女建立在性基础上的一种强烈的内心情感体验,是基于一定的社会关系和共同的生活理想,在各自的内心形成的对彼此最真挚的倾慕,并渴望对方成为自己终身伴侣的最强烈的感情;是两颗心灵相互向往、吸引,达到精神升华的产物;是人类特有的一种高尚的精神生活。选择恋人不是一种交易活动,而是一种生命交流,一个人与另一个人通过沟通、适应、冲突、了解去建立一种爱的关系。

诗人舒婷在《致橡树》中,以橡树为对象描写了热烈、诚挚而坚贞的爱情。通过拟人化的艺术手法,借用木棉树的内心独白,热情而坦诚地歌唱自己的人格理想以及要求比肩而立、各自独立又深情相对的爱情观。爱情是美好、神圣而又神秘的情感,这使得正处于青春期的大学生心向往之。新时代的大学生在成长和发展的道路上,不妨学习橡树和木棉树的爱情智慧,才会遇到两颗心共同撞击的爱情火花。

我爱你,因为你就是你,不管你将来是什么样子,变老了,变丑了,变穷了,甚至少了一只手,一只眼,我都一样爱你。每个人的内心深处都渴望自己的伴侣能够喜欢真实的自己。我们渴望这样一种关系:我们不需要用好的行为来得到对方的爱和接纳。我们渴望能够将完全的自我毫无保留地展现在对方面前。真爱里,彼此能够坦然地显露真实的自我、真实的想法和真实的感觉,不会被讥笑或者被拒绝。这样的自由,使两个人彼此敞开,随着时间的推移,关系越来越坚固。

心灵拓展

缘起滨海，情定西藏，两个滨海人的浪漫爱情……

戴纯昌与胡文的故事并非始于滨海，但他们却因为滨海结缘。当时，刚读研究生一年级的戴纯昌参加了一场考研经验交流会，在会上，他认识了同样来自滨海的小学妹胡文。情不知所起而一往情深，相似的经历让他们一见如故，在滨海生活的点点滴滴成为他们说不尽的话题。

"我们那个时候，从哪个食堂的饭最好吃，学院里哪个老师的课最有意思，说到学校里哪个地方的景色最好看，哪里最适合早读，每天都好像有说不完的话。偶尔我会遗憾为什么在滨海的时候我们没有早点认识，但是每当回忆起滨海往事的时候，这些共同的回忆经常让我觉得他从未缺席。"胡文说道。

最终，在戴纯昌的鼓励与帮助下，胡文成功考取了戴纯昌所在院校的研究生，再次成为他的学妹。

2017年8月，研究生毕业以后，戴纯昌听从祖国的号召，踏上了进藏的旅途，来到了西藏的"小江南"——林芝工作。两人约定好在西藏会合，一起让爱情之花盛开在雪域高原之上。2018年8月，经过努力，胡文以优异的成绩被中国西藏新闻网录用，她追随他的脚步来到了西藏。

在西藏的日子不同于青岛，每天面对冗杂的业务与公文、漫漫的下乡路、遥望家乡的思念，夫妻二人也曾迷茫、惶恐过，每当他们远望东方时，那里不光是太阳升起的地方，更是他们梦开始的地方。"在学校学习到的滨海精神更是我宝贵的精神财富，我一直记得学校的办学宗旨是'以兴教育才为己任，以利民报国为目的'，这也是我进藏的时候心里一直想着的话，要做对国家、对社会有用的人。"戴纯昌说道。

对彼此的倾慕使两个年轻人走到一起，共同的生活理想使两个人的爱情开花、结果，扎根在祖国的雪域高原上。

真爱建立在充分了解和接纳的基础之上。人们了解所爱之人的许多方面——不仅有美好的一面，还有缺点和瑕疵。尽管人们知道对方的种种缺点，但仍然无条件地接受对方最真实的样子。真爱意味着真诚的给予，而不是从对方身上索取，更不会依靠对方来填补自己的不足。

真爱能够让彼此成长。真爱意味着我会关注你的成长，并且我会希望你变成你所能成为的人。真爱意味着能把彼此看作一个独立的人，一个拥有自己价值观、思想和情感的人，不会坚持让你放弃个性而成为我想要成为的人。面对你的独立，我不会觉得这是威胁，我不会把你当成一件物品或者让你完全满足我的需要。真爱意味着接受另一个人的缺点，并且带着耐心和谅解去帮助这个人转变。爱能够提高彼此的生活状态，并且双方都因为照顾和被照顾而成长。

二、爱情三因论

在现实的校园生活中，通常会看到：有的爱情平静似水，有的爱情澎湃如潮，有的爱情亲密无间，有的爱情若即若离，有的爱情天长地久，有的爱情昙花一现。为什么会有如此不同的爱情表现呢？或许可以用斯滕伯格的爱情三因论来进行解释。

（一）爱情的三种成分

20世纪90年代，美国耶鲁大学的心理学教授斯滕伯格提出了爱情三因论（图5-1），认为人类的爱情虽复杂多变，但基本上由3种成分组成：亲密、激情和承诺。

亲密属于爱情的情感方面，包括亲近、分享、交流和支持。它指的是与另一个人心灵相近、相互契合的感觉，是由刺激引起的身心激动状态，如喜、怒、哀、惧等。亲密还包括愿意给予和接受情感支持，分享彼此内心的想法。亲密关系最初发展比较缓慢，然后稳步发展至稳定的水平，而后可能会下降。明显缺乏亲密意味着关系即将结束。

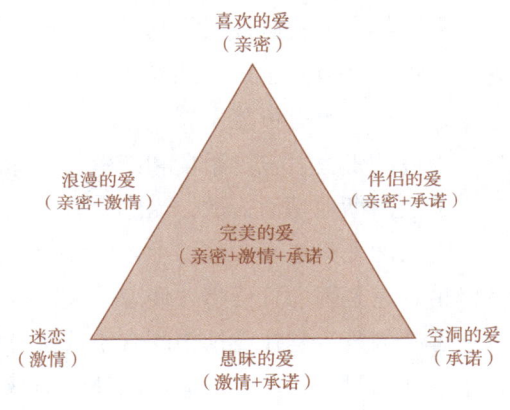

图5-1　爱情三因论图示

激情属于爱情的情感和动机方面，动机有内发的性驱力，也包括异性之间身体、容貌等特征的彼此吸引。与亲密不同，在激情中，性方面的动机发展迅速，但随着时间的推移，继续和这个人在一起不再能带来最初的兴奋和满足感。

承诺属于爱情的认知方面，是对情绪和动机的一种控制因素，也是爱情中的理智层面。承诺不受情绪的左右，是人们用理智和意志做出的选择。坚定而执着的承诺，将为两个人的关系提供保障，因为双方都知道，无论发生什么事情彼此都可以相互依赖。没有承诺的爱是不完美的。

"爱情三因论"认为，两性间的爱情形成因人而异，情侣间的亲密关系和热烈程度各不相同，但爱情基本上由这三种元素的不等量配合而演化生成。爱情是人类心理上的一种色彩世界，每对情侣能够呈现出怎样的色彩，取决于他们如何处理自己的动机、情绪和认知。

（二）不同的爱情类型

斯滕伯格将动机、情绪、认知三者单独在两性间发生的爱情关系，分别称之为激情、亲密与承诺，意思是：以情绪为主的两性关系表现为激情，以某种目的为主的两性关系表现为亲密，以认知为主的两性关系表现为承诺、守约。

在斯滕伯格的爱情三因论中，这3个成分被看作"爱情三角形"的3条边。每个成分的程度会由浅到深，所以三角形可能有着各种不同的大小和形状，实际上可能会产生数不清的形状。所以为了简化，将陈述几个相对纯粹的、当3个成分强弱不同时而产生的爱情类型。

迷恋：一见钟情，只有激情，如致命的诱惑一般，但是缺乏亲密，也没有承诺。这种爱情只有一种单纯的迷恋，最终会化作美丽的泡影。

喜欢的爱：友谊发展的基础，它不包括激情或承诺，但是包括了亲密感和情感温暖。人们对那些可以分享内心感受和想法的人产生喜欢的感情。因此，喜欢有可能发展成为激情之爱，或者也有可能发展成更多拥有承诺的伴侣之爱。

浪漫的爱：只包含激情和亲密，但却缺乏承诺。它在开始时会进行得如火如荼，之后有可能会渐渐地烟消云散，当然也有可能会发展成为完美之爱。

空洞的爱：这当中除了承诺别无他物。空洞的爱既不包含热烈的情感，也不存在如火的激情，它是因为责任感才使恋爱关系得以维持，依靠的是个人原则和社会规范。

愚昧的爱：是在爱情中既有激情又有承诺，但是缺乏亲密感。它常伴有"旋风式"的追求，开始时热情似火，但在相处中会慢慢地发现彼此之间的不协调。

伴侣的爱：具有较强的亲密和承诺，但是缺乏激情，这种爱的形式主要特征就是长久的关系，激情已渐渐退去，留存的是一种深刻持久的恋爱关系。

完美的爱：是一种理想，因为亲密、激情和承诺完美地优化组合在一起，这种组合让人追求但是又难以达到。

（三）爱情三因论的启示

"爱情三因论"对爱情的本质的理解给人们许多启示。一是爱情的动机成分表明爱情有其生理的基础，由性驱动力所致，包括身体、容貌。性生理的发育成熟，必然有性的冲动与欲望。爱情以人的生理成熟为基础。二是爱情使人有强烈的情绪体验——幸福、快乐、痛苦、悲伤。情绪体验会有变化，有时激情澎湃，像热恋中的人；更多的时候，是爱情与亲情、友情的交融。三是爱情有理性的一面，它不仅仅有情感体验，承诺、责任感更是爱情的重要成分。每个人的三种成分所占的比例各不相同，才使人们看到了多姿多彩的爱情世界。

1. 性生理和性心理的成熟是产生爱情的基础

虽然从爱情的定义中就可以看出，性本能和性的需要是爱情的基础和前提。但是，一方面，没有性生理和性心理的成熟，再亲近的关系也不能称之为爱情；另一方面，即便一个人的性生理已经发育成熟，但其性心理仍未成熟的话，也无法发展出真正的爱情。爱情的最终目的是建立和维持稳定的两性关系，并通过这种关系去进一步加深彼此之间的爱慕和关爱。也正是因为爱情的这种生物属性，使得爱情具有占有性和排他性的特点。

2. 爱情是一种相互依恋的火热情感

相互炽烈的情感，是爱情产生和发展的内在动因。爱情是人类所特有的一种异性之间的相互爱慕倾心的特殊情感，爱情的产生不仅有其生理基础，更有心理的内在动因。这是男女双方相貌的相互吸引、性格气质的相容、理想信念的一致所萌发的情感共鸣，由此产生了兴奋、愉悦、和谐、眷恋的内心体验，最终达到情感交融、心灵相连，萌发出渴望相互结合的强烈情感，这种情感的强度是其他所有感情都无法比拟的。由于情感本身所固有的长期性和持久性，因此爱情也具有相对的稳定性。

3. 爱情具有深刻的社会性

社会性是爱情心理的本质属性。在现实社会中，爱情无论是萌发于性生理的需要，还是强烈的内心情感体验，最终都存在于一定的社会关系中。社会发展水平、社会物质条件、社会道德习俗等诸多社会因素对爱情的萌发、发展和变化都起着决定性的作用。即便是在文学作品中，理想的爱情也需要满足这个条件和要素。

爱情的社会本质，决定了爱情具有道德性、责任性的特点。在某种程度上，这种承诺和责任是爱情得以巩固和持久的决定因素，同时各种社会性因素在人们选择爱情对象时也起到了不同程度的制约作用。如有些人在选择恋爱对象时的"门当户对"观念就是非常典型的例证。

了解爱情的成分，可以帮助大学生避免陷入恋爱关系的困境。激情在关系之初可能起到强大的推动作用，但是激情是会消退的，在激情退去后，要认识到此时关系是在向什么方向发展。

第二节　正确认知爱与性

一、性心理和性心理健康

（一）性心理和性心理健康

1. 认知性心理

性心理，是指在个体性生理成熟的基础上所形成的与性特征、性欲、性行为有关的心理状况和心理过程。简而言之，就是与性生理、性行为有关的心理现象。性生理是性心理发展的生物学基础，性生理发育的障碍或缺陷，会使性心理的发展出现偏差。大学生正处于性生理发育成熟、性心理逐渐趋向成熟的时期，也是性生理需求与性的社会规范之间的冲突阶段。

2. 认知性心理健康

性心理健康是指个体具有正常的性欲望，能够正确认识性的有关问题，并且具有较强的性适应能力，能和异性进行恰当交往，在免受性问题困扰的同时，还能促进自身人格的完善，促进自己身心的健康发展。世界卫生组织对性心理健康所下的定义是：通过丰富和完善人格、人际交往和爱情方式，达到性行为在肉体、感情、理智和社会等诸方面的圆满和协调。性心理健康是人类健康不容忽视的重要组成部分，近年来正越来越受到人们的重视。性心理健康是心理健康的一部分，作为一名性心理健康的大学生应当有正常的性需求和性欲望、科学的性知识、良好的性道德、正当的性行为。性道德是指在性行为中应当遵循相爱、无伤、自愿的原则。

（1）相爱原则。人类具有超乎一切动物的思想和情感，人类的性爱只能钟情于某一个特定的异性。这是人类性道德最核心、最本质的原则，任何违背这一原则的性活动都是不道德的。

（2）无伤原则。要讲究性卫生，符合性常识，使性行为无伤于他人和后代的幸福及身心健康，无伤于社会的稳定。

（3）自愿原则。性活动建立在双方完全自愿的基础上，实际性活动中主要指女方自愿。在性活动中，一般来说男性处于主动地位。因此，作为男方，不应只是满足自己的生理和心理需求，还应顾及女方的意愿。那些受"性解放""性自由"思想的影响，随意进行的性行为，即使是"自愿"，也是违背性道德的。

（二）性心理健康的标准

性心理健康的标准应该符合以下几点。

1. 正确认识和接纳自己的性别

一个性心理健康的人，能正视自己的性心理发育、性心理变化，能在所处的社会环境中正确评估自己，能客观地评价自己和他人，并乐于承担相应的性别角色。

2. 具有正常的欲望

性欲望是能够获得性爱和性生活的前提条件，如果没有性欲望就不会有和谐的性生活，就会影响性心理健康，性欲望的对象要指向成熟的异性个体，而不是其他物品等替代物。

3. 性心理和性行为符合年龄特征

即性生理和性心理的发展要保持统一。

4. 正确对待性变化

个体在生长和发育过程中，性生理因素、性心理因素和性社会因素是交互呈现的，个体在其中要建立自我同一性才能保持三者的和谐状态。这就要求个体能够正确对待性生理成熟所带来的一系列身心变化，在出现性冲动后，能够正确释放、控制、调节，使之符合社会规范等。

5. 科学看待，减少恐慌

对于性没有犹豫、恐惧感。能够把性作为生活的一部分以科学待之。

6. 保持和谐的人际关系

和异性保持和谐的人际关系。在交往过程中，保持独立而完整的人格，做到互相尊重，互相信任。性欲是正常和健康的，但性欲是可以适当控制的。正当、健康的性行为，符合社会伦理和道德规范。

二、大学生性心理的发展与特征

（一）大学生性心理的发展

一般认为，青春期性心理的发展大体上经历3个时期。

1. 异性疏远期

这一时期也称为性发育早期、性紧张期。青春期开始时，少男少女对性别的差异非常敏感，第二性征的出现，使他们在内心深处对两性关系产生了朦胧的感觉。他们对两性关系似懂非懂，对性知识、性行为一知半解，将异性的生理差异与男女之间的关系看得很神秘，在与异性的交往中显得羞涩、忸怩和不自然，心中好像潜藏着无数秘密一般，内心相互吸引，表面上却表现得相互疏远，有畏惧感和似曾相识感。男孩会表现出潜意识的紧张心理——口吃、挤眉弄眼；女孩则表现得情绪不稳定，所谓的"少女伤春"就是指这段时期的心理特点。

2. 异性接近期

在完全进入青春期后，随着生理机能的进一步发展、生活阅历的丰富，青少年对两性关系有了进一步的了解和认识，对性意识的情感体验也开始有了新的变化。他们不满足于对异性的朦胧的、泛泛的好感和爱慕了，而是希望通过与异性交往，有选择地寻找心中的白马王子和白雪公主。这个时期的青少年的特点是，喜欢与异性在一起活动，力求成为异性眼中有吸引力的人；两性的畏惧感、陌生感消失，产生了强烈的相互吸引和接近意愿，会采取曲线的方式来接近异性。男生喜欢高谈阔论，逞强、做危险动作，以表现自己丰富的学识和男子汉气概，甚至通过起哄、开玩笑、搞恶作剧等来引起女生的注意。女生则表现出单相思，钟情妄想，有的用打扮、声调、细微的关心和体贴来吸引对方，有的将成年人作为崇拜和模仿的对象。由于青少年缺乏接近异性的经验，不知如何表现自己，往往做法不得当。

3. 异性恋爱期

进入青春后期，青年的性生理完全成熟，性心理逐渐成熟，自我意识、思维和人格都在积极发展，生活领域也日渐广阔，对恋爱的理解和认识更加深刻，对恋人的寻觅更加迫切，对异性的态度也逐渐客观。此时，男、女青年开始对异性展开主动积极的进攻。男、女青年都会尽量在异性面前展示自己的长处与才华，以引起对方的关注。由于受社会文化的影响，男性在恋爱的表达方面更加主动、大胆、直率而且热情奔放，女性则更加含蓄、深沉、妩媚并略带羞涩和矜持（图5-2）。青春期性发育完成后进入的两性恋爱期，青年男女从泛泛的异性爱慕过渡到钟情于某个人，情感表达直接而热烈，追求技巧成熟，一旦碰壁，心理挫折感强烈。

图5-2　异性恋爱期

（二）大学生性心理的基本特征

1. 渴望了解性知识，性意识进一步增强

进入大学，大学生更加积极主动地关注自我发展，包括自身的生理与心理。由于个体家庭教养方式、成长环境及个体本身差异的存在，大学生对性意识的关注也不尽相同。有的大学新生对性知识的了解较少，渴望通过科学的途径了解自身。有的学生通过自慰性行为解决自身的性冲动。有的学生因性知识匮乏产生了不必要的心理焦虑。

2. 性冲动及其释放

性冲动是指在性激素和内外环境刺激的共同作用下，对性行为的渴望与冲动。由性刺激引起大脑皮层的活动，产生性欲，再通过大脑皮层向身体组织发出指令，是一个健康、正常人自然和本能的行为表现。性冲动不一定产生性行为，人是通过意识即大脑调节性行为的。人有社会性，必须遵守社会行为准则；人有人格和尊严，必须尊重他人的意愿和抉择；人对社会有责任和义务，必须受到法律约束。因此，在心理尚未成熟前，大学生应尽量减少声、光刺激，不接触黄色、淫秽读物。

3. 性冲突和性压抑

一方面，生长趋势、性发育年龄不断提前；另一方面，学业需要和事业及社会环境的要求、结婚年龄的不断推后，使大学生出现了漫长的"性等待期"。与此同时，日益开放的社会文化既满足了大学生对性的了解与渴望，又使大学生的性冲突加剧。在繁重的学业任务和就业压力及校纪校规的约束下，大学生的性不可能自由地发挥。事实上，适度性压抑也是社会文明与进步的标志。但性压抑不是一味地压制，而是通过适当地释放、转移、升华得到合理的疏导。

4. 渴望性体验

由于性激素的作用，大学生更加渴望得到恰当的性体验，如与异性交往。在男女交往过程中，受到性激素的作用，恋爱双方的亲吻和抚摸都会引起性欲望和性冲动。感情的闸门在巨大的性压力下显得极其脆弱。有的性压力通过性梦、性幻想、性自慰得以调节，有的性压力则通过性行为得以释放。

三、恋爱与性关系分析

恋爱与性的关系极其密切，没有恋爱的性和没有性的恋爱都是难以想象的。但在恋爱中正确处理性问题却不是一件容易的事。

（一）婚前性行为造成心理困惑

下面是一位女大学生的求助信。

我是在刚刚进入大学时认识他的。他是我的老乡，在我初次离家感到孤独时给予了我太多的安慰与帮助，不知不觉我陷入了恋爱之中。随着交往的深入，我们的恋爱也不仅限于精神层次的交往，彼此从身体上渴望对方。于是在某一个晚上，我们有了第一次。虽然我们还在恋爱，可每次在一起我总会想到性，我会感到恐慌，经常觉得所有人都知道我们的事，出现了睡眠障碍、上课注意力不集中、产生性幻想等情况。现在我陷入了深深的担忧中——如果今后我们分手怎么办？我真不知道如何面对。

这是因为婚前性行为造成内心无法摆脱的内疚与自责的典型状态。当欲望的潮水袭来时，大学生要用理智来战胜脆弱的情感。儿童心理学家曾做过"延迟满足"的实验，他们告诉被试者如果选择等待，将能够获得更多的奖赏，而即时满足只能获得极少的奖赏。随着年龄的增长，儿童会主动选择延迟满足，这一点对爱情中的性也是适用的，只有学会延迟满足，才能为未来生活打开一扇幸福的大门。

（二）将性作为维持爱情的筹码

平等的恋爱关系应当相互尊重，一方不能屈服于另一方，特别是当对方提出性要求时，如果因一方的拒绝而导致恋爱终止，这本身就不是真正意义上的爱情。有的恋人将性作为维持爱情的筹码，必然不能长久。

（三）爱情上的"杯水主义"

受社会文化与大学生未定型的恋爱观的影响，部分大学生信奉"不在乎天长地久，只在乎曾经拥有""爱谁是谁""爱情就是即时的快乐"等观念，在恋爱中表现出只顾及当时感觉的倾向。一项调查表明，65%的大学生认为，"只要有爱情，性是可以理解的"，这反映出大学生在性行为上所持的开放态度。甚至有的学生不再把性行为看成一件非常严肃的事，不加克制，完全受内心冲动的驱使，这是不应该提倡的。

任何社会的主流文化都对性行为有着正式与明确的标准，它代表了性行为的理想境界，即性行为应当是如何的。有的文化对性行为还有非正式标准，以性别作为参考点。如果对男女性行为的标准一致，则称为单一标准，否则便是双重标准。对婚前性行为禁止是严格标准，而允许则是宽松标准。

心灵探索

"爱情"与"喜欢"量表

"喜欢"与"爱情"你分辨得出来吗？不管你是否恋爱，试着结合自己的情况或想法勾选下列符合自己目前恋爱状况或对爱情憧憬的项目（可复选）。

爱情量表

（1）Ta情绪低落的时候，我觉得很重要的职责就是使Ta快乐起来。
（2）在所有的事件上我都可以信赖Ta。
（3）我觉得要忽略Ta的过失是一件很容易的事。
（4）我愿意为Ta做所有的事情。
（5）对Ta，我有一点占有欲。
（6）若不能跟Ta在一起，我觉得非常不幸。
（7）我孤寂时，首先想到的就是要去找Ta。

（8）Ta幸福与否是我很关心的事。

（9）我愿意宽恕Ta所做的任何事。

（10）我觉得Ta得到幸福是我的责任。

（11）当和Ta在一起时，我发现我什么事都不做，只是用眼睛看着Ta。

（12）若我也能让Ta百分之百地信赖，我觉得十分快乐。

（13）没有Ta，我觉得难以生活下去。

喜欢量表

（14）当和Ta在一起时，我发觉好像二人都想做相同的事情。

（15）我认为Ta非常好。

（16）我愿意推荐Ta去做为人所尊敬的事。

（17）在我看来，Ta特别成熟。

（18）我对Ta有高度的信心。

（19）我觉得什么人跟Ta相处，大部分都有很好的印象。

（20）我觉得Ta跟我很相似。

（21）我愿意在班上或团体中，做什么事都投Ta一票。

（22）我觉得Ta是许多人中，容易让别人尊敬的一个。

（23）我认为Ta是十二万分聪明的。

（24）我觉得Ta在我所有认识的人中，是非常讨人喜欢的。

（25）Ta是我很想学的那种人。

（26）我觉得Ta非常容易赢得别人的好感。

结果分析

你的勾选项目若集中在1~13项，表示你对对方的感情以"爱情"成分居多，而若多集中在14~26项，表示你对对方的感情以"喜欢"成分居多。

第六章
大学生学业心理

⤵ 情境导入

　　记笔记对于在校大学生来说，是日常学习生活中最为普通的行为，也是大学生日常学习的基本功。笔记记录着满满当当的收获、阅读学习的体会、每一堂课的进步。2019年12月20日，浙江大学发起了首届"最美笔记"的评选活动，在全校近千份的学习笔记当中筛选出了50份最美笔记进入网评阶段，也让我们可以借助网络的力量来看一下浙大"学霸"的笔记长什么样。

　　这些本科生学习笔记包括课堂笔记、实验报告、学习有关的纸质笔记和手写电子笔记等多种形式。我们看到，进入终选阶段的笔记可媲美"艺术作品"，每个同学都有自己记录笔记的风格。有图文并茂、精工细作的中国建筑史课程笔记；有构造精准、标注清晰的基础医学导论笔记；有简洁工整、要点突出的法律笔记；有字迹秀丽、中英对照的数据结构基础笔记；也有天马行空、充满创意的西方艺术历史与理论笔记……这些无一不体现了浙江大学学生爱学、善学、勤学的精神品质。浙江大学团委相关负责人介绍，通过首届"最美笔记"评选大赛，晒出的不仅是大学生的优良学风，更展现出当代青年孜孜以学的精神面貌。希望通过这样的活动让更多的同学认识学习，重视学习，提高学习效率，真正洞察"书山有路勤为径"的奥义。

🧠 思考

　　如何看待大学生学习心态对学业的影响？

学习目标

知识目标
1. 理解学习对大学生个人成长和社会发展的意义和重要性。
2. 掌握学习的定义、特点以及与心理健康之间的关系。
3. 理解学习动机的形成机制,包括动机与需要的关系、兴趣的培养等。
4. 理解学习过程中可能出现的困扰和挑战,如拖延症等。
5. 掌握有效的学习策略和调适平衡的方法,以提高学习效果和心理健康水平。

能力目标
1. 能够分析和评估大学生学习动机的来源和稳定性。
2. 能够识别和解释大学生学习中可能出现的困扰和心理问题,并提出应对策略。
3. 能够应用学习策略和调适技巧,帮助大学生提高学习效果和应对学业压力。

素质目标
1. 培养对学习的积极态度和持久动力。
2. 提升帮助他人解决学习困扰和心理问题的能力和意愿。
3. 增强通过有效学习和心理调适来实现个人成长和社会贡献的责任感和实际行动能力。

思维导图

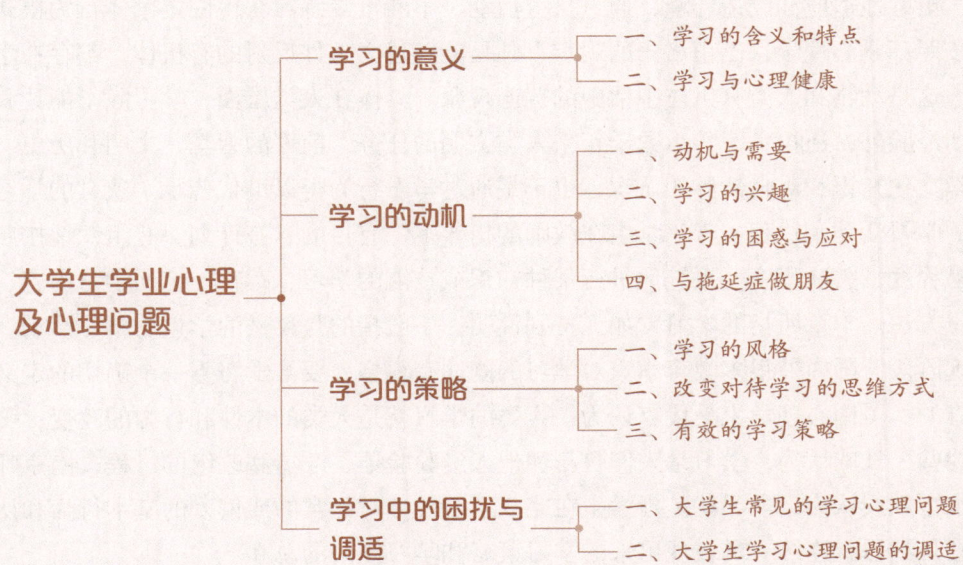

第一节 学习的意义

学习是人自身和环境相互作用、相互影响的过程，是人身心发展不可或缺的重要途径，是人们认识客观世界、改造客观世界的必要手段。什么是学习？学习对人的身心发展起什么作用？人的学习活动是如何产生的？上述问题对大家了解、学习心理学知识十分重要。

一、学习的含义和特点

汉语中"学习"一词最早出现于我国战国前期的儒家经典著作《论语》一书中。《论语·学而》说："学而时习之，不亦说乎？"在我国古代，"学"和"习"是两个概念，独立使用和理解。所谓"学"，是指学习各种抽象的理论知识、先贤思想，比如四书五经、先贤语录和各种典籍，比较强调思维和思考能力；所谓"习"，更多是指练习和实习，指习练某种技能、技艺，更加偏重于动手能力。随着古人对"学"和"习"两种行为的认识和理解，人们发现思维能力和动手能力同等重要，"学习"一词逐渐在各种场合广泛使用。

（一）学习的含义

在现代心理学中，学习有广义和狭义之分。一般认为，广义的学习是指人和动物为了生存，更好地适应和改造环境，通过自身活动、不断重复练习获得固定个体行为模式的过程。按照苏联心理学家巴甫洛夫的观点，凡是能够建立条件反射的有机体，都存在学习的行为，这是动物和人类有机体生活中的普遍现象。具体在人类层面，学习除了能让我们获得生活经验外，还担负了传承数千年来人类文明的任务，前人的智慧、文明和历史，过去的科学文化知识和对自然界的认识，也正是通过学习行为得以世代传承。狭义的学习是指学生的学习活动和过程，青年学生在教师的指导下，有目的、有计划、有组织地按照知识的难易程度、关联程度，系统地进行某种知识或技能的学习，存在一定的学习内容、规律和学习方法。本章所指的学习，如无特别说明，一般指的是狭义的学生的学习活动。

现阶段，国内外很多教育学家对学习的阐述有很多，要给学习下一个确切的定义是十分困难的。美国心理学家桑代克认为，人类的学习就是人类的本性和行为的改变；美国教育家约翰·杜威认为，学习是人们自身和他人经验验证、改造和改组的过程；南京师范大学吴永军教授认为，学习就是指学生在完成学习任务时经常的或偏爱的基本行为和认知取向，它是学习者连续一贯表现出来的学习策略和学习倾向的总和。

学习本身是一种活动性的存在，是人或动物为了自身生存，在生活过程中（教育过程中）经过不断重复思考和练习，以积累个体行为经验的过程。对大学生来讲，学习是他们在一定情境下掌握知识、学习技能，以及形成受知识、技能所影响的行为、情感、态度和价值观发生变化的过程。学习引发人价值观、行为态度的改变，有些变化是可以被外界轻易观察到的，比如同学们进入大学后，言谈举止发生的明显变化；有些变化是潜移默化的，是内隐于心不易被察觉到的，需要借助间接的方式才可以了解，比如受大学校园环境、文化的影响，自身价值观、世界观产生的变化等。

需要指出的是，不能简单地将一个人产生的变化全部归为受学习活动的影响。一个人的成长、衰老、疾病、疲劳等行为变化，往往是由其身体生物因素导致的，而不是由学习引起的。

（二）学习的特点

人类的学习与动物的学习在学习方式、过程、媒介和主动意识性等方面有本质的区别，是完成从自然人到社会人转变的个体社会化的过程，人的学习是在社会生活实践中通过思维活动产生和实现的。在这里，我们主要探讨大学生的学习问题。大学生的学习是在教师的指导下开展的，一般包括知识和技能的掌握、智力与能力的培养、道德品质和行为习惯的养成等。大学生的学习有其特殊性。

1. 以掌握间接经验为主

人类的学习过程，是在实践中发展的，是感性认识向理性思考的飞跃，是改造主观世界和客观世界的过程。大学生的学习和科学家的研究学习是存在本质区别的，科学家主要探索的是未知世界的知识，更加侧重于知识的创新和客观世界真理的发掘，大学生在学习的过程中虽然也会有发明、创造活动，但本质上还是以学习掌握前人所积累的知识和经验为主的过程，通过对前人知识经验的吸收、消化、创新和提炼，间接地获得知识，从而认识客观世界。为了更快地掌握知识、积累经验，大学生的学习需要通过一定途径的实践进行验证、观察和巩固，这种实践学习和工人参加生产活动、科学家从事实验活动也有着本质的区别。因此，学生的学习不是以知识的创新为主，而是以在尽可能短的时间内掌握某一领域、专业的相关知识、经验为主。

2. 在教师的指导下开展

学习是有一定科学规律可循的，在学生的学习过程中，教师的指导起到至关重要的作用。当今世界，教师在任何一个国家都是经过严格教育、训练的专职教育工作者，需要掌握教育学、心理学和相关专业知识，他们掌握了一定的教育方式和方法，按照特定的教育目的和要求，根据教学计划，系统性地组织开展教学活动。教师采用的方式方法、使用的教材，都是根据特定教育目标、学生特点，人为地、有计划地组织和设计的，可以有效提升学生学习的效率和效果，避免学生在学习的曲折道路上进行反复、无意义的探索。一般而言，中小学和本专科教育，教师的作用主要体现在对前人知识的传授、讲解上；硕士研究生和博士研究生教育，教师的作用主要体现在给予学生研究方向、方法的引导上。

3. 学习须有学习准备

学习在什么时间开始，学习哪些内容，使用哪种方法最为有效？这些都与学习的心理准备有关。

学习准备是一个比较宽泛的概念，一般是指学生在学习新的专业知识之前，其自身的身体、智力和生理发展水平，知识经验储备和心理发展水平对新专业知识的准备和适应。人们在幼儿阶段（3~6岁）和学龄初期（7~8岁），学习的主要内容是简单的知识、生活技能和容易掌握的行为规则、习惯，这时期学生个体的生理成熟水平对新学习起着重要的作用；青少年时期，随着学习内容的日益复杂、抽象，起决定作用的因素开始转变为学生已有的知识经验、智力发展水平，以及学生对学习活动的认知、理解和需要，学习的动机、态度和行为习惯等。

学生的原有准备状态是学习新知识，根据学生原有的准备状态开展教育和教学活动，在教育学上被称为"量力性原则"或"可接受性原则"，这一原则能否合理、正确地运用和贯彻，取决于教育工作者和教师的水平，直接影响着教育教学活动的效果。需要知道，学生的知识、经验准备属于显性因素，可以较为容易地通过中考、高考以及各类入学考试、面试等形式进行了解和确定，而学生的个性、认识发展准备属于隐性因素，教育工作者要对其进行测量十分困难。

二、学习与心理健康

"00后"大学生作为校园里的"新新人类"，时尚、青春、个性是同学们的代名词，思想开放独立、个性鲜明张扬、乐于表现自己、热爱人际交往、推崇民主平等、向往美好未来是当代大学生心理发展的基本特征。学习与心理健康主要关系表现在，学习对心理健康起促进作用，心理健康也会影响学习的效率和效果，二者相互促进、相互影响。

（一）学习对心理健康的促进作用

学习是从自然人到社会人转变的必经之路，每一个人的成长、成熟都离不开学习，学生的第一任务是在教师的指导下尽快掌握前人几十年、几百年来总结、积累的经验和知识，学习可以促进学生的心理健康和心理发展，主要表现在以下几个方面。

1. 学习可以开发人的智力，提升潜能

人的智力是与生俱来的，但潜能的开发离不开教育和学习，人的智力在学习中不断发展和提高。大学生的观察力、注意力、记忆力、抽象思维和想象能力只有在实际的学习应用中才能不断得到开发、利用和提高。一个人的智力再高，如果不学习，智力也得不到开发，一定的智力水平是心理健康的基础，智力的发展程度也反映了心理健康的水平。

2. 学习能带来满足和成就感

同学们刚刚度过高三生活，都经历了艰苦的学习过程，学习活动需要勤奋、努力和付出，善于学习、勤于工作的人，总是可以在其中体会到幸福、快乐和满足。学习使自己充实和发展，通过努力学习，获得一定的成绩，得到老师和同学的认可，这种学习活动是非常快乐和愉悦的人生体验。

3. 学习促使心理健康水平不断提高

同学们通过学习活动能纠正错误的认知观念，形成正确的世界观、价值观和人生观，培养健全的人格，提高适应能力。学习活动也有助于同学们学会人与人之间的交流、合作，建立和谐的人际关系。心理健康不是一蹴而就的，需要不断地学习和实践，只有不断加强学习，才能提高自己的心理健康水平。

（二）心理健康对学习的影响

学习是一种非常复杂的心理现象，不仅与感知、注意、记忆、思维、想象等认知过程直接相联系，还涉及人的学习动机、情绪、态度和意志等各种非智力因素。简单地将学习与智力画等号是不妥的，智力好、智商高在很多情况下与学习成绩不成正比，反之，也不能以学习的好坏来推测人智力、智商的高低。在众多非智力因素当中，心理健康状况对学习的影响是非常重要和显而易见的。在对国内某高校在校大学生心理健康与学习的关系研究中发现，大学生逐渐成为心理问题的高发人群，心理健康问题发生率逐年上升；抑郁是大学生常见的心理情绪症状之一，心理健康的学生学习成绩优秀的比例明显高于心理不健康学生成绩优秀比例，良好的心理状况有利于学生学习成绩的提高。

（三）影响学习的心理因素

目前国内学者普遍将影响学习成绩的因素分为两方面：一方面是外在因素，如家庭环境、社会环境等；另一方面是内在因素，即个体的心理状态，如智力、学习动机、个性、情绪等。内在因素分为智力和非智力因素两个方面，对学生学习成绩的影响起决定性作用。

1. 智力因素

影响学习成绩的智力因素可以简单地理解为智商，智商反映了个体获取知识、保持知识、理解概念、抽象思维和解决问题的能力，这些能力往往是由先天的生理、遗传条件决定的。学习成绩与智商呈正相关，即在其他变量固定不变的情况下，智商越高的人学习成绩往往越好。但是，我们也应该看到，智力因素对学习的影响并不是点对点的单一对应关系，智力因素的影响不是孤立存在的，而是与其他因素共同作用。目前，考察智力最常见的方法就是智力测验，其测试过程同样受到测验者的情绪、性格、躯体健康状态等非智力因素的影响。

2. 非智力因素

非智力因素狭义上主要包括学习动机、学习兴趣、个性、情感以及个人意志等。近年来，国内外研究的热点主要集中于个性、动机、情绪和自我观念等方面，并认为非智力因素主要围绕着个性而展开。非智力因素对学生学习成绩的作用比较复杂，具有正向和负向双重作用。

在非智力因素当中，对学习影响作用最为明显的是学习动机。学习动机是促进学生进行学习活动的动因，对学习起着定向和趋动作用，是学习过程的核心。学习动机可分为外在动机和内在动机，内在动机所引发的是学习者所追求的目的，是心理控制源驱动最重要、最稳定的部分。良好的学习动机能够激发学生的学习兴趣，使其保持旺盛的学习热情，在学习活动中表现出极大的韧性和毅力，有利于学习的进步。当个体智力或个性处于相对低水平时，加强学习动机可使学习成绩达到较理想的水平。但学习动机也不能无限加强。心理学著名的耶克斯—多德森定律告诉我们，学习动机强度与学习效果之间可以用倒"U"形描述，即中等强度的动机水平有利于学习效果的提高，而动机过弱或过强都会对学习效果产生不利影响。在一定的条件下，良好的学习动机对学习成绩的影响超过了智力因素。

心灵拓展

"最近发展区"理论

维果茨基，苏联心理科学的奠基人，社会文化理论的创始人，对整个心理学界产生影响，被誉为"心理学界的莫扎特"。19世纪30年代，他提出了自己独特的教学发展观——"最近发展区"理论。该理论认为，学生的发展有两种水平：一种是学生的现有水平，指独立活动时所能达到的解决问题的水平；另一种是学生可能的发展水平，也就是通过教学所获得的潜力，两者之间的差异就是最近发展区。

维果茨基的"最近发展区"理论，主要是就智力而言的，其实在个体心理发展的各个方面都存在着"最近发展区"，儿童具有某种天生的能力，例如感知觉、不随意注意、形象记忆等，这些能力是个体消极适应自然的心理能力，被称为低级心理机能。在儿童与成人或更为成熟的同伴交往中，这些基本的心理机能发展为更高级的、复杂的认知功能，如观察（有目的的感知）、随意注意、词的逻辑记忆、抽象思维等，称之为高级心理机能。他强调社会文化以及社会交往在儿童高级心理机能发展中的重要作用。

"最近发展区"理论给我们提供了一条理解个体发展的途径：个体的发展主要是通过与更成熟或更有经验的同伴的社会交往而获得的。维果茨基说："如果儿童在最近发展区接受新的学习，其发展会更有成果。在这个区内，如能得到成人帮助，儿童将比较容易吸收单靠自己无法吸收的东西。"

第二节 学习的动机

一、动机与需要

有时候人们会立即完成任务，特别是当这项任务能使他们更接近某些期望的目标时，例如，准备新年晚会现场布置的材料。有时候人们对任务会拖延甚至会制造借口不完成，浪费宝贵的时间，特别是面对那些自己不愿意做但又是他们"应该"做的事情，例如，不喜欢英语的琪琪为了考试而复习时就会很拖延。影响你面对任务或坚持、或放弃、或拖延的背后的力量，就是动机，动机是一种激发、引导、维持并使行为指向特定目的的力量。

（一）动机有强弱之分

不同人的动机有强弱之分，同一个人的动机也有强弱之分，例如，中文系的琪琪在中文学习中很愿意思考和阅读，甚至在戏剧社里也主动运用所学，给台词添彩，而对看似简单的背英语单词则能拖则拖。这其中蕴含着什么样的规律？

动机过高或过低都会使活动效率下降，中等强度的动机才最有利于问题的解决。任务的难易程度不同，动机的最佳水平也会变化。对于一个简单的任务，如打字，需要较高的动机水平；对于较复杂的任务，如考大学，那么较低的动机水平更为有利。这也被称作耶克斯—多德森定律，如图6-1所示。

在生活中，很多大学生并没有按照这个定律行事。对待背单词这件较简单的事情，很多大学生会一拖再拖，用较低的动机来应对；而面对应聘这样的复杂任务，却暗示自己一定要成功，结果焦虑不堪，难以发挥出应有的水准。这就是为什么有时候陪同面试的大学生获得了这份工作，而志在必得的大学生却失之交臂。

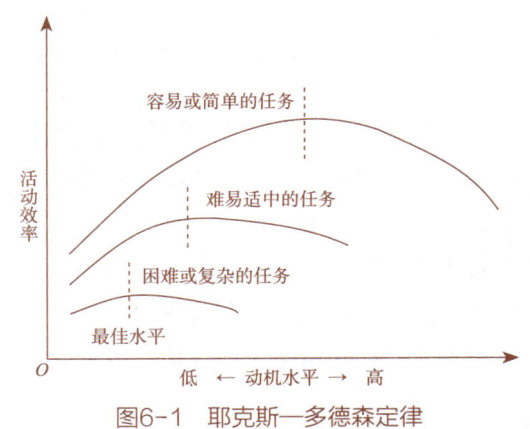

图6-1 耶克斯—多德森定律

耶克斯—多德森定律只告诉人们一个结论，可是为什么会这样呢？

（二）动机有内在、外在之分

大多数同学学英语关注的是学习带来的外部结果，即外在动机，而琪琪喜欢中文则是由中文本身的意义和价值引起的内在动机。具有内在动机的人能够独立、自主和积极地参与自己喜欢的事情，具有好奇心，喜欢挑战新事物，能够坚持不懈地努力，忍受挫折与失败。具有外在动机的人只为了达到外在目的，一旦达到目的，动机就会下降，如果失败则会一蹶不振。

发现学习的外在动机不是难事，而真正推动大学生持续投入地学习的因素恰恰是珍贵的内在动机。那么外在动机能转化为内在动机吗？恐怕不能，实际上它们是两个独立的连续体，但是外在动机会对内在动机产生影响。举这样一个故事为例。

一群孩子在一位老人家门前嬉闹，非常吵。几天过去，老人难以忍受。于是他出来给每个孩子25美分，对他们说："你们让这里变得热闹，我觉得自己也年轻了，我准备了这些钱表示感谢。"孩子们很高兴，第二天还来，一如既往地嬉闹。老人再次出来，给了每个孩子15美分。他解释说，自己没有收入，只能少给一点。15美分也还可以，孩子仍然兴高采烈地走了。第三天老人只肯给每个孩子5美分。孩子们勃然大怒："一天才5美分，知不知道我们多辛苦！"他们向老人发誓，再也不陪他玩了。

老人阻止孩子嬉闹的方法很有效，他将孩子们的内在动机"为自己快乐而玩"变成了外在动机"为得到美元而玩"，他操纵了美元这个外部因素，也就操纵了孩子们的行为。外部力量的控制会降低个人的自信心和控制感，哪怕外部力量是奖励。生活中很多同学为了奖励和惩罚而去学习、做事，却失去了本来的好奇心和学习的快乐。当然外在动机也不是没有积极意义，结合耶克斯—多德森定律，个人在简单的事情上能保持高动机，多半是外在动机发挥的作用。

（三）对成就的追求有高低之分

成就动机，指希望尽可能独立并成功地完成或掌握一些非常困难或极具挑战性事情的动力，其包含两大要素：追求成功和避免失败。在做事情的时候，人们既会受内心渴望的驱使，又会评估成功的可能性，同时考虑成功后能获得的奖励（可能是物质的奖励，也可能是精神上的奖励）。成就动机高的人制定的目标会难度适中、比较实际，能提高成功的概率。成就动机低的人制定的目标要么要求很低，要么几乎没有成功的可能。趋向成功和避免失败的两两组合，就形成了成就动机的4种类型（表6-1）。

表6-1 成就动机类型

类型	表现
高驱高避	设置目标过高，过度努力，害怕失败，焦虑恐惧 例如《三傻大闹宝莱坞》里的拉朱，因为肩负改变家族命运的使命，进入最好的工程院校后很恐惧每一次失败，求助于神明保佑
高驱低避	自我效能感高，成功定向，失败了反而会想办法 例如《当幸福来敲门》里的克里斯·加德纳，生计的困苦并没有打倒他，他继续追求自己的理想，努力发挥所长，最终获得成功

续表

类型	表现
低驱高避	设置目标过低,极力避免失败 例如琪琪的舍友华月,对诗歌文学很感兴趣,但在课堂上总害怕发言出错,完全避免回答老师上课的提问
低驱低避	放弃努力,认定自己是个失败者 例如《三傻大闹宝莱坞》里的乔伊,在被退学的时候,他在墙上写下了"我放弃",不再坚持研究

主动把自己感兴趣的内容和必须学的专业内容相结合的同学,成就动机更偏向于高驱低避型。他们在面对挫折时主动思考,设置合理的目标,成功的可能性就更大。其他3种类型则偏向于避免失败,或者害怕恐惧,或者失去继续努力的动力和信心。其实成就动机的大小,除了和每个人独特的成就需要相关,还和环境结果以及对自己的自信程度相关。一个人在追求目标的过程中可能经历4种类型状态,最初可能努力实现目标,但是在实现的过程中遇到挫折,特别是挫折连续发生时,就开始怀疑自己,修改自己的目标,或者自我放弃。个人能否维持在高驱低避类型的状态下,最重要的是保持对自己的信任和尊重,努力调整,寻找新的目标机会。

二、学习的兴趣

兴趣对人们来说是最基本的动力,人们每天的行为都会受到兴趣的影响,兴趣中蕴含着巨大的潜力。曾经有老师在课堂上对"你对什么感兴趣"做过很多次调查,大学生一般会回答"我喜欢听音乐""我喜欢看电视""我喜欢打羽毛球""我喜欢旅游""我喜欢打游戏"等,很少听到有大学生回答"我喜欢学习""我喜欢我的专业"。很多大学生对每天接触的、日后很可能作为职业的专业学习没有表现出强烈的兴趣,甚至认为兴趣都是学习之外的爱好。

人们成长在"专注学习,少花时间在没用的东西上"的氛围里,很少有人真正享受学习新知识、掌握和创造新观点所带来的兴奋,对学习本来的兴趣,学习的内在动机被外在成绩绝对削弱了,同时削弱的还有人们的爱好。有一些大学生只关注学习或者成绩,连在业余爱好中发展兴趣的机会也被剥夺了,他对兴趣的回答只能是"我对什么都不感兴趣"。

不过所有的成功人士都认为,只有将兴趣变为做事业的激情,才能享受创造的快乐。例如,乔布斯因为对电子技术的狂热,才有了现在的苹果产品。在某个电视求职节目中,喜欢公交车的大学生刘辰的经历让很多人惊叹,刘辰坚持自己的兴趣,把兴趣和职业规划相结合,既获得了职场的肯定,得到了旅游体验师的职位,又获得了心理的满足。

究竟如何才能寻找到兴趣所在呢?其实兴趣就蕴藏在人们的生活中,大家在做让自己感兴趣的事情时会由衷地感到愉悦。

（一）兴趣需要实践

一个人只有真正试过才能真正了解自己的兴趣所在。没有人能够拍脑袋找到让自己永葆热情的专业，就算有一些想法也只能是"叶公好龙"。如果你还没有找到上面有关真正兴趣的答案，那就要给自己机会去接触更多的选择。

（二）兴趣需要专注

在从事某项活动时，人们往往因为不够专注而体验了失败，其实如果尽可能投入其中往往能获得较大的成就感，也容易发现兴趣。

（三）兴趣需要重新发现

如果手边的任务不能刺激你，你至少还应该关注一下它能给你带来乐趣的部分。如果你对某门课程非常不感兴趣，总是拒绝接触它那就太遗憾了，如果你能把注意力放在能够激发自己兴趣的部分就会发现它的乐趣，比如寻找老师讲的内容与自己兴趣的联系等。

总之，当人们放下对某事的成见，投入地做事情时，就更容易觉察到自己的兴趣和做这件事的乐趣。无趣的状况往往是个人早早地决定了不再努力时产生的。除此之外，人们需要尽量寻找自己对做事本身的兴趣，如果关注点总在别人的评价上，往往会阻碍自己进行更多的探索。

三、学习的困惑与应对

大学学习是大学生活中的重要组成部分，在了解了学习的内在动力之后，相信大家一定想好好调整自己的学习状态，接下来一起来面对实际学习过程中的困惑和压力，看看如何与"学习"和平相处。一般来说，大学生和学习容易产生3个层面的矛盾，如果我们能换一个视角，重新理解矛盾背后的深意，可能会有不同的解读和感悟。

（一）焦虑与自责

恰如为了英语考试而焦虑复习，却没有完成计划而自责的琪琪，大学生很容易在学习中产生焦虑和自责。特别是考试时的高度焦虑，经常会让大脑一片空白，表现得更糟糕。有些大学生想要消除焦虑反而更紧张，更疲惫。既然难以消除焦虑，那么焦虑的存在有没有积极意义呢？其实焦虑和自责都是一种提醒，背后有个人对自己学习的期待和关心，这其实表达了一种良好的意图，完全没有焦虑的生活是乏味的，完全没有自责的人生是危险的，其实个人是"决定"通过焦虑和自责让自己更努力。想到这里，是不是你对学习的焦虑也有所减轻了呢？

（二）拖延或逃避

我们在目标实施过程中会遇到不可避免的挫折，进而会对挫折愤怒，可能会出现第2个层面的问题——拖延或者逃避。拖延或者逃避并不能解决问题，有时只是可以缓解情绪。适当的拖延或者逃避之后，还是要寻找克服挫折的办法。

（三）习得性无助

如果学习表现持续不佳，挫折连续出现，人们就非常容易变得失望和抑郁，出现第3个层面的问题，由习得性无助引起的自我放弃。

一个人遭受的打击过多，出于自我保护，可能会觉得自己注定学不好，甚至会觉得自己是个一文不值的人。当一个人对某个方面出现习得性无助的时候，如果能从其他积极的方面重新找到自己的位置，或许能突围出来，重新树立自信，而一味地自我否定，可能会抑郁，甚至伤害自己。

大学生在努力学习和成就自我的路上，面对不同层级的学习困惑，如何才能提高自己的抵御挫折的能力呢？首先，要知道自己真正想要什么，寻找真正感兴趣和重要的事情，这样在做事情的时候才能更专注；其次，把学习的目的调整成为个人成长而学习，把关注点放在掌握知识上，而不是证明自己上；最后，也是最重要的，就是放弃完美主义，允许失败，给自己更多的接纳和欣赏。

四、与拖延症做朋友

人类正是因为拥有理性，才和动物区分开来的，但实际上，人类存在很多非理性的行为，拖延就是典型的非理性行为。图6-2形象地描述了大学生在拖延过程中的心路历程：拿到任务并不是立即着手做，而是先做很多无关的事情，然后进入恐慌区，接着是哭着在最后期限到来之前把事情做完，结束后捶胸顿足地警告自己下次不能再拖延了。

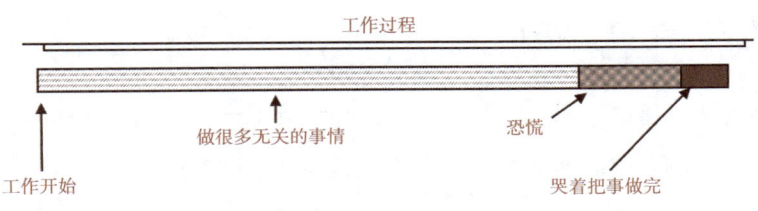

图6-2 工作拖延时间发展示意图

（一）拖延的生理机制

完成每一项作业和计划就像完成游戏中的进度条。设置合理的目标、及时开始、努力坚持都是在填充进度条，但是在执行的过程中，却存在各种诱惑，稍不注意就容易分心，拖慢进度条。本来该是调节完成目标的放松行为，反而让人们拖延完成任务。那么放松为什么有那么大的吸引力，人们为什么愿意为了眼前的小诱惑而放弃本来完美的计划和长远的收获呢？

1. 奖励承诺系统和多巴胺

现代神经科学家在人的大脑中发现了奖励承诺系统，每当大脑的这个区域受到刺激的时候，就会释放多巴胺，促使人们产生期待："再来一次！这会让你感觉良好！""多巴胺"这种神经递质，具有强大的魔力，很容易让人们沉迷于一些诱惑，欲罢不能。当人们知道用手机上网就可能收到新消息，下一个视频有可能会让自己捧腹大笑时，就会不停地点击，忘了还有进度条这回事。

2. 锻炼自控力

人们总希望通过一些方式来帮助自己抵御诱惑，你都用过什么方式呢？例如，切断网络、卸载游戏、远离寝室等，这些都是自控力在发挥作用。自控力其实是一种帮助我们在面对诱惑时稳定心率，三思而后行的能力。但自控力要抵御的不是外在的诱惑而是内心的冲突。

自控力其实更像是一种身体生理指标，而不是人格因素，而且几乎每个人都拥有自控力。心理学家对孩子进行的棉花糖实验发现，当四五岁的时候，人们就拥有延迟满足，以期获得更大的长期收获的能力。但是自控力对大脑来说是一项非常耗能的工作，当大脑感到能量不够时，总是倾向于在完全失去能量之前关掉自控力而保存实力。人们提高自控力就是要训练自己相信"我还有实力"。长跑运动员都知道当第一次疲惫来临的时候并不是真的疲惫，而撑过这次疲劳之后还能获得新的进步。运动是锻炼自控力最好的方法，一项研究发现，改善心情、缓解压力最有效的锻炼是每次5分钟，而不是每次几小时，任何能让你离开椅子5分钟的活动都能提高你的自控力。充足的睡眠也能起到类似的效果。在执行进度条的过程中，极佳的方式不是过完全隔离诱惑的生活，而是努力保持身心愉快的生活，加强运动。

（二）拖延背后的原因

拖延对很多人来说就是一场噩梦，让人们痛恨又无奈，品尝"明明给自己制订好的计划总是不能完成"的苦涩滋味。然而人们为什么会拖延呢？原因主要有以下几个方面，如表6-2所示。

拖延作为一种习惯，改变起来并不容易，你肯定有过下定决心绝不拖延却失败的经历。尝试一下改变两手自然交叉的方式，就能深切体会到改变习惯的困难。拖延确实给人

表6-2 拖延背后的原因

拖延的原因	举例
觉得完成任务的过程没意思	背单词
问题太难了	做高等数学题
觉得完成这个任务没价值	洗衣服
害怕别人对自己做的工作给予消极的评价	写论文
对完成后结果的恐惧，或者还有更多任务需要做	写作
避免被控制	同学为了让我帮他去图书馆占座而约我去学习，我迟迟没有回应同学的邀约
追求最后期限来临前的兴奋和刺激	晚起床，最后一分钟赶上公交车
完美主义	不断修改自己的设计方案
压力过大	精力耗尽了，再也不想努力了
社交需要	同学都拖延，我不拖延没朋友

们带来了麻烦，很多人把它当作影响自己追求心中梦想和目标的罪魁祸首，更重要的是让人们对自己做出消极的评价。

真正改变拖延，就是认真计算你的拖延成本，真正从心里认识到拖延的代价。接下来就是行动，很多人认为行动前必须先改变态度，其实真正迈出改变的第一步不是改变态度，而是改变行动，做出行动的同时，态度也就跟着改变了。

（三）结构化拖延法

斯坦福大学的哲学教授约翰·佩里根据自己多年来的拖延经历提出了"结构化拖延法"，他认为"拖延者完全可以利用拖着不干正事的心态，完成很多有意思且有意义的事情，从拖延者直接变身高效能人士"。

（1）拖延的人并不是一无是处。如果不相信，可以想想自己在拖延这件事的时候是不是完成了很多其他事情？比如喂鱼，比如把好久没有收拾的宿舍好好打扫了一下……

（2）把你必须完成的任务按照重要性和紧急性排序，列一个清单，当然是最紧急、最重要的事情排在最前头，然后把一些很重要的事情排在后面。

（3）最关键的一条，为了避免完成清单最上方的任务，开始完成后边的任务。

（4）直到下一个更紧急、更重要的任务登上最上方，个人就可以拖着新任务，完成原来的重要任务了。这样执行任务的方式，使人们会时常感觉到最后期限的紧迫感。

"结构化拖延法"，看似是一种阿Q的精神，却暗示着一种主动建构的价值观，帮助人们换个视角看当下的问题，同时也契合了有关拖延的最新研究：拖延不是时间不够用，而是因为焦虑导致大脑中解决问题的带宽不够，心力不足。或许人们最该解决的不是拖延的行为，而是因拖延带来的沮丧和自我否定，解决了这些情绪因素，就为开始行动提供了足够的带宽。

第三节 学习的策略

一、学习的风格

人们擅长学什么以及适合的学习方法并不相同。从生理上看,有人喜欢在音乐背景下写作业,有人则喜欢安静的环境;有人上午的学习效率高,有人则在夜深人静时才能集中精神;有人擅长用左半脑进行推理和思考,有人则擅长用右半脑进行直觉思考。学习者在完成学习任务时表现出的连贯、典型、独具个人特色的学习策略和学习倾向就是学习风格。

在不同学习风格的背后,起决定作用的是人的智能类型。哈佛大学教育学教授霍华德·加德纳基于解决问题的不同方式提出了多元智能理论(图6-3),他把人的智能分为8种,分别是语词智能、自然智能、内省智能、人际智能、身体动觉智能、音乐智能、视觉空间智能和数学—逻辑智能。不同的智能类型匹配不同的学习方式,都可能达到相当的成就。没有人能够学会一切知识,更有效的成功之道是选择适宜自己的学习方式,在自己擅长和喜欢的智能领域学习研究。

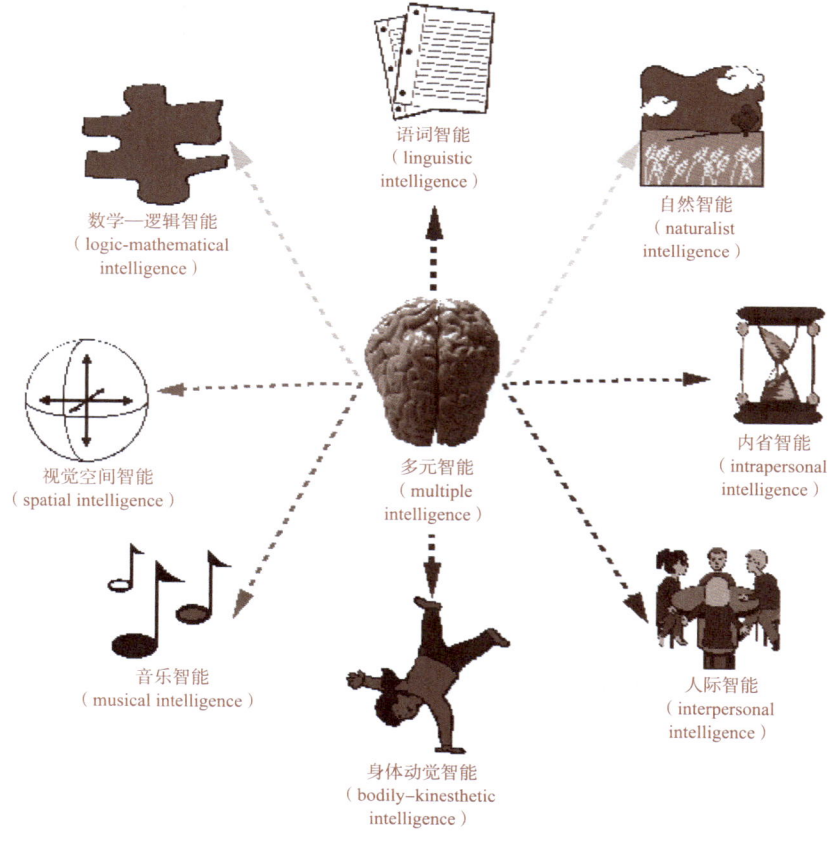

图6-3 多元智能理论

表6-3具体给出了多元智能理论的特点及学习方式建议。

表6-3 多元智能理论的特点及学习方式建议

多元智能类型	特点及学习方式建议
语词智能	有很好的听觉能力，喜欢阅读、写作，对名称、时间、地点的记忆好，喜欢讲故事。用听说的学习方式效果最好
数学—逻辑智能	喜欢研究图形和关系，喜欢完成有一连串指令的工作。把知识分类，利用抽象思维找到一般规律的学习方式，效果最好
视觉空间智能	喜欢通过阅读、看录像和观察的方法学习，喜欢形象思考。阅读课堂讲义，特别是做图、表的学习方式，效果最好
音乐智能	对声音很敏感，学习和读书的时候也喜欢听音乐，喜欢声调和节拍。通过优美的音乐旋律学习，效果最好
身体动觉智能	对事件能够做出恰当的身体反应，善于利用身体语言来表达自己的思想和情感。适合身体操作、协调的学习方式
人际智能	喜欢生活在人群中。叙述、分享和合作的学习方式，效果最好
内省智能	喜欢独处，能意识到自己的优缺点和各种感觉，有创造性思维，喜欢反思。独立的学习方式，效果好
自然智能	对自然界和环境变化具有敏锐的观察力。通过自己直接观察和体验的学习方式，效果最好

看看你是哪种学习方式？基于多元智能的学习方式没有好坏之分，它充分考虑了每个人的生理和心理潜能，每个人身上都具备这些倾向，你可能会喜欢或者习惯采用某种或某几种学习方式。大学生可以发现并归纳自己的学习方式，发挥所长，通过整合一些细节使自己达到最佳的学习效果。

二、改变对待学习的思维方式

（一）成长型思维Vs.固定型思维

教育心理学家德韦克发现人们在看待能力、智力、创造力等个人特质时，会表现出两种截然不同的思维模式，而且这两种思维模式通常是内隐的，她把这种思维模式称为心理模式。其中一种是成长型，人们相信自己的能力和智力是可以改变，能够成长的；另一种是固定型，人们相信自己的能力和智力是固定不变的，两者在很多方面有完全不同的想法和表现（表6-4）。

表6-4 固定型和成长型两种思维模式的比较

比较方面	固定型	成长型
相信	能力、智力是固定不变的	能力、智力是可以提高的
遇到挑战时	倾向于避免挑战	倾向于迎接挑战
遇到阻碍时	自我保护或者轻易放弃	面对挫折，坚持不懈
对努力的看法	认为努力是不会有结果的，而且越努力说明能力越差	认为熟能生巧
对批评的看法	尽力避免，忽视批评中有用的反馈	态度更中性，愿意从中学习
看到他人成功	觉得他人的成功是一种威胁	从中获得新知和灵感
结果	很早就停滞不前，无法取得原本有潜力的成就	他们能取得很高的成就

你的心理模式是哪种类型呢？其实，很多人从小就被训练成固定型的思维模式，比如常被灌输"你不够聪明""智商是天生的""你只能学文科"等想法，这些人长大后要么努力证明自己，要么为了避免失败而只做自己擅长的事情。具有成长型思维的人，则更愿意接受新的挑战，面对挫折更努力。

德韦克对一些初中生进行了一项长达两年的追踪研究，发现在起始数学成绩相同的情况下，持成长型思维模式的学生只需要一个学期的时间，数学成绩就显著领先于持固定型思维模式的学生，他们在面对困难任务时，更多地表现出韧性，且两者之间的差距呈持续扩大的趋势。

尽管两种思维模式的差异是显著的，但是这种差异本身也不是一成不变的，让自己的心理模式发生改变的前提，就是挑战自己固定型的思维模式，学习成长型思维模式。

（二）学习重要的知识有难度

很多同学对学习的期待就是如何让枯燥乏味的专业学习变得轻松有趣。可是，几乎所有重要知识的学习，都有一定的难度，轻松的学习往往也是无效的学习。认知心理学研究发现，人们在学习一个新概念的时候，花费越多的心思，越愿意尝试去用自己的话语重新演绎它，或者尝试理解这个概念在不同语境下的不同意义，就越能牢固地掌握这个概念。这背后的依据是长时记忆的工作原理：所有存储在长时记忆中的信息都是放射性且相互联系地存储的，提起一点往往能想起一串。这就是我们容易记住故事而不是随机的单词的原因。

此外，学习也与神经传递可塑性原理有关，大脑的学习过程就像架桥，在两座山峰之间铺设第一根连线的时候最困难，但是只要两座山峰之间有了连线，铺设好了桥梁，后续的信息传递就变得越来越容易。当你在学习过程中遇到了挫折时,恰恰是你在努力的标志,并不代表着失败。面对挫折继续努力,你会积累更多的专业知识。只有让学到的知识与技能在头脑中随时待命,你才能在以后遇到问题时,思路清晰,并抓住解决问题的机会。心理学家发现,知识或技能越容易被提取到,就越不容易被记住,相反,你在检索知识时花费的努力越多,就越能深化记忆。人只有在专注、努力的过程中学到的东西才会变得更有可塑性。

心灵拓展

大脑神经可塑性

直到20世纪60年代,研究人员一直都认为大脑的变化只会发生在婴幼儿阶段,但是之后的很多研究打破了这种认知,后天环境中的学习和训练可以深刻地改变人们的认知、情感和运动等方面的能力,因为大脑有很强的可塑性。大脑神经可塑性是指神经元细胞之间连接、生成和修改的能力是可塑造的。大脑神经可塑性遵循的原则为"用进废退",当人们学习新知识时,信息在大脑内部神经元细胞之间的传递速度是非常缓慢的,但是随着信息通过的次数越来越多,神经传递速度也越来越快。经常传递的神经通路之间会生成一种物质,叫作髓鞘,它能使兴奋神经的传递速度加快,并保证其定向传导,那些不用的神经通路则开始萎缩,停止增长。这种因学习带来的大脑变化不是短暂的、表面的变化,而是生理结构水平上持久的变化。

三、有效的学习策略

琪琪在刷了1小时微博之后终于下定决心关掉手机,开始专心背单词,可是背单词太枯燥了,而且背得快忘得也快,还没背完一篇,发现中间的几个单词已经忘了。有什么办法能帮助她吗?

毫无疑问,方法和策略在学习中的地位很重要。学习策略指学习者为了提高学习的效果和效率,有目的、有意识地制定有关学习过程的复杂方案。说到底,学习是让大脑学会知识和技能,怎么知道大脑学会了这些呢?就是再次见到能认识——再认;换个地方能应用——迁移。这都与大脑的重要功能——记忆相关。大学生了解了记忆和学习的特点,采用适当的学习策略就能事半功倍。

(一)检索学习

所有信息进入大脑都需要先经过筛选登记,没有登记的信息很快被遗忘。很多人的首要学习方式就是反复阅读,反复的次数很多,甚至产生"我已经对这个知识很熟悉"的错觉，一到考试的时候却发现自己记得并不牢靠。有效的学习策略就是检索学习，也就是说努力从你的记忆中检索相关的知识和技能，进行自我测验，而不只是机械阅读记忆。检验可以帮助大家判断自己学到了什么，所以考试并不是洪水猛兽，而是帮助大家了解自己学习情况的有效手段。你读书或者研究笔记的时候，请时不时停下来，合上书本问自己以下几个问题，以提高检索学习的效果。

（1）这段的核心概念是什么？
（2）哪些术语或者概念是我没有接触过的？
（3）我可以如何定义它们？
（4）这些概念和我以前的知识有什么联系吗？

（二）间隔学习

到底是花3小时集中学习的效果好，还是每天1小时，连续进行3天的间隔学习的效果好？以下的实验结果为大家做出了解答。

研究者挑选了38名住院外科实习医生进行实验。这些医生要参加4节有关显微镜手术的课程，学习如何把细小的血管重新连接起来。研究者将这些医生平均分成两组，一组医生在一天内就上完了全部4节课；另外一组医生是每周上一次课，每节课之间有一周的间隔时间。所有课程结束后，研究人员对两组医生进行了测试，两组医生测试结果之间的差异非常显著，间隔学习的医生们表现得更好。

间隔学习比集中学习的效果更好，这是因为长期记忆存储信息需要一个巩固的过程，这个过程可能需要数小时，甚至数天。快速频繁地练习，只能产生短时记忆，间隔地学习，虽然会有一些遗忘，但是重新复习、检索所学的过程，会促进知识巩固，强化记忆。你可以利用间隔学习的原则给自己制订一份自测计划，在每个学习阶段之间都留出一段时间间隔，之后再进行自测，寻找那些可能被你遗忘的知识，重新进行检索学习，这会让你记得更牢。

（三）联系学习

在学习过程中尽可能自我提问，加深对所学内容意义的理解，主动与以前所学的知识相互联系都是不错的学习策略。东尼·巴赞创立的思维导图体现了长时记忆存储信息相互联系的特点，从一个思考中心出发，向外散发各种主题节点，充分利用不同的颜色、图像、记号等手段调动左右脑来加深记忆（图6-4）。

除此之外，长时记忆存储信息还有形象化的特点，对于掌握某项技能或者实现某个梦想，视觉化是一个非常重要的学习策略，能够帮助人们克服困难和实现目标。具体来说，你可以在大脑中尽可能详细地想象某个技能，这个想象在大脑中激活的神经通路和实际做的时候一样，多次想象练习后可以达到学习的目的，比如飞行员、运动员进行的模拟训练。大脑其实不能分辨真假，在想象中获得成功并坚持不懈，它会让外部事实与想象近乎一致。

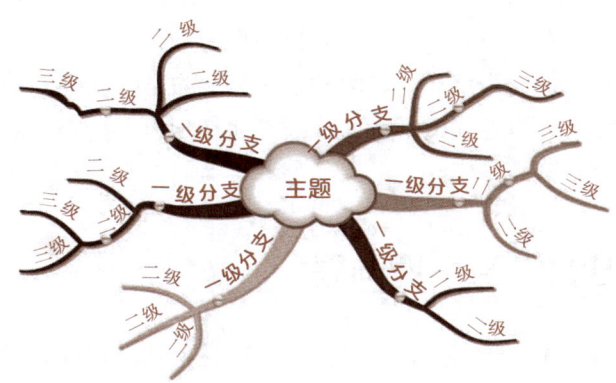

图6-4 思维导图举例

（四）优秀学习习惯列表

优秀学习习惯的养成，需要人们刻意练习，不断反思，付出努力。接下来就是对有效学习策略进行总结，大家可以将自己原来的学习模式与下面的学习策略进行对照，找出自己的薄弱环节，并进行调整。

（1）课前要阅读相关材料。

（2）在阅读材料的时候，给自己出模拟考试题，并尝试作答。

（3）在课上努力回答这些假设性问题，从而验证阅读内容的记忆效果。

（4）复习时找到那些记不清或者不知道的术语，重新学习。

（5）在阅读笔记中抄写重点术语和定义，确保自己能够理解。

（6）做模拟测试题，找出自己学习中漏掉的概念，重点学习。

（7）用自己的方式（可以是思维导图）把课上的信息重新组成一份学习指南。

（8）写出复杂或重要的概念，不时地进行自测。

（9）在整个学习过程中，把复习和练习间隔开。

（10）对于需要创造性学习的内容，不要设限。

第四节 学习中的困扰与调适

学习是智力活动，也是一个复杂的心理活动，大学生学习的过程就是一个不断调整心理机制以不断挖掘自身潜能的过程。人都有一套内在的帮助其达到目标的制导系统，学习亦是如此。大学学习有着很强的目的性、自主性与选择性，学习不仅是大学生未来事业的基础，更是其成长历程的关键。"活到老，学到老"充分说明学习是一个漫长的过程。在这一过程中，人的内心机制无时无刻不在起着支持调节的作用，应当学会从心理上调整个人和现实的关系，用最好的心理状态、最大的心理潜能去学习新的知识，不断发掘自我宝贵的潜能，度过一个充实而有意义的大学时代。然而在现实生活中，由于种种原因，大学生在学习过程中难免会出现心理问题。

一、大学生常见的学习心理问题

学习心理主要是指大学生学习过程中产生的心理现象及其规律等。在日常教学中，我们往往会发现这样一种现象，一些智商高的大学生，学习成绩一般甚至较差；而一些智商一般的大学生，学习成绩却很好。究其原因，就在于大学生是否能适应大学的学习方法以及心理是否健康等。著名的心理学教授陈学诗说："心理健康的学生，成绩优于心理不健康者；心理健康的成人，其工作效率必胜于心理不健康者。"

面对高深广博的学习内容和复杂多样的学习方式，大学学习是繁重而紧张的。大学生在学业上取得完满的成功是对其智力、心理和身体素质的综合考验。在适应大学学习环境的过程中可能会出现各种各样的问题，大多数学生能顺利解决这些问题，经受住严峻的考验，然而也有一部分同学不能正确处理学习问题，于是产生了各种各样的学习心理问题。

（一）学习动机不当

1. 学习动机不当的主要表现

学习动机不当包括学习动机不足和学习动机过强，这两者都会影响大学生的学业自我效能感。学习动机不足的主要表现为：无明确的学习目标，为学习而学习甚至厌倦和逃避学习；学习动机过强的主要表现为：成就动机过强，奖励动机过强，学习强度过大。

2. 学习动机不当的原因

（1）学习动机不足主要是学习动机不正确，社会责任感不强，价值观念不强，学习态度不端正，学习毅力不强，对专业不感兴趣，对自我的学业期望不足，学业自我效能感低。

（2）学习动机过强的原因是个体对学业期望过高，自尊心强，对自己的学习能力缺乏恰当的估计，因而造成学业自我效能感下降，因而心理压力大；渴望学业成功而又担心学业失败，受表面的学业动机的驱使，渴望外在的奖励与肯定，特别是由于学业优秀带来的心理满足使大学生更看重自己的学业优势，因此造成自己的学习强度过大，引起心理疲劳。

（二）学习注意力不集中

注意力是心理活动对一定对象的指向，具有指向性、选择性和集中性。注意力是人类学习的前提，没有注意力，大学生就没有好的学习效果。注意力在大学生学习中具有极其重要的意义。

1. 注意力不集中的主要表现

一是上课不能专心听讲，大脑常常开小差，盯着黑板却心猿意马，自己不能控制思维飘逸；二是易受环境的干扰，教室外的小小动静都能引起注意力的转移，而且长时间不能静心；三是参加活动如体育运动或看一场电影后，久久沉浸在对情节的回忆之中。

2. 大学生注意力不集中的主要原因

一是由于青年时期发展任务多，导致压力与心理冲突加剧，恋爱、性幻想等更容易引发注意力问题；二是生活事件导致心理应激，如重要地位丧失、考试失败、家庭生活发生重大变故、经济困难、评优失败、失恋、宿舍关系失和等造成的思想负担，精力分散；三是学习动机不足，缺少压力与紧迫感。

（三）学习的浮躁心理

学习的浮躁心理体现出个体的心境和情绪上的波动，具体表现为行动盲目、缺乏思考和计划、做学问心神不定、缺乏恒心和毅力、见异思迁、急于求成、不能脚踏实地。

1. 大学生浮躁心理的表现

（1）盲目性。一些大学生在完成学业后选择继续深造，这本来是件好事，然而据统计，参加考研的大学生们有一部分并不是为了将来在自己的专业领域有所建树，而是为了找个高薪舒适的工作。其中还有一部分学生是为了逃避激烈的社会竞争而选择深造，这部分学生大多家庭条件比较优越，父母有能力供应其继续读书。显然，这些学生对学习目标迷茫不清。

现代社会竞争激烈，很多岗位都需要"一专多能"的人才。有些大学生就片面地理解为"一张文凭，多种证书"。在校期间为应付各种证书考试而乐此不疲，这不但干扰了他们在校的正常学习，而且一些证书的"含金量"并不高，也不能代表学生的综合素质水平。盲目的考证现象也反映了当代大学生对前途的担忧及茫然的心态。

（2）急功近利。一些学生在高考过后就没有了明确的学习目标，认为进入大学后考90分和60分一样都能顺利过关，于是就有了混日子的心态。据调查，当前大学生的主要学习动机有找到一份好工作、出人头地、提高自己的修养水平、报答父母、在某方面有所建树等，多涉及个人利益方面的内容。因此，从整体上看，学习动机的功利性、自我性突出，动机内容的质量偏低。这样急功近利的心理状态，就使一些大学生无法真正静心地钻研学问。

（3）见异思迁。在物质飞速发展的今天，很少有人能抗拒金钱的诱惑，有人还公开宣称自己是"物质女孩""拜金男孩"等。大学生亦是如此。不少同学炒股、打工、创业，真正静下心坐冷板凳做学问的人很少。

由于受一些媒体的误导，许多学生热衷于下海创业。学有所成，创造一番事业当然无可厚非，但实际上许多大学生并没有学有所成，仅靠运气和机会就想取得成功是很难的。例如，曾被众多媒体极力宣传的"点子大王"何阳，虽然在社会上引起了很大的反响，但终因其目光短浅、诈骗钱财而锒铛入狱。所以，大学生应努力提高自身的道德修养，在校期间认真做学问，专心致志，这样在创业期间才能多一分成功的把握。如果连最基本的知识能力和道德修养都不具备，谈何创业？

（4）不求甚解。大学的学习具有广博精深的特点，这需要大学生不但能认识事物的表面现象和外部联系，还要进一步对信息加以思考、分析、综合、抽象和概括，从而形成概念。浮躁心理使得个体不能集中注意力，不能深入地理解内容。心理浮躁的个体只满足于浅层的理解，他们在阅读学习材料时只是走马观花，或是"一目十行"。更有一些同学只是为了应付考试，考试过后，脑子里依旧空空如也。对于学习内容的不求甚解是浮躁心理的重要表现。

2. 浮躁心理产生的原因

（1）社会与家庭环境的影响。当今社会是一个高速运行的信息化社会，尤其是随着互联网的快速普及，足不出户就可以了解瞬息万变的社会动态，这为大学生提供了打开眼界的窗口。也正因为如此，许多传统文化也正被现代快餐文化所替代，追求娱乐化与感官化刺激是快餐文化的特点之一，由于很多大学生心理并没有完全成熟，不能客观辩证地对某些文化现象加以认真分析，容易盲目追随潮流，滋长浮躁心理。在社会变迁日新月异的形势下，不少家长的心理也处于矛盾状态，患得患失、心神不安、急功近利，出现急躁的心态，这种心理往往会影响到子女。

（2）意志品质薄弱。在学习中表现为虎头蛇尾，开头干劲十足，但时间长了便无精神，不能长时间地坚持；有的学生则表现为学习兴趣不稳定，朝三暮四；学习缺乏恒心和毅力，遇到困难、碰壁几次就灰心丧气，产生厌学或弃学的消极情绪。

一般而言，影响大学生学习意志的主要因素有两个方面：第一，与大学生对学习目的的认识、对学习过程的了解有关。学习目标越高，意志力就越顽强，如果没有明确的目标和强烈的愿望，就不会有坚强的意志；第二，与学习情感有关。良好的情感是引起行动愿望、克服困难、继续努力的强有力保证。大学生中很多同学是独生子女，父母对孩子百般宠爱。有的父母只知道给孩子灌输知识，更多地关心学习成绩和考试分数，而对其认知能力、个性、意志、心理成熟等方面的培养较少，因而造成有的同学在学习生活中怕苦怕累，做事急躁冒进，缺乏恒心。

（3）情绪兴奋，易于波动。情绪是人对客观事物的态度体验及相应的行为反应，是人的精神活动的主要组成部分。情绪对人的学习活动有着极其重要的作用，对人的行为有着较强的驱动、适应以及提醒作用。适当的情绪兴奋，可使人的身心处于最佳状态，进而有效地完成学习任务。如适当的紧张和焦虑能促进人积极地思考和解决问题，而没有一点紧张或过度紧张则不利于问题的解决。情绪过度兴奋或过度消沉对学习行为具有干扰作用。因而，适度控制和调节自我情绪对大学生学习有着重要的作用。

随着认知水平的提高和知识经验的积累，大学生对自己的情绪已有了很强的控制力。但同成年人相比，大学生处于风华正茂之年，年轻气盛，遇到难题、难事容易急躁冲动，沉不住气。这种情绪波动也会影响大学生的学习心理。

（四）学习的畏难心理

"畏"是恐惧的意思，它是个体企图摆脱、逃避某种情境时产生的情绪体验。"难"是困难的意思，又叫挫折，它是个体从事有目的的活动受到阻碍或干扰，以致其动机不能得到满足时产生的情绪波动和心理防御的过程。

学习的畏难心理是指个体在学习的活动过程中遇到一些阻碍和干扰，使得需要难以满足，于是产生了害怕学习的心理。具体表现为学习上一旦遇到挫折，便选择逃避。

1. 畏难心理的主要表现

（1）逃向"外部世界"。这种情况在大学生中比较常见。有些大学生在学习中受到了挫折，他们往往不从主观上分析原因，而是一改过去刻苦学习的状态，变得对学习漫不经心，得过且过，同时在娱乐和谈朋友上倾注精力。大学生逃避与自己成长和发展关系最直接的学习环境而投入其他活动中去，这可能在某个时候有一定的缓解作用，但不能真正消除内心的紧张，因为紧张的心理会以"潜意识"的方式转入另一现实中。

（2）逃向幻想世界。有些大学生学习不好，考试失败后，幻想克服困难取得好分数进而走上好的工作岗位的愉快情景，这可能使他们鼓起勇气学好功课，但如果不面对现实，一味沉溺于幻想，会使其最终不能适应学习生活。

（3）逃向病患世界。有些学生一到要考试时就会生病。他们不自觉地将心理上的困难转换成身体方面的症状，借以逃脱他人对自己学习不好的责备，维护自我的尊严。

学习上的畏难心理还表现为不愿意与人谈起自己的学习情况、降低自己的学习要求、逃课、见到老师就头疼等。

2. 对学习产生畏难心理的原因

客观原因是大学学习的课程多、难度大、要求高。大学学习无论在内容的深度上还是知识的广度上都是高中所不能相比的。这样的学习任务不可能轻松完成。学习难度的增大，是使大学生产生畏难心理的原因之一。

主观原因包括大学生个体条件和个体认知。一些大学生由于自身的智力条件不佳或学习方法不当，而不能取得好成绩。他们也曾努力过，但是努力的结果并不能给他们带来好的学习成绩，这使他们十分无奈。也有一些大学生之所以产生畏难心理，是由于给自己设立了过高的学习目标。有些大学生好高骛远，他们给自己提出了很高的要求，比如拿特等奖学金、考第一名。然而他们并未充分了解该校大学生的整体水平，也不十分了解奖学金评比的有关规定和要求，主观盲目地给自己制定了过高的目标，其结果当然是实现不了。而失败的结果无疑给他们带来不小的挫折，使他们在学习上产生畏难心理。

（五）学习的焦虑心理

焦虑属于消极、不愉快的情绪，它是一种能减弱人的体力、精力，干扰人的正常活动的情绪体验，会使人烦躁不安，但程度不太强烈。

学习焦虑是指学生由于不能达到预期目标或不能克服障碍，致使自尊心、自信心受挫，或失败感、内疚感增加而形成的一种一般性的不安、担忧和紧张感。

焦虑对学习的影响是一个复杂的过程。一般认为，焦虑程度过强或过弱都会使学习效率下降。焦虑程度与学习效率之间可以用一条抛物线来表示，即随焦虑程度的增加，学习效率也随之提升，超过一定的焦虑程度，学习效率就会随着焦虑程度的增加而降低。就不同情绪而言，平时不容易激动、情绪比较稳定的人学习效率比焦虑程度高者要好。在一般情况下，焦虑情绪低的人可以在有压力时提高学习的效率，而焦虑程度高的人在有压力时学习效率反而会降低。一般来说，较简单的学习可以因有情绪压力而提高效率，而复杂的工作则可能因情绪压力而降低效率。

1. 学习焦虑的主要表现

大学生学习焦虑的主要表现如下：学习压力大，精神长期高度紧张，思维迟钝，记忆力下降，注意力涣散，情绪躁动，寝食不安，郁郁寡欢，面无表情，精神恍惚。考试焦虑是大学生中较为常见的学习焦虑之一。它指的是一种特殊的、由整个考试情景所引起的精神紧张状态，并与在测验情景中焦虑倾向的个别差异有关。如出现恶心、心跳加快、双手冒汗、尿频等身体反应；感到考试是一种威胁，而不是挑战；考试时难以回忆起所学知识，很难将注意力集中于试题上等。

2. 学习焦虑产生的原因

形成学习焦虑的原因主要来自各种压力，其来源可以归纳为如下几个方面。

（1）学习上的不适应。许多大学生习惯了中学时代被动的学习方式，上大学后，对大学里以老师为辅、学生为主的学习方式很不适应。老师讲得不多，大量的书籍、知识需要自己去学习，自学能力不强的同学对于这种学习方式尤感不适。由于学习方法不得要领，成绩下降很快，因此他们对以后的学习生活和前途感到担心、忧虑，陷入焦虑状态之中。

（2）考试焦虑。考试焦虑是由于担心考试失败或渴望取得好分数而产生的忧虑、紧张的心理状态，在大学生中较为常见。这种焦虑情绪常影响学生的临考状态，考试成绩反而不好；而成绩不好又使其担心失败、追求好成绩的心理加重，使得在下次考试时，焦虑加重，陷入恶性循环。

（3）对自我及成就的重新认识。大学生进入大学后，其对自我的评价常受学习成绩和各方面特长的影响。不少同学在中学时是班上甚至学校里的尖子生，到大学后，成绩不突出了，又没有足以让人羡慕的音乐、体育、美术等方面的特长，对自我及成就的评估常陷入两难境地。特别是新生，对自己的成绩很不满意，希望能尽快提高成绩，而一旦学习上遇到困难或成绩提高不快，就很容易陷入一种慢性学习焦虑之中，总感到学习的压力和对现状的不安。

（4）专业学习与兴趣的冲突。有些大学生由于种种原因，所学专业与兴趣不符，在如何处理二者关系时，常有不知所措的感觉。一方面，专业学习不感兴趣但又不能丢弃；另一方面，大量的时间花在兴趣较浓的学科上又影响了专业学习。处于这种左右为难之中的同学常会产生焦虑不安情绪。

（5）性格内向，不擅交往，自我封闭。这也是部分大学生上网成瘾的原因之一。其表现为希望得到重视，但又十分孤独。同时，对朋友和家庭冷淡，亲社会行为少，心境抑郁，缺乏现实的成就动机，欲寻求外界（网络）的认可，害怕被拒绝，自我封闭。心理专家通过对这些大学生做相应的心理评估后发现，他们的自主需要很高，成就需要和表现欲望较高，而变异需要、内省需要很低，顺从需要极低，在现实生活中常以"退避""自责"和"幻想"等不成熟的方式应对困难和挫折。

（六）厌学心理

厌学指学生对学习感到厌倦的心理现象。

1. 大学生厌学心理的表现

大学生厌学心理往往表现为学习缺乏积极性、兴趣低落、求知欲缺乏或学习目标"短视"，学习行为懒散、不愿刻苦学习、纪律松弛、逃学、考试舞弊等。

目前，很多大学生在学习态度上厌倦情绪明显，且波及面广。通过调查，有半数以上的大学生经常感到学习无趣或厌烦学习，而很少产生这些体验的只占1/5左右。在学习行为表现上，厌倦学习过程，但注重"结果"。很多大学生在临近考试时才临时抱佛脚，很多大学生更多地表现出追求形式和结果，并不是真正意义上的对学习感兴趣。当前大学生的学习动机中，自我提高动机成了其主要动机，学习成了获取地位、受到尊重、表现自己等外在利益的手段。自我提高动机被过分激发。这种过分激发，一方面，由于过重的期待压力，容易使大学生产生极重的焦虑，从而厌恶学习；另一方面，还会助长功利主义思想，弱化其对学习的社会价值的认识，有碍正确认识学习的意义，导致丧失对理性精神的追求。

2. 大学生厌学心理产生的原因

（1）客观原因。市场经济作为一柄"双刃剑"，对大学生的消极影响是不可忽视的。

首先，市场经济的等价交换、效益原则，被一些大学生简单地照搬到学习上来，他们把对学习的投入建立在"盈利"的目的之上，学习追求的是功利和短期效应。市场经济所提倡的竞争、优胜劣汰原则，被部分大学生片面地理解为对个人名誉、地位的追求，他们的社会责任感被淡化；伴随着市场经济而派生的拜金主义、享乐主义等，影响了部分大学生，他们崇拜优越、舒适、收入高的生活，热衷于吃喝玩乐，并视之为现代人的生活方式。为了获得这种生活的经济基础，他们将自己的主要心思和精力放到怎样挣钱创收上，学习没有足够的精力，只好对付或应付。时间一长，他们必然会将完成学习任务视作包袱，对学习滋生出厌倦情绪。

大学生们对学习的认识、对学习的态度及一些学习习惯是与基础教育密切相关的。学生的学习目标多为具体的、短期的目标。这就易使学习者缺乏内在的、持续的激励因素，当进入大学后，一下子没有了明确的"应试目标"，也就没有了学习"动力"，这时对学习的厌倦情绪很容易爆发出来。

（2）主观原因。一是一些大学生缺乏远大理想和坚定的信念，过于讲求实际实惠，没有养成认真读书学习的习惯。尽管他们思维活跃、爱思考、易接受新事物，在认识问题时极力以"成熟"者自居，但由于实际水平的限制，常出现走极端、简单化或盲从等现象。这是大学生产生厌学心理的主要原因。

二是大学生身心发展不平衡所引起的矛盾。现今大学生多为应届高中毕业生，年龄不太大，但生理发育较好，已趋于成人。加之自我意识的发展也使得学生想以成人自居，特别是经过了高考这种"千军万马过独木桥"似的竞争，学生自我感觉也良好。由于在基础教育中，不论是学校还是家庭，更多地关心和关注学习成绩与考试分数，而对其认知能力、个性、心理成熟等方面注意较少，因而当前大学生中的一些人，其实际理论知识、文化修养、认知能力及水平等与他们的学习分数并不是完全相符。当他们独立面对具体问题时，特别是面对社会转型时期的一些复杂社会现象及社会问题时，不能客观地、辩证地加以认识和分析，使得他们的认识易被局部的、表面的、眼前的现象影响，滋生追求实惠、急功近利的短期行为，或是不知所措，产生困惑，这些都会降低他们的学习兴趣，滋长厌学情绪。

二、大学生学习心理问题的调适

不良的学习心理会给大学生带来很多困扰和危害，应采取行之有效的调适措施和方法排解这些不良的心理，从而增强自身的学习能力。

（一）学习动机不当的调适

1. 学习动机不足的自我调整

一是正确认识学习的价值与大学的目标，重新规划学业与人生；二是调整心态，以积极的心态对待学习，特别是学习中遇到的挫折与困难，用自身的意志战胜惰性；三是改进学习方法，提高学习效率与学业自我效能感，提高自我价值与社会价值。

2. 学习动机过强的自我调适

一是正确认识自己的潜质，确立恰当的学业目标与学业期望，调整成就动机，与此同时，脚踏实地，循序渐进，不好高骛远；二是转换表面的学习动机为深层学习动机，淡化外在奖励特别是学业成就的诱因，正确对待荣誉与学业成绩；三是端正学习态度，树立远大理想，保持旺盛的学习热情并坚持不懈，便会取得预期效果。

（二）注意力不集中的自我调适

（1）学会注意力转移，遇到生活应激事件与挫折，能够尽快从中解脱出来。
（2）适当强化学习动机，保持适当的学习压力与学习焦虑，并进行积极的自我激励与自我暗示。
（3）养成良好的学习习惯与生活习惯，保持旺盛的精力。
（4）选择理想的学习环境，减少与学习无关的活动，并进行适当的自我监控。

（三）学习上浮躁心理的自我调适

1. 要有长远的学习目标

确立学习目标时要注意两点。一是要扬长避短，充分考虑志向的可行性，要兼顾社会需要和自身特点，这样才会增加成功的概率。很多大学生不结合自身的特点，看到社会上什么行业盈利多，就心血来潮钻研一阵这方面的专业知识。比如，有的同学看到炒股挣钱快，就想做一名炒股高手；当看到IT产业欣欣向荣，又立志做一名网络高手，到最后却一个梦想也没实现。这在很多方面暴露了大学生"短视"的学习心理。学习的原动力更多地来源于认知需要和兴趣。一位著名科学家曾说，如果你搞科研是为了获取诺贝尔奖，那么你可能永远也达不到科学的巅峰。所以，大学生应该结合自身的优势，认准目标，持之以恒，坚持到底。二是立志要专一，志不在多而在恒，要学会坚持。乒乓球女将张怡宁，很早就定下目标超越王楠，成为世界乒坛新的强者。结果，她的长远目标不仅使她在雅典奥运会上超越了王楠，还使自己稳稳夺冠。

2. 重视培养"思而后行"的习惯

习惯是经过反复练习而形成的较为稳定的行为特征。学习习惯是指学生为达到好的学习效果而形成的一种学习上的自动倾向性。为克服学习上的浮躁心理，大学生要注重培养"思而后行"的习惯。在做事之前要做一个理性的思考，我这样做的意义何在？这样做以后会有什么结果？有没有必要花费精力这样做？如果有，应该采取什么样的方法才能达到最好的学习效果？这样做能使大学生学习目的明确、手段具体、胸有成竹，自然就不会产生浮躁心理了。

3. 有针对性地"磨炼"

其实还可以采取一些措施，有针对性地"磨炼"自己的浮躁心理。如练习书法、学习绘画、弹琴、解乱绳结、下棋等，这些活动都有助于培养耐心和韧性。

4. 心理暗示

用自我暗示的方法控制自己的浮躁情绪。在学习中遇到困难时，可以用语言进行自我暗示，鼓励自己克服浮躁心理。如"不要急，急躁会把事情办坏""不要这山望着那山高，这样会一事无成""欲速则不达""坚持到底就是胜利"等。坚持不懈地进行这种心理练习，浮躁的心理就会渐渐有所好转。

5. 培养做事有始有终的习惯

俗话说："天下无难事，只怕有心人。""精诚所至，金石为开。"大学生只要脚踏实地、认认真真地静下心来做事，日积月累，终将胜利到达彼岸。

（四）学习上畏难心理的自我调适

1. 正确认识学习上存在的困难

正确认识学习上存在的困难是解决学习问题的关键，而及时有效地解决问题可以防止畏难心理的产生。大学生学习上的困难大多是由学习方法不当造成的。了解大学学习的性质，探索新的适合的学习方法是克服畏难心理的有效途径。

2. 改变不合理的观念

畏难心理与其说是由困难引起的，还不如说是由个体对这些困难的认知引起的。大学生在学习上的畏难心理，也可能是由大学生认知方面的偏差引起的。

有些大学生把学习上的失败看作是不该发生的，他们认为大学生活应该是愉快的。大学生在高中阶段大都是学习上的佼佼者，到了大学学习成绩突然滑坡，这会使他们对自己的学习能力失去信心，于是开始变得害怕学习了；也有些大学生常常以片面的思维方式来看待事物，简单地以个别事件来断言全部生活，一次考试不尽如人意就认为自己彻底失败，不是读书的料，从而害怕学习；也有些大学生在学习上遇到些小挫折，便把后果想象得很可怕，如将来毕不了业、找不到工作、人生没有前途等。

只有改变不良的认知方式，纠正错误的观念，才能实事求是地评价学习中出现的各种困难，从困难中看到希望。

3. 勇于实践

为了克服学习上的畏难心理，应该主动地投入学习活动中。最大的恐惧就是恐惧本身。当人们害怕学习的时候，反而要去亲近学习。在面对学习困难的时候，可以从一些简单的学习活动开始，有计划、有步骤地展开学习活动，由易到难，最终把握学习活动。

4. 优化个体自身的人格特质

学习上出现畏难心理也与人格特质有关。性情急躁、心胸狭窄、意志薄弱、缺乏自知之明的人更容易在学习上产生畏难心理。为了克服畏难心理，大学生应主动地培养自己良好的人格特质。乐观自信可以使人们鼓起战胜困难的勇气，自强不息可以铺平通往成功的道路。学习的路途是坎坷的，只有坚强不屈、顽强拼搏的人才能走到光辉的尽头。

（五）学习焦虑心理的自我调适

当出现学习焦虑的情况时，应充分发挥自我调适的能力来控制焦虑。具体的做法如下。

1. 进入角色，熟悉生活，提高自身适应能力

在现实生活中，每个人都要随着外界环境的变化不断地调整自己的位置，使自己的需求和发展与社会相一致。这就是说，随着大学环境的变化，要使自己进入"角色"，在新的大学生活中寻找自己的方位，确立最佳位置。此外，培养自信心在大学学习中尤为重要。由于大学是人才云集之处，能人背后有能人，这就不可避免地使学生过去的优势变得不复存在。在现实的变化面前，心理承受能力差的会产生自卑感，甚至失去学习的信心，在这种情况下，必须培养自己的自信心。

2. 正确认识和评价个人能力，确立切合自身实际的学习目标

要正确地认识和评价自己的能力，调整自己的抱负水平和期望目标，使之切合自身和客观现实。进入大学，新的理想目标等待自己去确立，这种新目标的确立要根据大学的学习规律，结合自己的实际，并且要进行新的努力。在目标的确定中应该注意将个人目标与社会责任联系起来，把近期目标与长远目标结合起来。很多同学在大学入校后由于成绩相对下降及其他方面表现得相对不突出，往往产生强烈的自卑感，为此感到焦虑不安。在这种情况下，大学生应该首先认识到造成这一情况并非个人因素的影响。"人外有人，山外有山"，一个人不可能永远第一。只有认识到这一点，才能客观地评价自己和他人，保持平衡、稳定的心态；确立切合自身实际的学习目标，不急不躁，循序渐进，才能学业有成。

3. 培养积极向上的情绪，正确处理学习与其他活动的关系

焦虑本身就是一种消极的情绪体验。因此，积极向上的健康情绪完全可以抑制或消除学习焦虑。一方面，大学生应学会调节、控制自己的消极情绪，积极参加丰富多彩的文体活动，使学习中的焦虑情绪得到缓解和释放，并从中感受快乐的情绪体验；另一方面，大学生也应学会增加自己积极性情绪体验的方法，劳逸结合，经常对学习新知识保持浓厚而新鲜的兴趣，在学习水平不断提高中体会成功的喜悦。

4. 保持适度的自尊心，降低对胜败的敏感度

作为一名大学生，应该有意识地培养和锻炼自己的心理承受力。保持适度的自尊心，做到胜不骄、败不馁，正确对待自己在学习中遇到的困难。只要以坚强的意志勇敢面对学习中的挫折，就会反败为胜，克服焦虑心态。

5. 摸索总结一套适合自己的学习方法，不断提高学习效率

因为大学生智力、心理以及在高中时所处教育环境的不同，在进入大学后，原来在高中名列前茅的同学，很可能会变得成绩平平。在这种情况下，就需加强心理调节，保持情绪愉快和稳定，探索、掌握切合自己特点的学习方法，不断提高学习效率和学习能力。

6. 预防、消除心理疲劳

劳逸结合是预防心理疲劳的重要措施。学习一段时间，应该休息放松片刻；学习之余，多参加一些文体活动，培养广泛的兴趣和爱好；还要保证充足的睡眠时间，养成科学用脑的习惯。

7. 正确对待考试，提高应试技巧

考试只是老师检验学生对所学知识掌握情况的方法，并不能完全反映学生的整体素质。大学生一方面要重视考试，另一方面应以轻松的思想看待考试。考试成绩只是对某一阶段的学习考核，并不能代表全部，尤其是动手能力。大学生可把握一定的应试技巧，做好考前准备，认真复习，有计划、有安排，做到胸有成竹；临考前应保证充足的睡眠，以清醒的头脑和充沛的体力迎接考试；考试时，先易后难，保持大脑的兴奋程度。

（六）大学生厌学心理的自我调适

1. 注重思想道德修养

大学生要不断提高自身修养，树立正确的人生观、价值观。要认识到人的本质不只在于适应现实，更在于超越现实、改造现实，推动社会不断进步。因此，要树立远大的理

想，有对高于现实的理想人格的追求，这是一种更为积极的、适宜的对社会环境的适应。而如果人们的个人价值取向都只注重实惠、指向现实，不仅人类无法向前发展，历史也将只能不断重复。

2. 调整好学习目标

现代科学技术的发展，使得学科间的相互渗透日益普遍。大学生的学习目标应该适应时代的要求，适应科学技术发展的需要。大学生不仅要掌握所学的专业知识，还要勇于探索，涉猎多学科的知识，提高自己的理解力、分析力、思考力、表达力、创造力等。长期以来，我国高等教育对自然科学、社会科学、人文科学方面的基础性教育重视不够，带有极强的专业性和职业性的目标倾向。在科学教育目标上，偏重知识层面，能力培养不够，表现出重理论、轻实践、重知识、轻研究，使得不少课程学习程式化：上课记笔记，考前背笔记，考后就忘记，解决实际问题的能力很差。因此，当代大学生应该加强能力的培养，处理好知识技能与能力发展的关系，通过具体学习过程来学会学习、学会思考、学会创造和学会处理问题等。只有这样，才能从根本上扭转大学生只关心学习分数的现象，充分调动其内在的学习积极性。

> **心灵探索**
>
> #### 你的考试焦虑指数有多高
>
> 测试说明：请根据自己的实际情况回答以下问题。其中，与自己的情况"很符合"计3分，"较符合"计2分，"较不符合"计1分，"很不符合"计0分。
>
> （1）在重要考试的前几天，我就坐立不安了。
> （2）临近考试时，我就拉肚子。
> （3）一想到考试即将来临，身体就会发僵。
> （4）在考试前，我总感到苦恼。
> （5）在考试前，我感到烦躁，脾气变坏。
> （6）在紧张的复习期间，常会想到"这次考试要是得个坏成绩怎么办"。
> （7）越临近考试，我的注意力越难集中。
> （8）一想到马上就要考试了，参加任何文娱活动都感到没劲。
> （9）在考试前，我总预感到这次考试将要考坏。
> （10）在考试前，我常做关于考试的梦。
> （11）到了考试那天，我就不安起来。
> （12）当听到考试的铃声响时，我的心马上紧张得跳起来。
> （13）一到重要的考试，我的脑子就变得比平时迟钝。

（14）考试题目越多、越难，我越感到不安。

（15）在考试中，我的手会变得冰凉。

（16）在考试时，我感到十分紧张。

（17）一遇到很难的考试，我就担心自己会不及格。

（18）在紧张的考试中，我却会想一些与考试无关的事情，注意力集中不起来。

（19）在考试时，我会紧张得将平时背得滚瓜烂熟的知识也忘得一干二净。

（20）在考试中，我会沉浸在空想之中，一时忘了自己在考试。

（21）考试过程中，我想上厕所的次数比平时多些。

（22）考试时，即使不热，我也会浑身出汗。

（23）考试时，我会紧张得手发僵或发抖，写字不流畅。

（24）考试时，我经常会看错题目。

（25）在进行重要的考试时，我的头就会痛起来。

（26）发现剩下的时间来不及做完全部考题时，我会急得手足无措、浑身大汗。

（27）我担心如果考了低分数，家长或老师会严厉指责我。

（28）在考试后，发现自己会的题没有答对时，就十分生自己的气。

（29）有几次在重要的考试之后，我腹泻了。

（30）我对考试十分厌烦。

（31）只要考试不记成绩，我就会喜欢考试。

（32）考试不应当像现在这样在紧张的状态下进行。

评分与分析，各题得分相加为总分。

若得分为0~24分，属于"镇定"。说明你能以较轻松的态度对待考试。若分值很低，说明你对考试太不在乎。

若得分为25~49分，属于"轻度焦虑"。说明你面临考试时有轻度不安，但这是正常的，轻度焦虑会有助于考试成绩的提高。

若得分为50~74分，属于"中度焦虑"。说明你面临考试时心情过于激动，焦虑感过高，难以考出实际水平，并会对身心健康有损害。

若得分为75~96分，属于"重度焦虑"。提示你患有"考试焦虑症"，每逢考试来临便会不由自主地产生莫名其妙的恐惧感，容易"怯场"，会严重影响学习水平的正常发挥，对身心健康很不利。

第七章
大学生人格塑造

情境导入

请仔细阅读如下描述，看看是否与你相似？

你很需要别人喜欢并尊重你。你有自我批判的倾向。你有许多可以成为优势的能力没有发挥出来，同时你也有一些缺点，不过你一般可以克服它们。

你与异性交往有些困难，尽管外表上显得很从容，其实内心焦急不安。你有时怀疑自己所做的决定或所做的事是否正确。

你喜欢生活有些变化，厌恶被人限制。你以自己能独立思考而自豪，别人的建议如果没有充分的证据你不会接受。

你认为在别人面前过于坦率地表露自己是不明智的。你有时外向、亲切、好交际，而有时则内向、谨慎、沉默。你的有些抱负往往很不现实。

怎么样？这段话是否准确地概括了你的人格特质？而我要告诉你的却是——这其实是一顶套在谁头上都合适的帽子。

曾有心理学家在给一些大学生做完明尼苏达多相人格测评量表（MMPI）后，分别拿出两份报告让参加者判断哪一份是自己的。其中一份是参加者的真实测试结果，而另一份就是类似上面这样一段笼统的、几乎适用于任何人的描述。结果，绝大多数大学生竟然都选择了那份虚拟的报告，他们普遍认为这段话将自己刻画得入木三分，更准确地表达了自己的人格特征。这种情况即被称为"巴纳姆效应"。这一效应其实在生活中十分普遍。

思考

人格到底是什么？你了解自己的人格属性吗？怎样对我们的人格做出比较科学的评估？

学习目标

知识目标

1. 理解人格的定义和其在个体生活中的重要性。
2. 掌握人格形成的基本特征和受影响因素，包括家庭、社会环境等。
3. 理解大学生人格与心理健康之间的相互关系，以及人格发展中可能出现的偏差和障碍。
4. 理解大学生常见的人格缺陷和人格障碍，以及相应的调适方法和矫治措施。

能力目标

1. 能够分析和解释大学生人格形成过程中的关键因素和动态变化。
2. 能够识别和评估大学生可能存在的人格偏差和障碍，并提出相应的调适和矫治建议。
3. 能够应用人格塑造和调适的理论知识，指导大学生改进和完善个人的人格特征和行为表现。

素质目标

1. 培养对自身人格发展和他人人格成长的关注和尊重。
2. 提升帮助他人改善人格偏差和障碍的能力和意愿。
3. 增强通过促进积极人格特征和行为习惯来促进社会和谐的责任感和实际行动能力。

思维导图

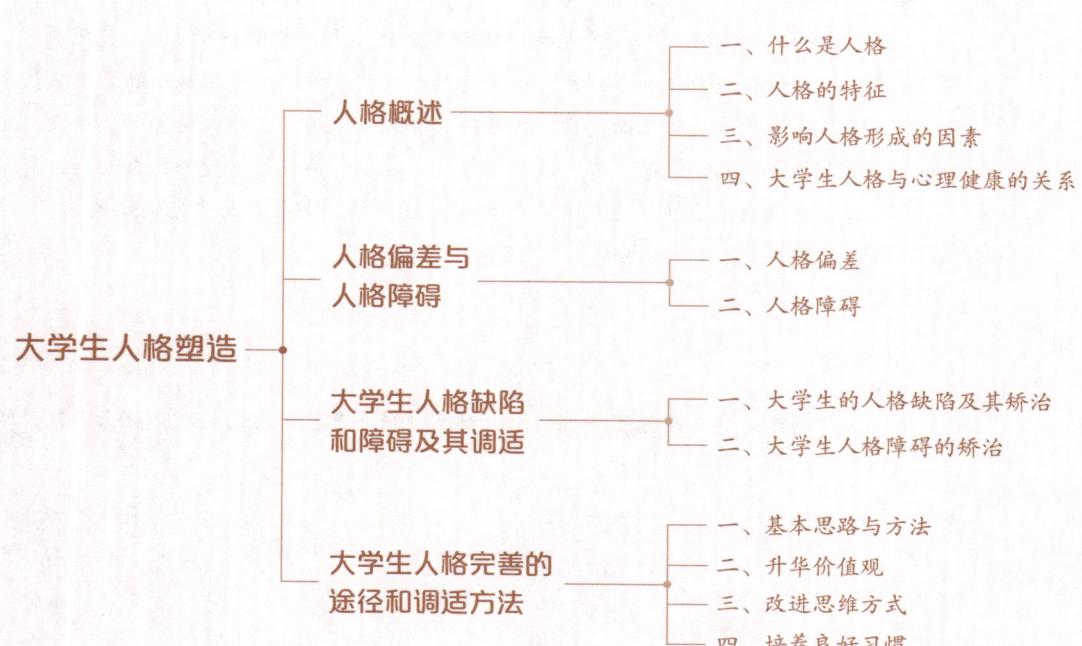

第一节 人格概述

人格是个人在社会中的整体的、区别于其他人的心理特征，它也是一个十分复杂的心理成分，凝聚着个人文化的、社会的、家庭的、教育的和先天的风貌。对于大学生而言，人格的成熟与否将会在很大程度上决定其心理健康与否，因此，在大学生心理健康教育的过程中，对大学生的人格问题进行分析和应对也是非常重要的。

一、什么是人格

"人格"一词源于古希腊语，即舞台上演员戴的面具，不同的面具体现了角色的特点和性格。如京剧里的脸谱，红脸代表忠义，白脸代表奸诈，黑脸代表刚强。心理学把它引用过来，用来描述人的心理，以表示在人生大舞台上每个人扮演的不同角色以及表现出的相应行为。

人格，是一种心理现象，也称个性，它反映了一个人总的心理面貌，是相对稳定、具有独特倾向性的心理特征的总和。它包括人格倾向性（需要、动机、兴趣、理想、信念、价值观等）和人格心理特征（气质、性格、能力）。它是在长期的社会生活实践中形成发展起来的。人格是伴随着人的一生不断成长的心理品质。人格的成熟意味着个体心理的成熟，人格的魅力展示着个体心灵的完善。人与人之间显著的差别就在于人格。"人有千面，各有不同。"人格有着鲜明的个体特征，人格的差异铸就了个体千差万别、千姿百态的心理面貌。

近年来，研究者们在人格描述模式上形成了比较一致的共识，提出了"大五人格理论"，堪称人格心理学中的一场革命。研究者通过词汇学的方法，发现大约有5种特质可以包含人格描述的所有方面。

（1）外倾性。这一人格特质包括热情、社交、果断、活跃、冒险、乐观等方面。

（2）神经质或情绪稳定性。这一人格特质包括焦虑、敌对、压抑、自我意识、冲动、脆弱等方面。

（3）开放性。这一人格特质包括想象、审美、情感丰富、求异、创造、智慧等方面。

（4）随和性。这一人格特质包括信任、利他、直率、谦虚、移情等方面。

（5）尽责性。这一人格特质包括胜任、公正、条理、尽职、成就、自律、谨慎、克制等方面。

心理学上的人格内涵极其丰富，但基本包含两个方面：一是个体在人生舞台上所表现出的种种言行所遵从的社会准则，这是可以观察到的外显的行为和人格特质；另一方面是内隐的人格成分，即面具后面的真实自我，是人格的内在特征。

💗 心灵拓展

人格在人的素质结构中起着近乎决定性的作用

如果留意观察周围的人，你会很容易发现这样一些现象：同样做一件事，有人做得又快又好，有人做得又慢又差，当然也有人做得慢而好，有人做得快而差；同样面对一个任务，有人沉着冷静、坚定自信，有人焦虑不安、退缩不前；同样面对弱者的求助，有人热情慷慨，有人麻木不仁……人与人之间的差异实在太大了。如果你有机会到医院妇产科的婴儿室，你就会很容易发现：同样是新生儿，有的在大哭大叫，有的在酣甜大睡，有的在东张西望。所以《左传》中有"人心不同，各如其面"的感慨。进化程度越高的生物，个体之间的差异越大，这种情形在人类这里发展到顶点。从这个意义上，可以说人类是个体差异最大的一种生物。当然人与人之间也有很多相同的东西，所谓"人同此心，心同此理"。人与人之间的共同性和差异性都是心理学家关注的问题，这种关注集中体现在对人格的研究上。

"人格"一词的使用范围非常广泛，可以在生理、心理、宗教、伦理、法律和美学等不同领域赋予它不同的意义。例如，常常听人说，张三的人格卑鄙，李四的人格高尚，这是从伦理道德上予人评价。在某种情境下有人气愤地说："这是对我人格的侮辱。"这里的"人格"又属于法律范畴，说明有人侵犯了他的尊严和权利。

有这样一个小故事：一位老教授昔日培养的三个得意门生事业有成，一个在官场上春风得意，一个在商场上捷报频传，一个埋头做学问，如今也苦尽甘来，成了学术权威。于是有人问老教授："你以为三人中哪个会更有出息？"老教授说："现在还看不出来。人生的较量有三个层次，最低层次是技巧的较量，其次是智慧的较量，他们现在正处于这一层次，而最高层次的较量则是人格的较量。"

这个故事生动地向我们说明，在人的素质结构中，人格起着近乎决定性的作用。

二、人格的特征

（一）独特性

个体的人格是在遗传、环境、教育等先天与后天环境交互作用下形成的。不同的遗传、生活及教育环境，形成了每个人各自独特的心理特点，如有的人开放自然，有的人顽固自守，有的人沉默寡言，有的人豪爽，有的人谨慎等。环境会使某一人格特质在不同人身上表现出不同的含义。如独立性这一人格特质，在缺乏父母爱护的家庭中成长的孩子，独立带有靠自己努力的含义；而在一个民主型家庭成长的孩子，独立则是健全人格培养的重要部分。

（二）稳定性

人格的稳定性是指那些经常表现出来的特点，是一贯的行为方式的总和。正如人们所说的"江山易改，本性难移"。一个人的某种人格特质一旦稳定下来，要改变是较为困难的。这种稳定性还表现在人格特质在不同时空下的一致性。例如，一个性格外向的大学生，他不仅仅在家庭中非常活跃，在班级活动中也表现出积极主动的一面，在老师面前同样能自然地表现自己，不仅大学四年如此，即使毕业若干年后再相逢，这个特质依旧不变。

（三）统合性

人是极其复杂的，人的行为表现出多元性、多层次的特点。各种人格的组合千变万化，从而使人格表现得异彩纷呈。在每个人的人格世界里，各种特征并非简单的堆积，而是如同宇宙、世界一样，依据一定的内容、秩序与规则有机组合起来的动力系统。人格的有机结构具有内在一致性，受自我意识的调控。当一个人人格结构的各方面彼此和谐一致时，人们就会呈现出健康的人格特质，否则就会出现各种心理冲突，导致"人格分裂"。

（四）功能性

人格是一个人生活成败、喜怒哀乐的根源。正如人们常说的"性格决定命运"。人格决定了一个人的生活方式，有时甚至会决定一个人的命运。人们常常使用人格特质解释某人的言行及事件的原因。面对挫折与失败，有志者认真总结经验教训，在失败的废墟上重建人生的辉煌；而怯懦的人一蹶不振，失却了奋斗的目标。当人格功能发挥正常时，表现为健康而有力，支配着人的生活与成败；当人格功能失调时，就会表现出懦弱、无力、失控甚至变态。

（五）可塑性

人格是在遗传、环境、学习等许多因素影响下形成和发展起来的。由于受社会化水平所限，儿童期和青年期（成年前期）的人格还不稳定，容易受外界因素影响而发生改变。尤其是青年期的人格正处于定型阶段，家庭、学校及社会环境都对其产生深远的影响。

三、影响人格形成的因素

塑造和培养良好的人格是个体成长与发展的关键。人格是怎样形成的？在一个人的人生发展历程中，有许多因素会影响到人格的发展。研究表明：人格是在遗传与环境交互作用下逐渐发展形成的，人格的塑造是先天、后天因素共同作用的结果。在人格培养过程中，既要看到个体生物遗传的影响，也要看到社会文化的决定作用。遗传与环境因素在人格形成中谁起主导作用？带着这个问题，不妨先来看看影响人格形成的因素有哪些。

（一）生物遗传因素

心理学家艾森克不仅致力于人格结构的分析，而且试图寻求人格形成的原因。艾森克认为人格的个体差异主要是由遗传造成的。他的主要根据是：第一，人格的3种基本特质在一个人的一生中保持相当的稳定性。一项研究表明，被试者在45年内的内外向性保持在一定水平上。第二，跨文化的研究表明，在不同国家、不同文化背景中，不同的研究者运用不同的方法都发现了人格的3种基本特质，即内外向性、神经质和精神质。如果不是生物因素起主导作用，就不能解释这样的跨文化一致性，因为不同的国家、不同的文化背景意味着环境和教育存在显著差异。第三，对于人格的3种基本特质，都可以进行生理学的解释。就内外向性而言，外向的人喜欢社交、喜欢刺激较强的活动，内向的人不爱交往、喜欢安静的环境，这是因为大脑皮层的生理唤醒水平不同。外向的人皮层唤醒水平比内向的人低，所以他们要去寻求较强烈的刺激，缺少刺激对他们而言意味着枯燥、沉闷和无聊；内向的人皮层唤醒水平较高，微弱的刺激就足以维持他们的兴奋，所以较强的刺激很快会使他们感到疲劳。因此，外向的人喜欢嘈杂的聚会，而内向的人却希望早一点离开。

另有心理学家对双生子做了研究，结果表明，遗传是人格不可缺少的影响因素，但遗传因素对人格的作用程度因人格特质的不同而不同。遗传主要决定了人格形成和发展的基础，通常在智力、气质这些与生物因素相关较大的特征上，遗传因素较为重要，如气质的形成，包括兴奋性强弱、主动或被动、反应速度快慢、活动水平高低、反应强度等；而在价值观、信念、性格等与社会因素关系紧密的特征上，后天环境因素更重要。人格发展过程是遗传与环境交互作用的结果，遗传因素影响人格发展方向及形成的难易。

（二）社会文化因素

人一出生便置身于社会文化之中，并受社会文化的熏陶与影响，文化对人格的影响伴随着人的一生。例如，M.米德等研究了巴布亚新几内亚三个民族的人格特质，结果表明：来自同一祖先的不同民族各具特色，鲜明地体现了社会文化对个体的影响力。居住在山丘地带的阿拉比修族，崇尚男女平等的生活原则，成员之间互相友爱、团结协作，没有恃强凌弱、争强好胜，一派亲和景象。居住在河川地带的孟都古姆族，生活以狩猎为主，男女间有权力与地位之争，对孩子处罚严厉。这个民族的成员表现出攻击性强、冷酷无情、嫉妒心强、妄自尊大、争强好胜等人格特质。居住在湖泊地带的张布里族，男女角色差异明显，女性是这个社会的主体，她们每日操作劳动，掌握着经济实权。男性则处于从属地位，其主要活动是艺术、工艺与祭祀活动，并承担养育孩子的责任。这种社会分工使女人表现出刚毅、支配、自主与快活的性格,男人则有明显的自卑感。

M.米德等的研究表明,社会文化具有塑造人格的功能,这反映在不同文化的民族有其固有的民族性格,不同的地域有着不同的文化传统,不同的文化发展时期有着不同的文化认同。

(三)家庭环境因素

家庭对一个人的人格形成和发展具有重要且深远的影响。家庭是儿童最初的环境,社会和时代的要求往往是通过家庭在儿童心灵上打下烙印的。许多精神分析学家认为,从出生到五六岁,是人格形成的最主要阶段,这时一个人的人格类型已基本形成。在这个阶段,绝大多数儿童在家庭中生活,由父母抚养长大。因此,父母的教养态度对于一个人人格的形成和今后的发展起着重要作用。俗话说"有其父必有其子",其中不无道理。父母们按照自己的意愿和方式教育孩子,使他们逐渐形成了某些人格特质。

家庭教养方式一般可以分为3类。

第一类是权威型教养方式,这类父母在对子女的教育中,表现得过于支配,孩子的一切由父母来控制。成长在这种教育环境下的孩子容易形成消极、被动、依赖、服从、懦弱的人格特质,做事缺乏主动性,甚至会形成不诚实的人格特质。

第二类是放纵型教养方式,这类父母对孩子溺爱,孩子多表现为任性、幼稚、自私、野蛮、无礼、独立性差、唯我独尊、蛮横胡闹等。

第三类是民主型教养方式,父母与孩子在家庭中处于一个平等和谐的氛围中,父母尊重孩子,给孩子一定的自主权,并给予孩子积极正确的指导。父母的这种教育方式会使孩子形成一些积极的人格特质,如活泼、快乐、直爽、自立、彬彬有礼、善于交往、易于合作、思想活跃等。

由此可见,家庭对人格的培育起到了至关重要的作用,父母在养育孩子的过程中,表现出了自己的人格,并有意无意地影响和塑造着孩子的人格,形成家庭中的"社会遗传性"。

(四)早期童年经验

"早期的亲子关系定出了行为模式,塑成一切日后的行为。"这是有关早期童年经验对人格影响力的一个总结。中国也有句俗话:"三岁看大,七岁看老。"

斯皮茨在对孤儿院里的儿童进行的研究中,发现这些早期缺乏母亲照顾的孩子,长大以后在各方面的发展均受到影响。许多孩子由此患上了抑郁症,其症状表现为哭泣、僵直、退缩、表情木然。也有人研究,被抛弃会使儿童产生心理疾病,孩子容易形成攻击、反叛的人格。

人格发展的确受到童年经验的影响,幸福的童年有利于儿童健康人格的发展,不幸的童年则会引发儿童不良人格的形成。但二者不存在一一对应的关系，溺爱可使孩子形成不良人格特点，逆境也可磨炼出孩子坚强的性格。早期童年经验不能单独对人格起决定作用，它与其他因素共同来决定人格。早期童年经验是否对人格造成永久性影响因人而异，对于正常人来说，随着年龄的增长、心理的成熟，童年的影响会逐渐减弱，其效果不会永久不衰。

（五）学校教育因素

学校是一种有目的、有计划地向学生施加影响的教育场所。教师对学生人格的发展具有指导定向作用。教师的人格特质、行为模式与思维方式会对学生产生巨大影响。每个教师都有自己独特的风格，这种风格为学生设定了一个"气氛区"，在教师的不同气氛区中，学生表现出不同的行为表现。洛奇在一项教育研究中发现，在性情冷酷、刻板、专横的教师所管辖的班集体中，学生的欺骗行为增多；在友好、民主的教师气氛中，学生欺骗行为减少。心理学家勒温等人也研究了不同管教风格的教师对学生人格的影响。他们发现在专制型、放任型和民主型的管理风格下，学生会表现出不同的人格特点。

教师的公正性对学生有着至关重要的影响。一项有关教师公正性对中学生学业与品德发展的研究表明，学生极为看重教师对他们是否公正、公平，教师的不公正表现会导致中学生的学业成绩和道德品质的降低。

班级是学校教育的基本组成，班级的特点、要求、舆论和评价对于学生人格的发展具有"弃恶扬善"的作用。

（六）自我调控系统

外界因素体现的是人格培养的外因，而外因是通过内因起作用的。人格的自我调控系统就是人格发展的内因。该系统是以自我意识为核心的。自我意识是人对自身以及对自己同客观世界的关系的意识，包含自我认知、自我体验、自我控制3个子系统。自我调控系统的主要作用是对人格的各个成分进行调控，保证人格的完整、统一、和谐。

综上所述，在人格的培育过程中，各种因素对人格的形成与发展起到了不同的作用。就人格状态而言，后天环境因素的作用更大；但就人格的不同成分来看，遗传、环境的作用因人格特质而异。例如，人的气质、智力等成分受遗传因素的影响更大，人的性格、价值观等主要受后天环境影响。遗传决定了人格发展的可能性，环境决定了人格发展的现实性。

四、大学生人格与心理健康的关系

在人格的形成和发展过程中，气质、性格的影响最为关键。由于每个人的气质、性格是不同的，人格表现也千差万别。在大学生的人际交往中，由于人格因素而导致的交往障碍很常见。比如与性格相投的人相处时感到难舍难分，与性格不合的人相处则处处觉得别扭，"话不投机半句多"，给人际交往造成一定的障碍。在这里，可以分析一下气质和性格对人心理健康的影响。

（一）大学生的气质与心理健康

1. 什么是气质

气质是指个体表现在心理活动的强度、速度、灵活性与指向性上的一种稳定的心理特征。这种特征既决定了个体心理活动的动力特征，又给每个人的心理活动蒙上了一层独特的色彩。心理学家往往将气质分为4种类型，这主要依据古希腊著名医生希波克拉底提出的关于气质的体液说。希波克拉底认为，人体含有四种体液：黏液、黄胆汁、黑胆汁和血液。在体液中，血液占优势的人为多血质，黏液占优势的人为黏液质，黄胆汁占优势的人为胆汁质，黑胆汁占优势的人为抑郁质。显然，体液说是缺乏科学依据的。但由于体液说对气质类型的划分较客观地反映了人们在气质方面的差异，所以希波克拉底以体液命名的四种气质概念一直沿用至今。

（1）胆汁质——夏天里的一团火。这类人精力旺盛、直率、热情、行动敏捷、情绪易于激动、心境变换剧烈。这类大学生有理想、有抱负，有独立见解，反应迅速，行为果断，表里如一；不愿受人指挥，而喜欢指挥别人；一旦认准目标，就希望尽快实现，遇到困难也不屈不挠；但往往比较粗心，学习和工作带有明显的周期性特点，能以极大的热情和旺盛的精力投入学习和工作，一旦精力消耗殆尽时，便会失去信心，情绪顿时转为沮丧甚至心灰意冷。

（2）多血质——喜怒形于色，可塑性强。多血质的人具有活泼好动、反应迅速、情绪发生快而多变、兴趣容易转移等特征。这类大学生易于适应环境的变化，性情活泼、热情，善于交际，在群体中精神愉快，相处自然，常能机智地摆脱困境；他们在学习和工作上肯动脑、主意多，不安于机械、刻板、循规蹈矩的场合，常表现出较强的工作能力和较高的办事效率；对外界事物兴趣广泛，但容易失于浮躁，见异思迁。

（3）黏液质——冰冷善忍。黏液质的人安静、稳重，反应缓慢，沉默寡言，情绪不易外露，注意力稳定且难于转移，善于忍耐。这类大学生反应较为迟缓，但无论环境如何变化，都能基本保持心理平衡；凡事深思熟虑，力求稳妥，一般不做无把握的事情，在各种情况下都表现出较强的自我克制能力；他们外柔内刚，沉静多思，不愿流露内心的真情实感；与人交往时态度适度，不卑不亢，不爱抛头露面和空泛的清谈；学习、工作有板有眼，踏实肯干，恪守既定的生活秩序和制度；但他们过于拘谨，不善于随机应变，固定性有余而灵活性不足，有墨守成规、因循守旧的表现。

（4）抑郁质——秋风落叶。抑郁质的人孤僻，行动迟缓，情感体验深刻，善于觉察别人不易觉察的细小事物。这类大学生在生理上难以忍受或大或小的神经紧张，厌恶那些强烈的刺激；他们的感情细腻而脆弱，常为区区小事引起情绪波动；自己心里有话，宁愿自己品味，不愿向别人倾诉；喜欢独处，与人交往时显得腼腆、忸怩；善于领会别人的意图，在团结友爱的集体中，很可能是一个容易相处的人；遇事三思而行，求稳不求快，对力所能及的工作能认真负责地完成。在学习、工作一段时间后，常比别人更感疲倦；在困难面前常怯懦、自卑和优柔寡断。

现实生活中只有少数人是4种气质类型的典型代表，多数人是介于各类型之间的中间类型。

2. 气质对人的心理与行为的影响

胆汁质的人常同他人发生一些感情突然发泄的冲撞。比如开始谈话时，根本没有想到要吵架，但也许是什么事情触犯了他（对别人来说可能是小事一桩），于是他突然之间怒不可遏。如果谈话对方属于抑郁质，胆汁质的人将长期陷入委屈之中，导致孤僻古怪、谨小慎微，甚至会给人冷若冰霜的感觉，说话也会语中带刺。黏液质的人常常很难同胆汁质的人在一起生活。胆汁质的人坐立不安，容易冲动，手忙脚乱。黏液质的人则慢慢吞吞，四平八稳。而抑郁质的人又过分敏感，对这些胆汁质的人也难以忍受。可见，气质在人际交往中是一个不容忽视的重要因素。

据一项关于我国大学生气质类型的调查，大学生中复合型气质占65.93%，单一型气质占34.07%，总的趋势是多血质类型的人数最多，共占56.32%，其次为黏液质24.18%，第三为胆汁质13.73%，抑郁质最少，占5.77%。文理科学生比较，理科生中黏液质多，文科生中胆汁质、多血质、抑郁质较多。男女生比较，男生中属于胆汁质、多血质的多，女生中黏液质多。

3. 正确对待气质

（1）气质是与生俱来的，在个体心理中是最稳定、变化最少也最慢的一种心理特征。气质本身无好坏之分，每一种气质都有它积极的一面，也有它消极的一面。气质也不能决定一个人活动的社会价值大小和成就的高低。

（2）大学生在人际交往中，要注意学会观察、分析周围同学的气质特征，采取合适的交往方式。例如，对于胆汁质的同学，应多给予鼓励，充分发挥其积极性，不要轻易激怒他们，而要锻炼他们的自制力，使其沉着冷静地对待事物；批评时要严厉一些，有助于他们重视自己的缺点，约束任性行为。对于多血质的同学，要给予更多的活动机会和任务，并使他们从中受到更多的教育，养成扎实、专一、坚持到底和克服困难的决心。对于黏液质的同学，则要尊重他们的想法，要给予他们充分的考虑时间。对于抑郁质的同学，要更多地关心体贴他们，尽量不在公开场合指责他们，要以平等、自然的态度，鼓励他们多参加集体活动，切记不可嘲笑他们的气质弱点，如取绰号、开过头玩笑等。

（3）更多的人是多种气质的混合体，正确对待自己的气质类型，经常有意识地控制自己气质中的消极品质，发扬积极品质，以形成良好的个性，这对促进自己的心理健康、人际交往都有着重要意义。

（二）大学生的性格与心理健康

1. 什么是性格

性格是一种与社会关系最密切的人格特质，是一个人对现实的态度和习惯化了的行为方式所表现出来的较稳定的心理特征。性格表现了人们对现实与周围世界的态度，对自己、对别人、对事物的态度，是人的个性心理特征的重要方面，人的个性差异首先表现在性格上。一个人能否在人际交往中做到"游刃有余""得心应手"，与他的性格有很大关系。当代大学生只有全面地了解自己与他人的性格，并在交往实践中不断优化自己的性格，才能更好地处理自己与他人的关系。

2. 性格的类型

从不同角度和侧面可以对性格类型进行不同的划分。

（1）按照知、情、意在性格中的表现程度，可分为理智型、情绪型和意志型3种。理智型的人以理智支配自己的行动；情绪型的人，情绪体验深刻，举止容易受情绪左右；意志型的人具有较明确的目标，行为主动。

（2）按照个体的心理倾向，可分为外倾型和内倾型。外倾型的人心理活动倾向于外部，活泼开朗，善于交际，感情易于外露，处事不拘小节，独立性较强，但有时粗心、轻率；内倾型的人心理活动倾向于内部，一般表现为感情含蓄，处事谨慎，自制力强，交往面窄，适应环境比较困难。

（3）按照个体独立性程度，可分为独立型和顺从型。独立型的人不易受外来事物的干扰，他们具有坚定的信念，能独立地判断事物，发现问题便解决问题，在紧急和困难的情况下不慌张，易于发挥自己的力量，但有时会把自己的意志强加于人，固执己见，不易合群；顺从型的人随和、谦虚，易与人合作，但独立性较差，易受暗示，容易接受别人的意见，在紧急情况下易惊慌失措。

3. 性格对大学生心理健康的影响

性格反映了人对现实的态度和习惯了的行为方式。当代的大学生是家庭和学校的"宠儿"，耳边经常听到的是赞许的声音，在人生的道路上还没有经历过大的起伏和挫折，因此，许多大学生自命清高，眼里容不下他人，遇到困难意志薄弱，爱感情用事，对人对事爱斤斤计较，心胸狭隘。这些不良的性格特征不仅容易造成人际交往的障碍，还会影响到大学生的身心健康。此外，好的性格品质也要把握好"度"，一旦表现过度或与环境不协调，也容易引起不好的结果。比如，过于直率而不顾场合和对象，就可能伤害到对方，引起反感。

4. 优化自我性格

性格是后天形成的，是行为主体与社会环境相互作用的产物。性格的可塑性较大，有好坏善恶之分。因此，大学生应当积极塑造良好性格，以适应社会的需要。当代大学生优化性格的目标应当是：心胸豁达，宽容待人；温和亲切，谦虚热情；耿直正派，坦荡真诚；委婉含蓄，与人为善等。良好的性格是成功交往的基础，大学生优化自我性格的途径很多，如博览群书，建立适宜的人际关系，从小事做起等。

（三）塑造健康人格，形成独特的个人魅力

健康人格又称健全人格，是人格心理学研究的重要内容。它是以较高的主、客观认知水准，乐观而稳定的情绪，符合社会取向的人生观、价值观为核心，以具备良好的心理调适能力，充分发挥个体内在潜能，在各种行为反应中以积极、适度的方式表达个体感受与行为的主观状态。简而言之，健全人格是指各种良好人格特质在个体身上的集中体现，是一个人魅力的源泉。健全人格的基本特点可以概括为以下几个方面。

（1）自我悦纳。人格健全的大学生能够积极地开放自我，正确地认识自己，坦率地接受自己的局限，并对生活持乐观向上的态度。

（2）和谐的人际关系。人格健康的人心胸往往比较开阔，善解人意，尊重自己，也尊重别人，对不同的交往对象都表现出合适的态度，既不妄自尊大，也不妄自菲薄。其观点、行为和情绪反应与周围人协调一致，在人际交往中具有吸引力。

（3）独立自尊。人格健全者人生态度乐观向上，生活态度积极热情，有正确的人生观与价值观，能够理性分析生活事件，头脑中非理性观念较少。人格独立，自信自尊。能自我控制，调节好内心世界与外部世界的关系，保持内心世界的和谐一致。

（4）能够发挥自己的潜能。人格健全的大学生具有自我发展、自我塑造与自我完善的能力。能够充分激发自身的创造力，创造性地生活。这种创造给生活带来欢乐，激发兴趣、维持动机，从而形成人格发展的良性循环。同时，也会对未来的成就充满希望，发现生命的意义并选择有意义的生活。

健康人格就是心理健康的完满状态。它是从人的心理状态、精神面貌的角度，探讨人对自身、对周围生活环境的良好适应和有效改造。弗洛伊德在谈到成熟人格时说，一个成熟的人应该能够创造性地工作。创造的本质是变革，创造自我就是要改善自己、塑造自己，实现自己的社会价值。建立获取成功的信念，确立适当的抱负水平并不断变革自我的期望有助于自我人格的完善。健康的人格是自我的内在统一，认识自我、悦纳自我、延伸自我、创造自我，能够使你的人格散发出独特的个人魅力。

由此可见，只有塑造健康的人格，在个人的成长过程中才能形成独特的个人魅力。

第二节 人格偏差与人格障碍

一、人格偏差

处于青年早期的大学生，其中一部分有人格偏差是很"正常"的。但对此必须引起高度重视，如果对人格偏差熟视无睹，最终形成人格障碍的可能性就会大大增强，将会对这部分大学生的未来发展造成不可估量的损失。

（一）人格偏差的含义

"人格偏差"的含义是个体的人格适应有问题，但还未定型，只要加强认识，是很有可能成为正常人格的。这样看待大学生的人格问题，对大学生的人格培育是有益的。由于大学生年龄20出头，属于正在受教育的特殊群体并处在"人格再造期"，且其人格问题也没有医学标准的人格障碍那么典型，因此把大学生的人格问题视为"人格偏差"较为妥当。当然，那些极少数典型的人格障碍者除外。

俗话说："金无足赤，人无完人。"几乎所有的人都存在着某种程度的人格偏差，但这种"偏差"只要不影响其生活、工作和社会交往，都可以看作是人格正常的。

（二）大学生主要的人格偏差及表现

大学生主要的人格偏差及表现，如表7-1所示。

表7-1　大学生主要的人格偏差及表现

维度	前者表现为	后者表现为
自卑引起的人格退缩或自负引起的人格膨胀	对自己有不满、鄙视、否定的情感。总觉得自己不行，把弱点无限放大。怀疑别人看不起自己，在任何场合都不敢表现。做什么事总是瞻前顾后，生怕出现坏的结果。胆小不敢与人交往。感觉自己越来越弱。自我意识弱化。有的好幻想。对社会有莫名的恐惧感	总觉得自己相当不错，才华横溢、才能出众或是太靓太帅，周围的人都在崇拜倾慕自己。盛气凌人，总是指望他人为自己服务，而自己又不愿意付出。感觉自己"鹤立鸡群"，高傲看不起人。人际关系恶劣，但总认为是别人对自己羡慕嫉妒恨。自我中心突出，自恋情结明显

续表

维度	前者表现为	后者表现为
社会疏离与"过度社会化"	性情孤僻，有的是想与人交往但由于胆怯而不敢交往，有的是主观上不愿意与人交往。在公共场合中有恐惧心理，想躲得越远越好。总担忧别人在关注自己，而自己的表现又会让人看不起。忧郁、紧张、恐惧的心境总是挥之不去，心境恶劣是常态	年纪轻轻就以"过来人"自居，有玩世不恭的态度，认为人生苦短不如及早行乐。生活方式上总是开风气之先，装扮新潮。社会交往过度。对社会上的新奇古怪的东西趋之若鹜，追逐心态强烈。在学校违纪违规成为常态，对批评教育甚至处罚毫不在乎
过度焦虑或"看破红尘"	对人对事心理警觉度高，总是处于担忧和紧张之中。休息睡眠少，质量差。对前途总是处于莫名的担忧之中，对社会、对自我的感觉都不好。心理敏感度高，好幻想易做白日梦。容易纠缠于琐事与细节，心胸难以开展。总感觉"墨菲定律"如影随形；忧愁心境是常态	对人生有悲观态度或是宿命论观念，觉得人生几十年"就那么回事"。严重者悲观厌世，无拼搏奋斗之志，有得过且过之意。有的幻想命中能巧遇贵人，福从天降，不劳而获。情感冷淡，对人对事缺乏热情更无激情
自我中心或过分依赖	自小形成了凡事只为自己着想，从不考虑别人或团体。精于计算，显得自私。总是用自己的标准去衡量别人，以己之心度人之腹。有的自视甚高且防范心重，缺乏热情，没有知心朋友甚至根本没有朋友。人际关系冷淡，总觉得别人根本不了解自己。从没有感恩之心。苦恼愤懑的心境是常态	无主见，让别人为自己做大多数的重要决定。无独立性，很难单独进行自己的计划或做自己该做的事。人际交往或做事情总是很被动，自我评价较低。害怕孤独，总想依附"强者"，而当这种关系终结时感到很悲伤因而易受伤害，总感觉"伤不起"
冲动暴躁或麻木不仁	遇到冲突就爆粗口甚至亮拳头，不考虑后果。思维直接，为人直率，因而很容易伤害别人。思维狭隘，很少考虑过程和全局。处事简单，容易出问题。人际关系表面上不错，实际上缺乏知心朋友	由于自小的环境因素或生活经历，缺乏情感表达的途径和形式，社会情感尤其缺乏。对人对事冷漠，面部毫无表情甚至让周围的人感到害怕。内心也想与人交往，但总感觉别人都在排斥和看不起自己，长期苦恼。独来独往，形影相吊
急躁马虎与拖沓延误	遇到任务或事情，图快不图质量，甚至马虎敷衍。心里放不得事，性子急。说话不经脑子思考，甚至信口开河。表面看似热心、积极，实则责任心不强。做事无计划，反思能力差。容易出现差错	面对生活或工作中必须做的事情、必须解决的问题，心理上总是有意无意地回避，不主动及时地去处理事情，不果断地去解决问题，成为一种牢固的心理习惯和行为习惯。每做一件事就拖延，而且在拖延中有心理负担，感到痛苦和着急。有的高校曾做过相关调查，发现半数以上的大学生认为自己"存在拖延的症状"

矫正人格偏差没有固定的良方，因为每个同学的经历、家庭、教育环境和所受的社会影响都有差异，原因可能是各种各样的。因此，认为自己有"疑似人格偏差"的同学，除了自我对照分析之外，找心理咨询老师寻求专业方面的帮助，是大有裨益的。

（三）大学生人格偏差的成因

了解大学生人格偏差产生的原因，有利于人格偏差的矫正。人格偏差的成因是多方面的，是由生理、心理、社会文化和个体主观等诸多因素共同作用形成的，如图7-1所示。

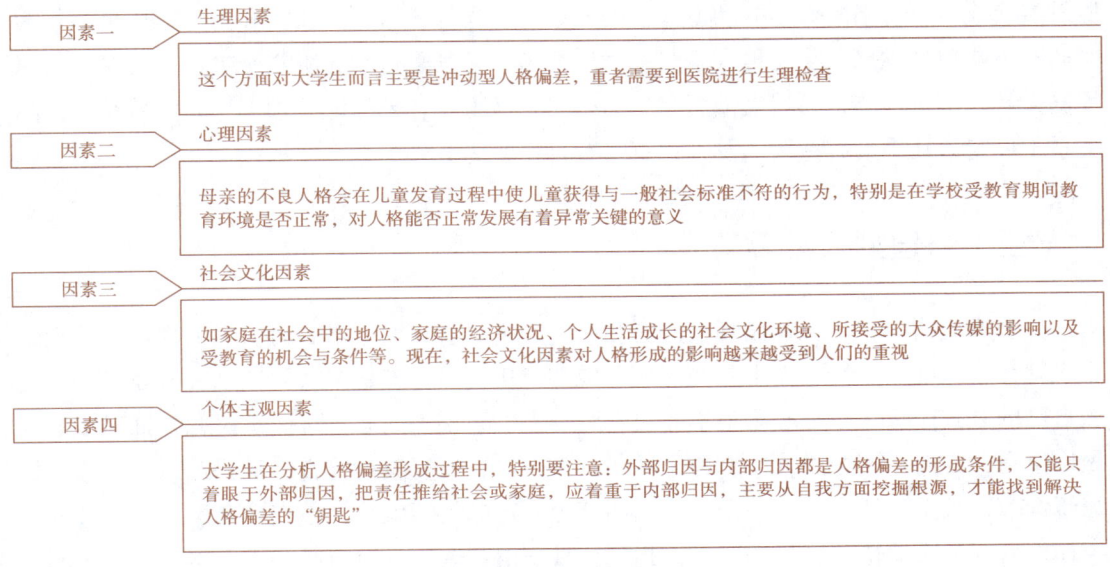

图7-1　大学生人格偏差的成因

二、人格障碍

人格障碍指一些适应困难的人格类型，按照特质理论的说法就是一些人格特质处于正态分布极端的表现。在中国精神疾病的分类标准中，人格障碍分为9种类型，即偏执型人格障碍、冲动型人格障碍、强迫型人格障碍、依赖型人格障碍、反社会型人格障碍、表演型人格障碍、分裂型人格障碍、焦虑型人格障碍以及其他类型人格障碍。各类型人格障碍在大学生中均有发生，并占有一定的比例，常见的主要有以下6种。

（一）偏执型人格障碍

偏执型人格障碍是一种以猜疑和偏执为主要特点的人格障碍。偏执型人格的大学生表现为：广泛猜疑，常将他人无意的、非恶意的甚至友好的行为误解为敌意或歧视；无足够依据，怀疑会被人利用或伤害，因此过分警惕与防卫；将周围事物解释为不符合实际情况的"阴谋"；过分自负，若有挫折或失败则归咎于他人，总认为自己正确；好嫉恨别人，对他人过错不能宽容；脱离实际地好争辩与敌对，固执地追求个人不够合理的"权利"或利益；忽视或不相信与自己想法不相符合的客观证据，因而很难以说理或事实来改变此类人格障碍者的想法。

（二）冲动型人格障碍

冲动型人格障碍是一种以行为和情绪具有明显冲动性为主要特点的人格障碍，又称为爆发型或攻击型人格障碍。冲动型人格的大学生表现为：有不可预测和不考虑后果的行为倾向；不能控制发怒，易与他人争吵、发生冲突，尤其是行为受阻或受批评指责时；情绪反复无常，不可预测，易爆发愤怒和暴力行为；做事无计划，缺乏预见性和坚持性；人际关系不稳定，几乎没有持久的友人；有时有自伤行为。

（三）强迫型人格障碍

强迫型人格障碍是一种以要求严格和完美为主要特点的人格障碍。强迫型人格的大学生表现为：做任何事情都要求完美无缺、按部就班；不合理地坚持并让别人也要严格地按照自己的方式做事，否则心里很不痛快，对别人做事很不放心；犹豫不决，常推迟或避免做出决定；常有不安全感，反复考虑计划是否得当，反复核对检查，唯恐疏忽和差错；拘泥于细节，甚至生活小节也要程序化，不遵照一定的规矩就感到不安或要重做；完成一件工作之后常缺乏愉快和满足的体验，相反容易悔恨和内疚；对自己要求严格，过分沉溺于职责义务与道德规范，无业余爱好，拘谨吝啬，缺少友谊。

（四）依赖型人格障碍

依赖型人格障碍是一种以依赖和顺从为主要特点的人格障碍。依赖型人格障碍者对亲近与归属有过分的渴求，这种渴求是强迫的、盲目的、非理性的，与真实的感情无关。依赖型人格的大学生表现为：缺乏独立性，经常感到自己无助、无能和缺乏精力；害怕被他人遗弃，过分顺从他人的意志，为博取他人好感而去做令自己不愉快或降低自己身份的事；当与他人的亲密关系终结时有被毁灭的体验；有一种将责任推给他人来对付逆境的倾向。

（五）反社会型人格障碍

反社会型人格障碍是一种以行为不符合社会规范为主要特点的人格障碍，也称悖德型人格。反社会型人格的大学生表现为：无所畏惧，不顾一切，爱挑起或参与争端，时常表现出仇视情绪，恶意中伤他人；反复挑起斗殴、反复违反家规或校规、虐待动物或弱小同伴等；不能维持持久的工作或学习，有不符合社会规范的行为；易被激怒，并有攻击行为，反复斗殴或攻击别人；行事鲁莽，无视自己或他人的安全；不诚实，经常撒谎，为了获得个人的利益或快乐而欺诈他人；缺乏羞耻心和罪责感，危害别人时无内疚感，屡受惩罚也不能吸取教训。

（六）表演型人格障碍

表演型人格障碍也称"癔症人格障碍""寻求注意型人格障碍""戏剧化人格障碍"，是一种以过分感情用事或夸张言行来吸引他人注意为主要特点的人格障碍。表演型人格的大学生表现为行为举止上常带有挑逗性，并且他们十分关注自己的外表。这类人情绪外露、表情丰富，喜怒哀乐皆形于色，矫揉造作、易发脾气、喜欢别人同情和怜悯，情绪多变且易受暗示；以自我为中心，好交际和自我表现；对别人要求多，不大考虑别人的利益；思维肤浅，不习惯逻辑思维，显得天真幼稚。

第三节 大学生人格缺陷和障碍及其调适

一、大学生的人格缺陷及其矫治

大学时代既是学习掌握知识的黄金时代，也是人格发展的重要阶段。大学生心理发育还没有完全成熟，人格出现一些偏差也在所难免。因此，让大学生充分了解自身个性，找出缺陷并进行调适，有助于他们今后更加适应社会。大学生中有相当一部分人存在着不同程度上的人格缺陷，常见的主要有自卑、害羞、怯懦、懒惰、拖拉、粗心、鲁莽、急躁、悲观、孤僻、多疑、抑郁、狭隘、冷漠、被动、骄傲、虚荣、焦虑、自我中心、敌对、冲动、脆弱，等等。这里所说的人格缺陷是介于健康人格与病态人格（即人格障碍）之间的一种人格状态，表现为人格发展的不良倾向。人格发展缺陷不是人格障碍，人格障碍是针对那些有心理疾病的人而言的，而人格缺陷是绝大多数人或多或少都会有的。

（一）自卑

自卑是对自己不满、鄙视、否定的情感。进入大学后，有些大学生发现"山外有山"，尤其是当学习、社交、文体方面显露出某些不足时，就会陷入怀疑自己、否定自己的情绪，产生自卑心理。因此，自卑往往是自尊心受挫的结果，没有自尊心也就不会有自卑感，过强的自卑感往往又以过强的自尊心表现出来。有些大学生敏感脆弱，经不起批评，原因即在于此。

如何才能走出自卑的阴影？对大学生来说，首先要正确认识自己，悦纳自己，人有所短也有所长，不要为自己的所短而自卑。其次要进行自信心磨炼，将目标定得小些，切合实际些，多积累成功的愉悦体验。最后要确立合理的评价参照系统和立足点，若以强者为标准则可能自卑，因而寻找适合自己的评价标准就显得很重要。俗话说"人比人，气死人"，理性的比较方式是多与自己做纵向比较，而不是一味地与人做横向比较。有了足够的自信心，自卑感就会悄然而退。

（二）害羞

害羞在大学生中并不少见，比如不敢在大众场合发表意见，害怕与陌生人打交道，路上见到异性同学会手足无措，见到老师会难为情，说话感到紧张，等等。害羞是一个人自我防御心理过强的结果，害羞的人常常过于胆小被动，过于谨小慎微，过于关注自己，自信心不足。他们特别注意自己在别人心目中的形象，总觉得自己时时处在众目睽睽之下，于是敏感拘束，一句话要斟酌多次，一件事要左思右想，为此搞得神经紧张，坐立不安。害羞之心人皆有之，但过分害羞，在不该害羞时害羞，尤其害羞成了一种习惯，则是有害的，它会导致压抑、孤独、焦虑等不良心理状态，还会阻碍人际交往，影响一个人才能的正常发挥。害羞可通过有意识的调节来改变。

（三）怯懦

怯懦主要表现为缺乏勇气和信心，害怕可能面临的困难和挫折，在挫折、困难面前常常知难而退，甚至不战而败。有些大学生过去的经历一帆风顺，因而特别害怕失败。"只能成功，不能失败"的非理性信念是造成一些大学生怯懦的认知因素。

有些大学生由于胆怯，不敢与人讲话，不敢出头露面，也不敢表明自己的态度，甚至不敢向老师提问题。有些大学生由于软弱而不敢冒风险，不敢担重任，不敢与坏人坏事做斗争，不敢坚持自己正确的观点。但越是这样回避矛盾、躲避失败，越是容易体验到强烈的挫折感。在挑战与机遇并存的现代社会，怯懦者会失去很多成功的机会，并可能沦为落伍者。积极迎接挑战，争做生活的强者才是明智的选择。改变怯懦的最好办法是敢于抓住机遇，积极锻炼，不怕失败，不怕丢面子，不怕担子重，多给自己鼓励和加压，在生活的词典中去掉"不敢"二字。

（四）懒惰

大学生本应是充满朝气、活力且勇于开拓进取的群体，但事实并不总是如此。许多大学生得过且过，做一天和尚撞一天钟，表现出缺乏进取精神的懒惰心理。懒惰是不少大学生为之苦恼又难以克服的一种人格缺陷，是意志活动无力的表现。懒惰是影响大学生积极进取、张扬青春活力的天敌，尤其是在社会发展日新月异的今天，它与时代是那么格格不入，必须予以改变，否则大学生会被时代淘汰。

处于懒惰状态的大学生也常为此感到内疚、自责、后悔，但又觉得无力自拔，心有余而力不足。这主要是因为他们往往想得多而做得少，缺乏毅力。

要克服懒惰，应充分认识其危害性，自己对自己负责，振作精神，"起而行之"，从日常小事做起，并努力做到不给自己找借口，不原谅自己的偷懒，力争今日事今日毕，多与人交往，多关心外部世界，多参加有益身心的社会活动，而做到这一切，有一个坚定而有价值的理想是非常重要的。

（五）虚荣

可以说，虚荣心是普遍存在的，这是正常的，但一旦过分，则会有害无益。虚荣心往往与自尊心、自卑感联系在一起。没有自尊心，就没有虚荣心，而没有自卑感，也就不必用虚荣心来表现自尊心，可见虚荣心是自尊心和自卑感的混合物。虚荣心强的大学生一般性格内向、情感脆弱、多愁善感，虽然自惭形秽，却又害怕别人伤害自己的尊严，过分介意别人的评论与批评，与人交往时总有一种防御心理，不允许有稍微侵犯，且常会千方百计地抬高自己的形象。他们捍卫的往往是虚假的、脆弱的、不健康的自我，以致无暇来丰富、壮大真实的自我。

防止或改变过强的虚荣心，一要对其危害性有清醒的认识，有勇气和决心改变自己。二要努力认识自己，了解自己的长处与短处，扬长避短。三要树立自信和健康的荣誉心，正确表现自己，不卑不亢。四要不为外界的议论所左右，正确对待个人得失。

（六）焦虑

焦虑是指广泛持续性焦虑或反复发作的惊恐不安。一般的焦虑，是由实际威胁引起的，比如考试、面试等，焦虑水平与任务完成水平成倒U型的关系，即焦虑达到某种最佳水平时任务完成的水平也最佳，焦虑水平过低和过高都不利于任务的完成。

二、大学生人格障碍的矫治

人格障碍是指人格发展的内在不协调，指在没有认知障碍或智力障碍的情况下，个体出现的情绪反应、动机和行为活动的异常。它介于精神病与正常人之间，值得重视的是，人格障碍与精神病是可以相互转化的，严重的人格障碍者如果得不到及时有效的矫治，会成为潜在的精神病患者。人格障碍在大学生中属于少数，因而常常不能引起高度重视，但患有人格障碍的学生一旦出现问题，恐非小事。常见的人格障碍类型有偏执型、依赖型、反社会型、冲动型、表演型、强迫型等，对于这几种人格障碍的表现在前文已详细介绍，这里不再赘述，下面主要介绍人格障碍的矫治方法。

人格障碍的矫治虽然有很大的难度，但它也非"不治之症"。在临床实践中发现，有相当一部分人格障碍者，在精神科医生和心理咨询师的指导下，通过自身的努力，在人格障碍的矫治方面取得了令人满意的效果。人格障碍的矫治主要可用到以下几种方法。

1. 反向观念法

人格障碍者大多伴有认识歪曲现象，反向观念法是改造认识歪曲的一种有效方法。反向观念法是指自己主动与原有的不良自我观念唱反调：原来是以自我为中心，现在则应逐渐放弃自我中心，学习设身处地为他人着想；原来爱走极端，现在则学习多方位考察问题，学习中庸之道；原来喜欢超规则化，现在则应偶尔放松一下，学习无规则地自由行事。采用反向观念法克服缺点的要点是：先对自己的错误观念进行分析，然后提出改进意见，在生活中努力按新观念办事。这种自我分析可以定期进行，几天一次或一星期一次，也可以在心情不好或遭受挫折之时进行。认识上的错误往往被内化成无意识的行为或习惯，通过上述自我分析，就可把无意识的东西上升到有意识的自觉层次，这有助于发现和改进自己的不良人格状态。

2. 习惯纠正法

人格障碍者的许多行为已成为一种习惯，破除这些不良的习惯有利于人格障碍的矫治。以依赖型人格为例，实施这种方法有3个要点。第一，清查自己的行为，看有哪些事是习惯地依赖别人去做，又有哪些事是自己做决定的，可以每天做记录，记录一个星期。第二，将自主意识很强的事归纳在一起，如果做了，则当作一件值得庆贺的事，以后遇到同类情况应坚持做；如果没做，以后遇到同类情况则应要求自己去做。而对自我意识差、没有按自己意愿实施的事，自己提出改进的想法，并在以后的行动中逐步实施。例如，在制订某项计划时，你听从了朋友的意见，但你对这些意见并不欣赏，便应把自己不欣赏的理由说出来，这样，在计划中便加入了你的意见，随着自己意见的增多，你便能从依赖别人意见逐步转为完全自主决定。第三，找一个你信赖的人做监督者，并与监督者订立双边协议，当你有良好表现时予以奖励，当你违约时予以惩罚。

3. 行为禁止法

对于人格障碍者的许多不良行为，可以采取该方法。例如，一个偏执型人格障碍者对一件事忍无可忍而将要发作时，可对自己默念如下指令："我必须克制住自己的反击行为，我至少要忍10分钟。我的反击行为是过分的，在这10分钟内，让我分析一下有什么非理性观念在作怪。"采取这种方法后，不久就会发现，每次你认为怒不可遏的事，只要忍上几分钟，用理性观念加以分析，怒气便会随之消减。不少你认定极具威胁的事，在忍耐了几分钟后，你会发现灾难并未降临，不过是自己的无谓担忧罢了。

4. 情绪调整法

人格障碍者多伴有情绪障碍。例如，表演型人格的情绪表达太过分，旁人无法接受。采用此法首先要做到的便是向你的亲朋好友做一番调查，听听他们对你的看法。对他人提出的看法，你应持全盘接受的态度，千万不要反驳，然后扪心自问一下，上述情绪表现哪些是有意识的，哪些是无意识的，哪些是别人喜欢的，哪些是别人讨厌的。对别人讨厌的坚决予以改进，对别人喜欢的则在表现强度上力求适中；对无意识的表现，将其写下来，放在醒目处，不时地自我提醒。此外，请你的好友在关键时刻提醒一下，或在事后对自己的表现做一评价，然后从中体会自己情绪表达的过火之处。这样坚持下去，你的情绪表达就会越来越得体和自然了。

第四节 大学生人格完善的途径和调适方法

大学生正处于"人格再造期"，要抓住这个有利时期，在正确的理论指导下，深入全面地理解自我，了解社会，把握自我与社会适应要求的差距，不断改进自己的人格，使自己的人格适应社会要求。升华价值观是培养健全人格的基础和核心，改进思维方式是培养健全人格的必要途径，而积极行动并持之以恒才能真正收到实效。

一、基本思路与方法

对"人格问题"诊断必须十分审慎，切勿轻率，要特别注重以下几点。

（1）不能用医学标准的人格障碍来贴标签或对号入座，一般不要认定为典型的人格障碍，可名为人格偏差或性格偏差。而人格偏差是大多数人或多或少都会有的。

（2）大学生的人格偏差是发展过程中的问题，是可以矫正的，不宜刻板看待。人格偏差或性格偏差可追溯至少儿时代，追根溯源有利于人格偏差的矫正。

（3）所谓人格偏差是相对的，只要未影响正常的学习、工作和生活，就不宜归为"人格问题"，而是追求人格进一步完善的问题。

（4）不宜把由认知方面的问题如道德观、价值观和人生观而产生的心理冲突统统归结为人格问题，也不能把人格问题反过来统统归结为认知问题，尽管几乎所有的人格偏差都与主体的认知密切相关。

对大学生人格偏差矫正的基本方法有以下几种。

（1）要认识到自己的人格有偏差。由于人格问题往往是不自知的，所以，此点最难。

（2）深入分析人格偏差的形成过程，找准问题的根源。

（3）从人格的个体性和社会性两方面进行人格的全面分析，看哪方面是主要问题。从这些年的情况来看，大学生人格的社会性严重缺乏是最典型的人格偏差。当然，个体之间有差异，所以应具体情况具体分析。

（4）需要特别强调的是，人格偏差的形成有一个相当长的时期，所以人格的矫正也需要较长的时间。只要有长期坚持的信心和坚韧不拔的毅力，是可以达到预期的目标的。

二、升华价值观

对于价值观与心理健康的关系，在心理咨询领域，国内目前有两种不同的观点：一派主张在心理咨询过程中要"保持价值观中立"；另一派则主张"价值观介入"。但无论如何，在大学生的心理健康教育过程中是需要价值观介入的，而且通过价值观的升华来培养大学生的健全人格还应是工作的重心。道理很简单，大学生的心理健康教育是人的全面发展教育的一部分，它与医学心理咨询的工作是有一定区别的。在当今多元价值观并存的社会中，大学生的价值观出现摇摆不定、模糊不清的现象是经常可见的。所以，心理健康教育工作不能对价值观问题"袖手旁观"，关键是采用什么样的方式与方法来正确引导和升华大学生的价值观。

（一）了解升华价值观在培养健全人格中的意义

可以从以下几方面了解升华价值观在培养健全人格中的意义。

1. 价值观是健全人格的核心因素

人格的核心是性格，性格的核心是态度，态度的核心是价值观。因此，升华价值观在培养健全人格中的作用，其重要性怎么强调都不过分。

2. 价值观的确立与稳定是人格健全的基本标志

判断一个人的人格是否健全主要看他是否已经成长为一个具有成熟的社会意识、社会观点、社会态度和道德立场的社会人，即看他是不是已经有了明显而稳定的社会定向和道德定向，并依此去行动。只有当一个人形成和确立了稳定的价值观，并在此基础上确定了明确的社会和道德定向时，才能说他的人格是较为健全的。

3. 个体表现出来的稳定的行为模式是性格的最明显标志

价值观的确立与稳定的行为模式是人格健全的外部表现。个体的行为模式或生活方式最能体现他的人格特质。个人已确立和稳定了的价值观决定他做什么或不做什么、追求什么或不追求什么，因而直接支配和调节着他的行为模式。可以这样说，一个人有什么样的价值观，就会有什么样的行为模式。正是由于个体价值观的形成与确立，才能更好地调整自己的行为模式，使之更加完善和稳固。

4. 个体价值观的确立与稳定是人格成熟的重要标志

人格的发展过程在一个人的整个生命历程中都在进行，它是一个不断完善的过程。价值观不仅在人格的形成过程中有重要意义，而且在人格的继续发展和完善中也有重要作用。

（二）检查价值观在人格培养中的各项功能

1. 检查个体价值观的定向功能

价值观规定了一个人的行为取向和追求目标，从而也决定了他的发展方向。人们总是追求符合自己价值观的东西，摒弃违背自己价值观的东西，也总是做自己认为有价值的事，不做自己认为无价值的事，因此检查自己的价值观是否符合社会的主流价值观就显得尤为重要。

2. 检查个体价值观的解释功能

价值观是对外部世界的一种内在解释系统。个体在认识、评价事物和各自之间的关系时，不仅要从外界事物本身的属性出发，往往还要从自己的价值观出发，受其指导和调节。一个人的认识和思想也许不符合外界事物的规律，但却往往符合他的个体价值观。有时候，人还会仅仅从自己的价值观出发，有意无意地歪曲客观事实和外部规律。一个人对事物的认识和理解是否正确，与他的价值观是否正确有很大关系，所以检查自己价值观的解释功能是一项经常要做的事情。

3. 检查个体价值观的过滤功能

个体在现实生活中无时无刻不在面临着选择，以确定接受什么样的影响。在人的选择活动中，价值观起着重要的过滤作用。符合个体价值观的外部影响容易为他接受，而违背其价值观的外部影响则较难被他接受，甚至会遭到抵制和反抗。价值观就好像人的心理体系中的一个过滤器，周围现实生活的各种影响，都要经过它的筛选和过滤，才能对人发生作用，它保证了人的选择性。所以检查自己价值观的过滤功能也是一项经常要做的事情。

4. 检查个体价值观的调节功能

价值观作为人的本质的稳定的态度体系，并不一定都能为个人所意识到，有的人能够以一整套理论表明他的价值观，并自觉地依之去行动，但不少人并不能够向人们表明他的价值观，或者根本就不知道自己有什么样的价值观，但是他们却不自觉地按自己的价值观去行动了，他们的行为实际上就说明了他们的价值观。因此不管是有意识的，还是无意识的，人的行为和活动总是受其价值观调节的。所以检查自己价值观的调节功能是否处于觉醒状态、是否真正有效也是不可忽视的。

5. 检查个体价值观的操作功能

大学生的价值观要具体化。大学生还没有正式走入社会，也没有正式进入职场，所以价值观就有可能空洞或不切实际。要升华自己的价值观，就一定要明确社会要求大学生具备哪些方面的东西，自己将从事的职业有什么社会价值和个人价值。这就是价值观的具体化或操作功能。只有做到了价值观的具体化和可操作性，才能说真正实现了价值观的升华。

6. 检查和防范个体价值观的反向功能

人有什么样的价值观，他就会倾向于把自己塑造成什么样的人格。如果从极端个人主义出发，一味地强调个人的自由和利益，单纯从个人的利益、自由出发进行价值选择，就会发展出不健康的、软弱无力的、低劣的人格品质，甚至误入歧途。历史上和现实生活中，这样的例子并不少见。所以检查和防范个体价值观的反向功能也是一项不得不经常进行的艰巨任务。

三、改进思维方式

大学生的思维方式与其人格偏差是有紧密关联的，如被动攻击型过度焦虑、"看破红尘"；依赖型和心境恶劣型自我中心等人格偏差，就与当事人的思维方式有着紧密联系。改进思维方式和心理策略，有利于大学生健全人格的形成。

人格障碍的矫治或人格偏差的矫正，迄今为止仍然是国际难题。其根本问题就是神经症是自知的，有躯体症状，当事人有求治要求；而人格障碍或人格偏差没有躯体症状，是不自知的，对此如果没有深入的认识就谈不上主动进行矫治或矫正。一般来说，通过学习心理卫生知识并进行认真分析，是完全可以达到自知程度的。大学生通过对自己人格的全面分析，可以知晓个体人格心理哪些方面是好的，应该继续发扬；哪些方面是不好的，应该设法加以改进。对大学生长期心理健康教育的实践经验表明，通过改进思维方式和心理策略来矫治人格偏差，收效快，效果好。那么，大学生如何改进自己的思维方式和心理策略呢？

（一）正确认识自己

想要正确认识自己，首先得改变思路，思路决定出路。大学生要勇于解剖自己。自负与自卑形成了人格偏差两极的不同表现特征。每个人都有自己的长处，也有自己的短处，要善于发挥所长而补其所短。不因所长而自负，不因所短而自卑，就会充满自信，进而拥有健全的人格。

（二）客观面对现实

现实社会异常复杂，真善美与假恶丑、公平公正与诸多不合理的现象同在。如果纯粹用理想的观点来看待社会现实，就会充满烦恼、沮丧和愤懑，进而怨天尤人。对社会认识过度理想化或持敌对态度的人易产生人格偏差，因为这些人的思维方式与社会大多数人是不一样的。大学生仍处于理想化时期，面对社会百态，既要坚持正义，又要实事求是。持比较客观的态度，才会心理平衡，拥有健全的人格。

（三）增强事业心责任感

树立强烈的事业心和高度的责任感，有利于形成健全的人格。因为有事业心和责任感的人整天忙于学习和工作，没有时间去关注别人对自己的评价与态度，因而也就没有时间去"自寻烦恼"。而那些没有抱负的人由于心理能量过剩，自然而然会关注很多无关信息，对别人关于自己的评价和态度异常敏感，久而久之就会对外部刺激做出过度反应，最终形成人格偏差。人生、事业与成就都必须经历一个较长的过程。正常人会把大部分精力投入这个过程之中，但有些人完全不是这样，他们不注重过程，只关注结果，还自以为"看破红尘"，既懒于奋进又愤愤不平。大学生应把主要精力放在学习和对未来事业追求的过程之中，那么对每一小步前进都会感到由衷的喜悦，就会不断有成就感。努力奋进，顺其自然，人格自然会趋于健全。

（四）避免过分计较、过度分析

过分计较利害得失不利于形成健全的人格。此类人纯粹是以自我为中心的，因此大学生不可患得患失，要有拿得起放得下的宽阔胸襟和气魄，自然就会心态平和，人格正常。过多地进行自我心理分析的人也易导致心理不正常。普通人的专业心理知识非常有限，如果过多地进行自我心理分析，只会导致死钻牛角尖，往往空耗时间而于事无补。正确的方法是一旦认定方向、确定策略之后，就要付诸行动并持之以恒。总之，有抱负、有追求、热爱生活、热爱社会并且积极行动的人，其人格都比较健全。

四、培养良好习惯

改变行为模式，培养良好习惯是培养健全人格最为直接的路线。培养良好习惯要注重以下几个方面。

（一）有剖析自己的勇气

许多大学生心理咨询案例表明，要想健全自己的人格，必须有一个端正的态度，敢于分析自我，善于分析自我（在专家指导下）。敢于直面自我人格的真实面目，由于人格问题往往是"不自知"的，那就需要多观察多比较，多方面听取别人对自己的评价，逐渐加深对自我的认识，才能了解自己人格的"真面目"，为培育健全的人格创造前提条件。

（二）有社会适应的观念

大学生在校期间要通过各种途径了解社会。社会是复杂多变的，适应方式也应当复杂多变。适应方式的贫乏性与反应的单一性，自作主张，行为完全自控而不接受他控，自我调节能力又差，这些表现正是人格偏差的一种特色。社会本身有其健康、健全与合理的一面，也有其不合理的一面。社会本身是五颜六色的，社会不制造人格偏差，只为人格的形成与发展提供可选择的行为方式与生活方式。良好的社会适应观念会使大学生较快地具有良好的社会人格特质。

心灵拓展

有益的涉世忠告

如何在职业生涯开启时少走弯路，从而有一个好的起点，并通向一个成功的职业生涯？这里有前辈积累的10条有用建议，仔细阅读并掌握这些建议，认真遵照执行。与课堂知识相比，它们并不逊色！

（1）买个闹钟，以便按时叫醒你。贪睡和不守时，都将成为你工作和事业上的绊脚石，任何时候都一样。不仅要学会准时，更要学会提前。"闹钟"只是一种简单的标志和提示，真正灵活、实用的时间掌握在每个人的心中。

（2）如果你不喜欢现在的工作，要么辞职不干，要么就闭嘴不言。初出茅庐，往往眼高手低，心高气傲，大事做不了，小事不愿做。不要养成挑三拣四的习惯。不要雨天烦打伞，不带伞又怕淋雨，处处表现出不满的情绪。记住，不做则已，要做就要做好。

（3）每个人都有孤独的时候。只有学会忍受孤独，一个人才能成长。年轻人习惯于打闹和开玩笑。当他们来到一个陌生的环境时，他们会被各种各样的人和事搞得不知所措，有时甚至找不到一个地方可以聊聊天。此时，不要浮躁，学会沉思，学会忍受孤独。独立思考，在思考中成熟，在成熟中升华。不要因为孤独而丧失信心，做无聊的、无用的事情，浪费宝贵的时间。

（4）走运时要做好倒霉的准备。有一天，一只狐狸走到一个葡萄园外，里面水灵灵的葡萄令它垂涎欲滴，可是外面有栅栏挡着，无法进去。于是它一狠心绝食三日，减肥之后，终于钻进葡萄园内饱餐一顿。当它心满意足地想离开葡萄园时，发觉自己吃得太饱，怎么也钻不出栅栏了。相信任何人都不愿做这样的狐狸。退路同样重要。饱带干粮，晴带雨伞，点滴积累，水到渠成。有的东西今天似乎一文不值，但有朝一日也许就会身价百倍。

（5）不要像玻璃那样脆弱。有的人眼睛总盯着自己，所以长不高、看不远；总是喜欢怨天尤人，也使别人无比厌烦。没有苦中苦，哪来甜中甜？不要像玻璃那样脆弱，而应像水晶一样透明，太阳一样辉煌，蜡梅一样坚强。既然睁开眼睛享受风的清凉，就不要埋怨风中细小的沙粒。

（6）管住自己的嘴巴。不要谈论自己，更不要议论别人。谈论自己往往会走向自大虚伪，在名不副实中失去自己。议论别人往往在鸡毛蒜皮的是非口舌中纠缠不清。每天下班后和你的那些同事朋友喝酒聊天可不是件好事，因为，这中间往往会把议论同事、朋友当作话题。背后议论人总是不好的，尤其是议论别人的短处，这些会降低你的人格。

（7）机会从不会"失掉"，你失掉了，自有别人会得到。不要守株待兔，寄希望于"机会"。机会只不过是相对于准备充分而又善于创造机会的人而言的。也许，你正为失去一个机会而懊悔、埋怨的时候，机会却被你对面那个准备充分的人给抓住了。没有机会，就要创造机会；有了机会，就要巧妙地抓住。

（8）如果电话一直不响，你应该打出去。大多数时候，电话会给你带来意想不到的收获。如果你交了新朋友，不要忘记你的老朋友。当你有更多的朋友时，走路更容易。沟通的一大诀窍是主动。好的人缘通常会帮助你的事业更上一层楼。

（9）千万不要因为自己已经到了结婚年龄而草率结婚。想结婚，就要找一个能和你心心相印、白头偕老的伴侣。不要因为放纵和游戏而恋爱，不要因为恋爱而影响工作和事业，更不要因一桩草率而失败的婚姻而使人生受阻。感情用事往往会因小失大。

（10）写出你一生要做的事情，把单子放在皮夹里，经常拿出来看。人生要有目标，要有计划，要有提醒，要有紧迫感。一个又一个小目标串起来，就成了你一生的大目标。生活富足了，环境改善了，不要忘了皮夹里那张薄薄的单子。

心灵探索

人格简易测验（自我实现心理倾向）

这项测验是琼斯和克兰戴尔编制的一项关于自我实现的简短测试。对下面的陈述，按以下标准选择与你最符合的分数：1=不同意；2=不太同意；3=基本同意；4=同意。

（1）我不为自己的情绪特征感到丢脸。（   ）
（2）我觉得我必须做别人期望我做的事。（   ）
（3）我相信人的本质是善良的、可信的。（   ）
（4）我觉得可以对我爱的人发脾气。（   ）
（5）别人应该赞赏我做的事情。（   ）
（6）我不能接受自己的弱点。（   ）
（7）我能够赞许、喜欢他人。（   ）
（8）我害怕失败。（   ）
（9）我不愿意分析那些复杂问题并把它们简化。（   ）
（10）做一个你想做的人比做一个随大流的人更好。（   ）
（11）在生活中，我没有明确的要为之献身的目标。（   ）
（12）我由着性子表达我的情绪，不管后果如何。（   ）
（13）我没有帮助别人的责任。（   ）
（14）我总是害怕自己不够完美。（   ）
（15）我被别人爱是因为我对别人付出了爱。（   ）

评分标准

计分时，对以下各题反向计分（不同意的程度越高得分越高）：2、5、6、8、11、13、14（不同意=4分；不太同意=3分；基本同意=2分；同意=1分）。把15题的得分相加。再把你的得分和下面大学生的进行比较。

男生：平均分45.02，标准差4.95。女生：平均分46.07，标准差4.79。

分数越高，说明你越有人格魅力，在你人生的某个阶段，越有可能实现自我。

第八章

大学生常见心理问题与应对

情境导入

  大学生涯对每一位大学生来说，都是一段无法割舍的人生体验。在这里，不管愿意与否，你都要开始独立地面对生活，都要自主地解决自己的人生难题。但是，当你以极大的热情去直面生活、实现自己的理想时，可能会发现生活的情境如此复杂，有时甚至是难于驾驭。在痛苦的反思之后，有人开始调整目标、重塑生活，以积极的心态去迎接新的生活；有的人则选择了逃避与自暴自弃，以消极的心理与行为去对抗生活。积极的接纳与奋进是美好人生的起点，而消极的对抗则有可能一事无成。因此，大学生涯这一场新的开始，我们要有所准备！而这起点之美就在于积极地适应新的学习环境和新的生活环境。

  学生A：我想象中的大学安静而美丽，鲜花盛开，绿树成荫，教室窗明几净，寝室整洁宽敞；长发飘飘的漂亮女生穿着白色的裙子，抱着英语书，散步在绿荫小路上；帅气的男生骑着自行车潇洒地从我身边穿过，格子衬衣随风飘扬；和蔼睿智的老先生在课堂上声情并茂地为我们讲课，我们听得如痴如醉。可是我还没有走进大学校门就失望了。我来报到的时候，学校正在整修，大门周围搭着高高的架子、围着护栏，根本看不到校园是什么样子；寝室破旧窄小，又没有空调。来到了这个很一般的学校已经很不开心了，而且所学专业看起来也没有自己所想那么有趣，寝室楼好像是全校最破的一栋楼，班里没一个合得来的同学。

  学生B：高中的时候，老师每天陪着我们学习、啃书本，一页课本我们用一周来嚼碎吃透，学得多扎实。现在老师一节课讲十几页，下课就走人，没人督促我们去上课，更没人陪我们自习；马上要考试了，一周要考很多门，我都不知道怎么复习这么多知识，担心考不过。围绕着我的是陌生的人、陌生的事和陌生的感觉，我苦恼极了。

  学生C：上课的时候，集中不了注意力，想学好，又进入不了学习状态。担心自己这样下去考试不及格，晚上睡眠不好，满脑子都是过去的画面，包括高中老师讲课、高中同学相处等。

思考

大学新生的生活发生了什么变化？大学新生的心理发生了什么变化？

学习目标

知识目标
1. 理解大学生角色转换和环境适应过程中可能出现的心理问题，如角色改变引发的适应问题。
2. 掌握大学生适应问题的分析方法，以及心理调节和适应能力的培养策略。
3. 理解心理咨询的基本内涵，特别是在大学生群体中的应用和意义。
4. 理解大学生网络心理问题的特点和常见类型，以及相应的干预和调适方法。

能力目标
1. 能够分析和评估大学生角色转换和环境适应过程中的心理问题，提出适当的心理调节和支持措施。
2. 能够设计和实施有效的大学生心理调适和适应能力的培养方案。
3. 能够运用心理咨询理论和方法，为大学生提供有效的心理支持和帮助。
4. 能够识别和介入大学生网络心理问题，帮助他们调整心理状态和改善网络行为。

素质目标
1. 培养对大学生心理适应过程的关注和理解，增强对他们心理健康的关注和支持意识。
2. 提升帮助大学生解决心理问题和改善适应能力的实际操作能力和意愿。
3. 增强通过心理咨询和网络心理健康教育来促进大学生全面发展的责任感和实际行动能力。

思维导图

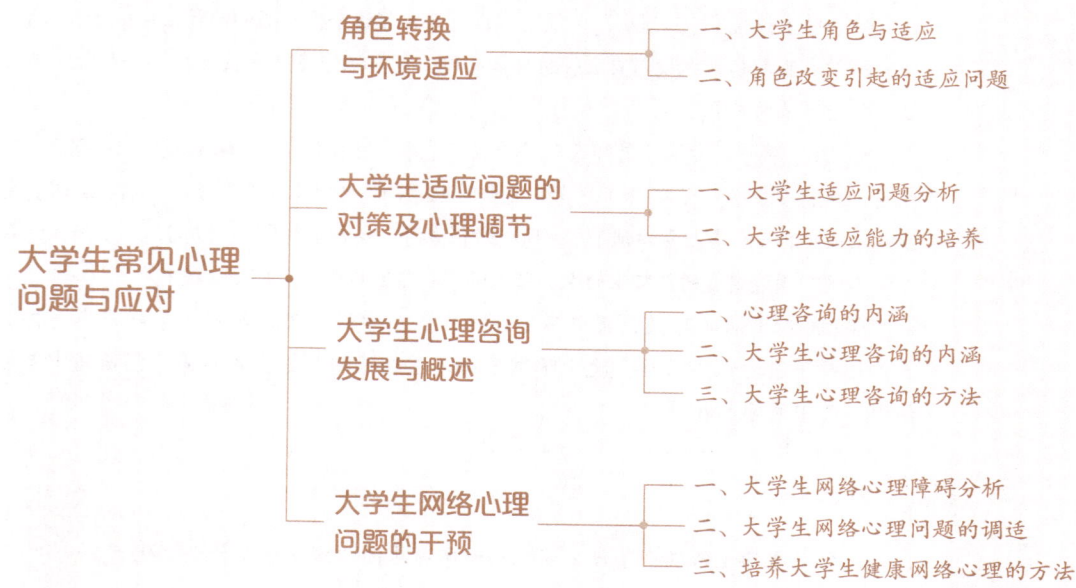

第一节 角色转换与环境适应

一、大学生角色与适应

（一）大学生角色的转变

所谓"角色"，是人在社会行为系统中与一定社会位置相关联的符合社会要求的行为模式，它客观地规定了一个人的活动范围、享有的权利、承担的义务以及行为方式等。

大学生角色的转变主要体现在角色意识、角色位置、角色行为上的转变。

1. 角色意识的转变

大学新生都有一个角色转变与适应的过程。成为大学生，这是客观事实，但相当一部分新生并没有真正认识到自己角色的转变，角色意识还停留在中学生这一层次。这种角色意识的滞后性，阻碍了新生对大学生活的适应。还有一部分高职院校的大学生，由于对自己所考取的院校感到不满意，考上大学的喜悦却被一种失败或者失望的情绪所替代，内心充满着不满，他们的大学生角色意识更具有滞后性，常常更不容易适应新的大学生活。角色意识的转变关键是角色责任的转变，大学生的称号不仅是一种文化层次的体现，更是一种神圣责任的象征（图8-1）。

图8-1 步入大学

2. 角色位置的转变

能考上大学的学生在中学阶段大部分是学习上的佼佼者，平时深得家长、老师和同学的关注。进入大学，如果重新排名，就只能有少数人保持原来的中心地位和重要角色。大多数学生将从中心角色向普通角色转变，自我评价可能会受到不同程度的冲击。

3. 角色行为的转变

角色行为的转变是角色转变的关键。针对大学生的行为，教育部在《高等学校学生行为准则》中做出了详细的规定，而且各高校还相应地制定了许多具体的规章制度，这些都是针对大学生的行为规范。大学新生应认真学习，尽快使自己的行为符合大学生这一新的人生角色。

（二）环境适应问题

进入大学之后，很多环境都与高中不同，学习环境、生活环境、周围认识的朋友都有变化，这些变化都可能导致心理适应问题。例如，不会安排时间，不习惯集体生活，容易发生人际关系方面的摩擦和冲突且无力自行解决，缺乏社会经验，缺乏承受困难和挫折的能力，当环境变得与以前不同时，就承受不了，不知道该怎么办，继而产生苦闷、忧虑、想家、痛苦、厌烦的消极情绪。

1. 适应大学生活

（1）学会做职业计划。通过对自己的了解，逐步构想出符合自己愿望的职业发展计划，并为此做实际的准备。

（2）提高自己的素养。参加各种文娱活动，有效利用闲暇时间提高文学兴趣和鉴赏力，形成审美观念，陶冶生活情操；能够掌握独特的学习方法，善于自主、自律地完成学业目标，不满足于接受现成的知识、结论，而是能培养自己的新思维，形成对世界的思考；主动参与学术活动，达到一定的学术水平。

（3）融入所处社会。能尊重且接纳不同文化背景、不同信念、不同生活方式以及不同观点的人。

（4）拥有智慧健康的生活。有生活自理能力，有生存的智慧，也能善用资源自给自足；有良好的生活习惯，合理饮食与锻炼身体，会有效处理各种压力。

大学生活是一次新的机遇与挑战，需要大学生有意识地培养自己的学习能力、人际交往的能力、时间规划的能力，从心理发展的角度来说，也同样需要培养快乐的能力。

2. 适应反应

当你刚进入大学时，是否感到沮丧、孤单、焦虑或孤僻？如果的确如此，也不必觉得讶异，因为你并不是唯一有这样体验的人。许多学生，特别是那些刚刚高中毕业、第一次远离亲人的学生，会在大学第一年经历一段调整期。新生适应反应是指一系列与大学新体验相关的心理困扰，包括孤独、焦虑和抑郁等情绪反应。尽管任意一名一年级新生都有可能经受适应反应中的一个或多个症状，但在高中阶段的学业上取得过巨大成功的学生身上发生这种情况的频率则更高。这些学生在大学学习开始时，经历了地位上的突变，可能导致他们非常痛苦。一般来说，每个新生都需要面临的新生适应问题，也会在尝试交往新朋友、体验学业成功以及让自己融入校园生活的过程中顺利解决，但是，在其他情况下，某些问题却会遗留下来，还可能激化，甚至导致更为严重的心理问题。一般来说，个体在面对压力情境时的应激反应分为3个阶段（图8-2）。

（1）警觉期。处于警觉期的个体迅速动员躯体资源并对威胁做出反应。躯体往往从储存的脂肪和肌肉中获得所需的能量，即"战斗或逃跑反应"。值得一提的是，一些新生在适应阶段出现逃避行为，如厌学、网络成瘾等，这其实是处于应激反应的警觉期，需要家庭、学校、同学、老师的支持。

（2）抵抗期。处于抵抗期的机体在设法应对应激源时适应了高唤醒状态。机体持续从脂肪和肌肉中提取资源，暂时关闭了一些不必要的生理过程，如消化、生长、性需求等，机体往往疲于抵抗，所有有趣的东西都被束之高阁了。如果新生出现低落、抑郁等情绪，其实已经是应激反应的第二阶段了，需要梳理当时所面临的压力，主动改变应对策略或及时调整作息时间进行休息。

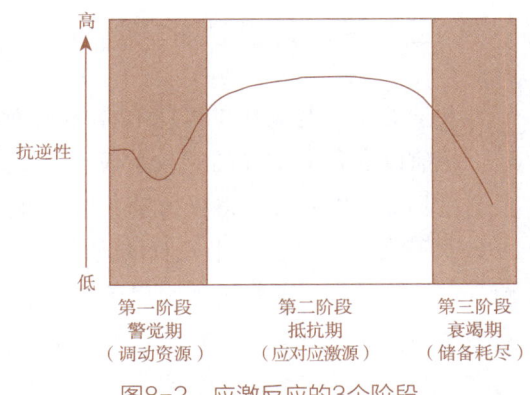

图8-2　应激反应的3个阶段

（3）衰竭期。如果抵抗期过长，机体就会进入衰竭期。抵抗期的许多防御型反应在运行过程中会产生渐进性损坏，机体需要为此付出代价，如感染疾病、老化、躯体问题等。大一新生在面临新环境压力时如果一直不知道如何调整和适应，就会导致退学、逃避社交、抑郁症等严重的问题。因此，新生需要尽早了解大学阶段面临的压力，在机体应激反应的警觉期就能够主动寻求帮助与支持，了解新生适应的策略和方法，尽早度过应激阶段。

根据塞里的应激反应三阶段理论，对应激的抵抗随时间而逐渐形成，但只能持续到衰竭阶段出现前。

二、角色改变引起的适应问题

（一）心理方面的适应问题

环境的变化引起大学生对自我的重新定位。由高中到大学，每位学生都会经历一个对自己的角色进行再定位的过程。这一过程能否顺利完成，反映了每位学生的心理适应能力。大学新生在原有的群体中可能大都处于中心地位，但到了大学，汇聚成为一个新的集体时，只有少数人能保持原来的中心地位，多数人要从优势角色向普通角色转变。在这种角色转换的过程中，如果自身的行为不能随着角色的变化而变化，不能随着时间、环境的改变而进行相应的调整，就可能会出现角色的冲突，从而出现适应不良的问题。可以说，一些人是带着"过去的辉煌"来到了大学，当"辉煌"不再时，一些大学生会感到措手不及，无法接受理想自我和现实自我之间的巨大差距，一种失落感和自卑感便袭上心头。这种地位的变化越强烈，他们适应起来就越困难。有的新生由于往日盲目地自信和骄傲，此时便觉得自己落伍掉队，原有的优越感和自豪感变成了自卑感和焦虑感。这一转变很可能引发大学生对自己角色定位的困惑，失落、自卑、抑郁等心理问题就常常会发生。

（二）学习方面的适应问题

大学的学习与高中的学习在学习目的、内容、方式和要求上都存在差异。进入大学后，从前以老师为主导的"教学模式"变成了现在以学生为主导的"自学模式"。大学新生上过几节课以后会觉得：大学课堂的讲授时间相对较少，每节课覆盖的内容相对较多，一节课下来，老师会讲十几页的内容，课下学习抓不住重点。大学更强调启发性、研讨性、自学式教育，课堂讲授知识后，学生不仅要消化理解课堂上学习的内容，而且要大量阅读相关方面的书籍和文献资料，自学能力的高低成为影响学业成绩的重要因素。承袭过去高中阶段的学习方法，即使勤奋用功可能也难以获得能力的全面提高，这在大学新生中是相当普遍的现象。尤其对那些高中阶段学习拔尖的人来说，这种挫折可能会造成自信心丧失，严重者可能导致心理疾病。许多新生入学后遇到的不适应首先就表现在学习安排的不知所措上，即不知如何安排课余时间，一方面抱怨课程太多，另一方面又抱怨课后没事做，这实际上是不善于独立学习的一种表现。

（三）人际关系方面的适应问题

人际交往是大学生活的重要内容，是大学生适应社会不可或缺的方面，也是其个性完善的重要组成部分，更是其未来事业成败的关键因素。大学新生一方面渴望建立和谐、融洽的人际关系，获得友谊；另一方面他们又封闭自己，不愿向别人敞开心扉，或者不了解人际交往的技巧，缺乏与人沟通的能力。大学与高中相比，人际关系交往的范围更大、频率更高、内容更多。大学阶段由于是集体生活，学生要面对班级、年级、学院、学校的各种机构、人员，并与之交往。对于刚刚进入大学校门，尤其是独生子女的大学新生而言，一方面，他们本来就相对缺少思想和情感的交流，存在某种程度的"封闭性"，同学之间缺少心灵的沟通和情感的交流。他们缺乏集体感与合作精神，甚至出现外部行为与内心体验不一致的情况。他们的内心渴望友谊、理解、尊重、关心，迫切希望有知心朋友，但又不知道如何与人沟通，不懂交往的技巧与原则。另一方面，近年来，网络在给大学生带来积极作用的同时，也给他们带来了一些负面影响，对网络产生心理依赖的大学生越来越多。

（四）生活方面的适应问题

入学前，许多学生为了应付考试，全身心地投入学习，父母也为此给予了无微不至的关怀。特别是当代中国的大学生，多为独生子女，从小就一直受到父母的宠爱，对家庭有较强的依赖性，缺乏必要的生活经验，自理能力较差。这类人群进入大学遇到的第一个问题就是如何适应独立的生活环境。这对于毫无独立生活经验的大学生来说，无疑是一大挑战。面对生疏的人群和陌生的环境，一切都得自己去谋划操作。一些大学生由于难以适应这种生活环境的变化而产生孤独、焦虑、不安、沮丧等心理。

心灵拓展

大学生入学适应的特点

1. 适应过程的阶段性

大一新生刚进入大学时，由于之前对大学生活充满期望，所以是兴奋的，再加上刚刚脱离父母的"束缚"，许多学生体验到了自由的感觉。这个阶段称为"蜜月阶段"。当真正的大学生活开始后，部分新生便会感觉到大学生活与高中生活的差异性，老师讲课方式不同，课程上学习起来比较困难，在寝室不能较好地处理与室友的关系，远离父母之后生活上感到不便等。这时，许多刚入学的新生便会觉得孤独、寂寞，感觉到与之前生活的差别太大，觉得生活中处处充满了挫折，这个阶段称为"冲突阶段"。随着时间的推移，大部分新生会慢慢地去认识周围的环境，学习一些适应大学生活的技能，从而努力适应大学生活，最后成功地融入大学生活中，这个阶段称为"融合阶段"。但是，此时仍然有部分新生不能适应大学生活。

2. 适应任务的多维性

对于大一新生面临的诸多适应问题，许多学者已从不同方面进行了分析，主要表现在四个方面。第一，生活上的不适应，如许多新生不能适应新环境的气候、饮食习惯，不能合理安排自己的生活。第二，学习上的不适应。进入新的学习模式后，部分新生不仅学习目标是模糊的，而且尚未找到正确的学习方法，学习上充满迷茫。第三，人际交往上的不适应。进入大学后，部分新生发现与老师的关系较为疏远，与室友之间的关系不好处理，无法包容他人的生活习惯，无法包容他人与自己性格、爱好上的差异；与异性交往时过分敏感。第四，心理上的不适应。远离了熟悉的家人、朋友，部分新生会有一种孤独、无依无靠的感觉。总之，由于大一新生进入大学后面临的适应问题是多样性的，大一新生的适应任务也就呈现了多维性。

3. 适应问题的差异性

虽然大一新生进入大学后会面临许多的适应问题，但是他们在适应问题上是具有差异性的。首先，是个体适应能力上的差异性。有些新生进入大学后能够很快适应大学的学习和生活，而有的新生却需要很长时间，甚至始终适应不了大学生活。其次，由于性格、城乡差异，新生的适应问题也是具有差异性的。比如，性格开朗的学生能够很快适应新的人际关系，融入新的集体中；男生通常生活自理能力没有女生强，相比于女生，有可能不能合理解决自己的生活问题；由于农村教学设施上的局限性，部分农村新生可能在学习方面相对城市新生而言，能力较差。

4. 适应内容的相通性

大一新生虽然在进入大学后会面临许多的适应问题，但这些内容具有相通性。大一新生对其中某一项内容的适应程度，会对其他内容的适应程度产生影响。比如，健康的心理能够帮助新生很快适应新的学习、生活和人际关系，反之，则会影响其对学习、生活和人际关系的适应。良好的人际关系和合理的生活安排有利于大一新生专心致志地投入学习中。总之，学习、生活、人际交往和心理是一个整体的系统，四者之间相互联系、相互影响、相互制约。

第二节 大学生适应问题的对策及心理调节

大学阶段是一个人的生理和心理都迅速发展的阶段，是一个个体心理迅速走向成熟而又尚未完全成熟的过渡期。面对大学生活适应过程中出现的问题，学校要进行有效的疏导和调适，这对学生今后的学习和人生都将产生积极的影响。每个人都希望自己的才能得到发挥，每个人都希望生命的航船能勇敢地冲破自己内心世界和外部环境的种种风浪险阻，坚定地驶向胜利的彼岸。学会控制自己的心理，学会积极地适应现实，学生就会发展自己。

一、大学生适应问题分析

（一）学校环境的适应

从高中升入大学的新生，绝大多数年龄在十七八岁，少有单独外出旅行的经验，所以入学旅程一般由父母或亲戚陪同。随着近年来大学新生中独生子女比例的增大，由家长专程护送新生上大学的现象越来越普遍，有的学生甚至有数位亲友陪同，相比之下，那些家庭经济条件不太好或是希望锻炼独立处事能力的学生，反而上了人生有益的一课。很多大学生在谈到入学旅程时认为，第一次独自离家远行，的确对自己没有多大的信心，但是经过这样一次独立处理事情的锻炼，如买车票、转车、托运行李等，就觉得自己有点儿像个大人了。这种感觉正是他们走向成熟的良好起点。

校园是大学生活中最重要的场所，对校园环境的熟悉和了解程度决定了大学生能否在这个环境中自如地生活、学习。

1. 要尽快熟悉校园的"地形"

有的新生入校后一安排好行李，就马上到校园的各处熟悉情况。例如，了解教室、图书馆、商店、操场在什么地方，食堂什么时候开饭，如何购买澡票，甚至学校有几个门等，将学校的基本情况在短时间内了解得非常清楚。这样一来，学生在办理各种手续、解决各种问题的时候就会比别人更顺利、更节省时间。与此相反的是，有些大学新生显得非常拘谨，生怕走远一点儿就会迷路，又不好意思开口向别人寻求帮助，最后不得不尽量少走动、少说话，实在迫不得已就跟在别人的后面。

2. 要多向高年级的同学请教

直接向高年级的同学请教是一个熟悉校园环境的最快捷的方法，一般来说，多数高年级的同学都愿意把他们的经验传授给新生，以帮助他们尽快适应校园生活，尽量少走弯路。另外，向自己的同乡请教也是不错的选择。

3. 在班级中担任一定的工作

在班级中担任一定的工作，也能帮助大学新生尽快适应校园生活。对环境适应快的大学新生，很快就能成为班级中的核心人物，并担任一定的班级工作。这样与老师、同学接触得越多，掌握的信息越多，锻炼的机会也越多，能力提高很快，自信心也就逐渐建立起来了。

（二）现实落差的适应

中小学时，老师可能为了激励学生刻苦学习而把大学描绘成一个"人间天堂"，学生也将考大学作为学习的唯一目标来勉励自己寒窗苦读，但当学生跨入大学校园后，才发现事实并非如此。一部分学生还发觉在人才济济的新集体中，昔日那种"鹤立鸡群"的优越感已经荡然无存，无形中产生一种失落感。每个大学新生，在升学喜悦之外，都要接受这样的现实：之前的一切都只能说明过去，必须接受眼前的一切，开始新的生活。

首先，要逐步接受已成为普通一员的事实，做到悦纳自我。毕竟能进入大学的一般都不是差生，大家在同一起跑线上，都是普通一员，都应从头开始。其次，新生入学后，要正确认识自己、评价自己，要经常问自己"我为什么来读大学""我是什么样一个人，今后又应该成为一个什么样的人""要成为这样的人我现在要怎么做"。这样有利于新生进行角色定位，适应新环境。新生对自己的评价不要太高，也不能太低，只有正确地认识自己，才可能准确地进行角色定位。另外，新生也应对心目中的大学进行调整，使其回归到现实中，以减少因理想大学与现实大学间的冲突而导致的心理落差和失衡。新的角色定位也只有建立在现实大学的基础上才可能更恰当。

面对难题，可以向老师请教，也可以与同学探讨，但更重要的是自己独立思考、自己确定，而不是单纯地依赖别人告诉你做什么和怎么做。面对挫折，可以伸出求援的手，可以自己咬紧牙关独立解决，也可以向朋友倾诉，寻求理解……

在新的环境中，在新的挑战下，大学新生只要充分调动起自我的力量来迎接新的一切，入学适应的阶段就会顺利度过。

（三）角色转换的适应

刚刚跨入校门的大学新生，就像一名运动员，可能在省队里面是第一名，后来进了国家队可能变成第三、第四名了，但是能进国家队，本身就足以说明他是一个优秀的运动员了。所以，适当地降低自我期望值，接受"不完美"的自己，放松捆绑自己精神的绳索，你就会以开朗的心情投入大学生活，从而获得丰富多彩的人生感受。

（四）学习方面的适应

大学阶段学习与高中阶段学习相比具有更多的自主性、灵活性和探索性，大学的学习方法与高中有很大不同，比如，不再以课堂教授为主；大量的时间需要自己去安排；要学会研究性学习，善于发现和提出问题等。大学的学习是变被动为主动，并非听课和读课本，和老师、同学讨论，阅读参考书目，听学术讲座等，都是学习，关键是要充分利用这些校园中的资源，并将学到的知识进行整合。从旧的学习方法向新的学习方法过渡是每个大学新生都必须经历的过程。进入大学后，新生一时可能会无所适从。有的感觉一下子从高中的严格管教中"松了绑"，但又不知如何安排学习，以致抑郁、焦虑；有的甚至会有意放纵自己，导致目标、理想、方向的迷失。因此新生入学熟悉环境后，应立即确立一个新的学习、奋斗目标。有了明确的目标，就有了内在驱动力，可促使人变得积极向上，从而更有利于避免各种心理问题和疾病。同时，还要注意培养专业兴趣，因为兴趣是推动学习的最实际的内部动力。另外，要积极探索、思考大学新的学习方法，掌握适合自己的学习方法，尽快顺利度过学习适应期。

一些新生可能会因为不喜欢所学专业而深感茫然，如何才能摆脱这种困扰？第一，转变对专业终身依靠的思想，把专业作为完善自身发展的一种手段。第二，增强学习动机，培养学习兴趣。随着对专业学习的进一步深入，专业兴趣也许会慢慢培养起来。如果发觉所学专业的确不适合自己，也绝不意味着前途无望、命运不济，国家高等教育层次的多样性为我们提供了更多选择和出路，如考研、转专业等。

（五）人际交往的适应

法国作家罗曼·罗兰说过："有了朋友，生命才显示出它全部的价值。智慧，友爱，这是照亮我们黑夜的唯一光亮。"由此可见友谊在人生中的分量。人对环境的适应，主要是对人际关系的适应。对于大学生来说，人际关系是重要的外部环境。有了良好的人际关系，人才有了支持力量，有了归属感和安全感，心情才能愉快。良好的人际关系不仅可以使自己在与他人相互感知和理解过程中有一个愉快的心情，而且可以使自己得到帮助、受到教益，更好地适应生活和得到发展。建立和谐的人际关系，首先，要发挥人际知觉的作用，认识到他人是建立和谐人际关系的基础。人际知觉是在与他人相处的过程中，通过对他人外部特征和行为的了解，而对其动机、信念、观念、个性等心理状态做出评价。人际知觉是群体生活中的重要心理因素，它决定着人际交往的深度和融洽程度。因此，正确、全面、深入地了解他人，客观地评价他人，是人际交往的前提。在认知他人时，要防止以成见、表面现象看人。其次，要真诚地关心他人，做到热情、无私、诚恳、宽容地对待他人，做到理解和尊重。有了良好的人际关系，就有了支持的力量，就有了归属感和安全感。

要想处理好同学之间的关系，还要做到对人宽、对己严，切忌以自我为中心。在平时的生活中，做到三主动：主动与同学打招呼，主动和同学讲话，主动帮助别人。在帮助别人的时候，不要过于计较别人能不能、会不会报答自己。在给同学提意见的时候，必须有自己的思考，讲究方法和技巧。比如，同寝室的人喜欢深夜卧谈，影响了大家的休息。直接提意见制止他们难以奏效，那就可以相应地调整自己的计划，或推迟上床的时间，或听听英语听力。需要注意的一点是，给别人提意见一定不能当着众人的面，以免使对方难堪（图8-3）。

图8-3　友好相处

（六）独立生活的适应

大学生只有解放思想，实事求是，与时俱进，勇于实践，才能适应不断变化的客观环境，才能在复杂多变的自然环境和社会环境中健康地生活、积极地发展。每一个人都不可能处处、时时、事事顺心如意。大学生同样处于这个客观规律中，同样需要正视现实，适应环境。

第一，对于生活上的问题，大学生要善于利用资源，尽快学会独立解决。例如，通过亲自探索或向他人请教，尽快熟悉校园内的基本生活、学习设施，以帮助自己快速适应校园生活。主动参与班级活动，有选择地参与社团工作。与老师、同学接触得越多、掌握的信息越多，锻炼的机会就越多，也容易培养自信心。新生要有足够的时间参与体育锻炼，合理地安排饮食和睡眠。

第二，要尽快在心理上和行为上改变过去对父母过分依赖的倾向，在一时一事中有意体验生活的充实和学业的成功，努力使自己变得自信、自立、自强。

第三，要以积极的态度和行动克服生活习惯上的不适应等问题。解决这些问题的方法很多，最重要的是要用心理学的方法进行自我调节，使自己保持情绪的相对稳定，心平气和地与环境中的各种相关因素打交道，有了不良情绪及时地加以疏导，如此坚持不懈，任何困难都能被战胜。

《大学》云："大学之道，在明明德，在亲民，在止于至善。"大学的宗旨在于弘扬光明正大的品德，在于使人弃旧图新，在于使人达到完善的境界。大学生担负着这个时代最崇高的使命，因此要努力把握机会，充分利用大学的资源，实时关注社会的需求，争取把自己培养成一个开放的综合型人才。

二、大学生适应能力的培养

（一）确立合适的新目标

大学生在中学阶段一般都富有理想，但理想和目标往往具有模糊性和短期性，他们大多数为应付高考只考虑近期目标，缺乏长远目标，更没有去想象大学毕业以后的情景。进入大学后，中学时期的奋斗目标变成了现实，但由于新的目标体系没有建立，不少学生感到空虚、茫然，动力不足，出现了松劲现象，从而引发了诸多适应不良的问题。此时，要想解决这一问题，就应当积极调节主观状态和认识客观环境，为自己确立新的、合适的奋斗目标。

目标是人们活动所追求的预期结果，也是激发人的积极性的前提条件。没有目标，人的活动就没有方向，没有力量，当然也就难以突破自我，走向成功。但是，目标的确立又必须恰当、科学，不切实际和违背规律的目标不仅不能使大学生适应环境，而且会使人误入歧途，甚至到不可自拔的地步。大学生要恰当地确定新的目标体系，应该尽力做到"四个结合"：第一，个人的奋斗目标与现实可能性相结合；第二，个人的奋斗目标与自身条件相结合；第三，个人的奋斗目标与社会发展的需要相结合；第四，远大目标与具体目标、长期目标与近期目标相结合。在这"四个结合"之下确立自己发展的目标，目标才会有价值，才能使大学生适应不断变化着的内外环境。

（二）及时完成角色转换，正确认识自己、悦纳自己

从中学进入大学，学生的角色发生了很大变化。大学生要明白自己已经是一个具有成熟独立人格的个体，是一个能够担当起社会责任的人。尤其是大学新生要对大学生这一角色的丰富内涵有一个深刻的认识和领会，从进入大学的那一刻起，就要努力完成角色的转换，以一种全新的面貌来迎接新的生活，完成新的目标。具体而言，大学生可从以下几个方面来做到认识自己，悦纳自己。

第一，经常审视自我，全面客观地认识自我，明白"我是谁"，总结自己的优点是什么，缺点是什么，自己追求的人生目标是什么，既看到优点长处，也承认存在弱点和短处，并积极地去改善和弥补。

第二，树立自信心。即使在学习成绩相对下降或表现不如以前突出时，也没有必要为此自卑。

第三，加强修养，学习别人的优点，取长补短，不断完善自我，逐步树立起具有自己个性特点的正确的大学生角色形象。

（三）建立和保持融洽的人际关系

融洽的人际关系是心理健康的一个标志，也是适应角色和环境的一个重要条件。因此，建立和保持融洽的人际关系，能够大大提高大学生的适应能力。关于如何做，前文已经专门进行了论述，这里不再赘述。不过，还是要强调大学生要注意处理好三个关系：第一，处理好自知和知人的关系；第二，处理好自尊与互尊的关系；第三，处理好自爱与爱人的关系。

（四）提高大学生独立生活的能力

独立生活能力是指依靠自我的力量进行生活的能力。大学生提高自己独立生活的能力，不仅是适应环境的要求，也是个人成长的必要条件。大学中，有很多学生受多方面因素的影响，依赖心理强，独立生活能力很差，不能适应大学学习和生活的新环境。为了扭转这种情况，应从以下几个方面出发，提高大学生独立生活的能力。

第一，大学生要改掉以前的坏习惯，摆正心态，从点滴的小事学起，不断积累生活经验、大胆实践、不怕失败，尝试独立处理生活中遇到的各类问题；还可以向身边的优秀学生学习，借鉴他们的经验和方法，逐步提高生活的自理能力。

第二，辅导员或班主任可以通过各种方式，关心和指导学生处理生活自理方面的问题，不仅教给他们处理问题的具体方法，而且多鼓励他们从小事做起，反复实践，在实干中成长。

第三，组织高年级学生为新生提供帮助，带领他们熟悉校内外环境，并以自身为例子，介绍自己成长的经验和体会。

（五）提高大学生调节情绪的能力

大学生面对当今复杂多变的环境，各种心理冲突和矛盾可能会不断发生，这就需要学会调节和控制自己的心境，力图在一定的环境变化中求得情绪的稳定。因此，大学生提高适应能力还需要学会调节自己的情绪。

第一，大学生要学习心理学、哲学、伦理学等学科的知识，提高文化知识素养，从广博的知识中接受教育和启迪，从而调整好自我的欲望、爱好，把握自己复杂的心态变化，充分发挥内部心理因素的积极作用。

第二，大学生要在工作、学习、生活和活动中积极寻找乐趣，努力发掘生活中光明的一面；即使处在逆境中，也能够不断控制和调节自己的情绪，使自己成为心境的主人。例如，听音乐、做运动、参加文化娱乐活动等，都能有效地转换大脑兴奋中心，调节自己的情绪。

（六）提高大学生有效管理时间的能力

与中学时期相比，大学的时间比较充裕，大学生需要自行安排课余之外的时间。有些学生就因为不能科学合理地安排好自己的时间，而使自己陷入一团乱的状态中，出现诸多适应不良问题。所以，提高大学生有效管理时间的能力非常有必要。科学合理地管理时间，不仅能够缓解紧张情绪、提高学习效率、提高生活质量，使繁杂的事情变得井井有条，使自己变得自信从容，还能够降低压力带来的焦虑和抑郁程度。

首先，大学生应制定整个大学阶段的总体规划。例如，规划专业学习、考取职业证书、参加各类培训、参与社会实践及考研复习等的时间，以使各个阶段的学习和生活更有针对性。

其次，大学生要分清重要和紧急的事情。可运用时间管理的四象限法（图8-4）。

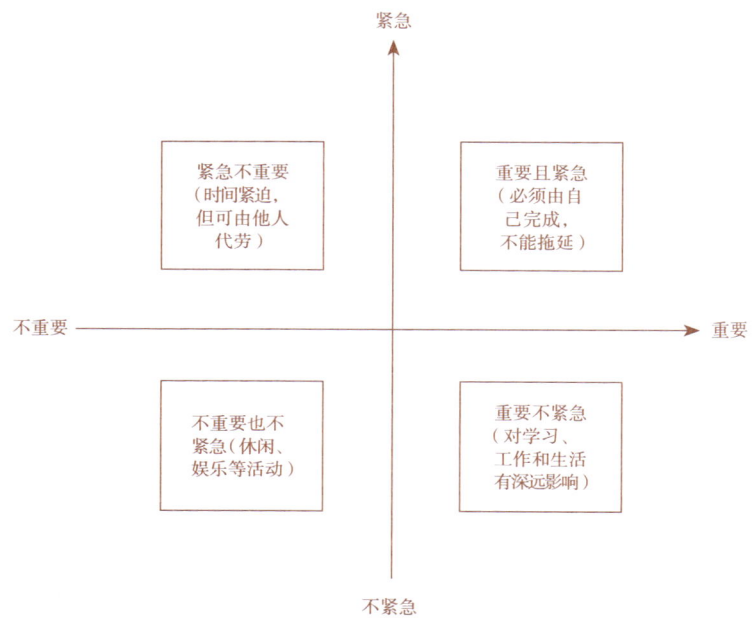

图8-4　时间管理的四象限法

最后，大学生要抓住零碎时间，例如，清晨起床或走路时可听英语、背单词，晚上睡觉前可回忆一天的学习内容，抓住零散时间会收到意想不到的效果。

在运用四象限法的时候，大学生要特别注意下面几点。

（1）重要且紧急的事情，要立即行动。

（2）重要不紧急的事情，需投入主要精力，缩小第一象限范围，使工作学习更加从容。

（3）紧急不重要的事情，要学会说不，根据自己情况决定。

（4）不重要也不紧急的事情，可以根据实际情况往后安排。

第三节 大学生心理咨询发展与概述

对于大学生来说，随着社会的发展，大学教育从精英教育转向大众教育，这使得大学生的优越感逐渐消失，迎接他们的是理想与现实的冲突，这使得大学生的心理问题日益凸显。要对大学生心理健康问题进行研究，就要了解大学生心理咨询的相关理论，寻找到相应的解决方法。

一、心理咨询的内涵

（一）心理咨询的概念

"咨询"一词最初来源于拉丁语"consuitatio"，意为"商讨、征求意见、寻求帮助、劝告、指导"等。心理咨询（psychological counseling）最早用于职业指导，以后逐渐发展到教育、医学、管理、健康等方面。但到底什么是心理咨询，至今尚未有一个统一的定义。著名心理学家泰勒认为："咨询是一种从心理上进行帮助的活动，它集中于自我同感的成长，以及按照个人意愿进行选择和做出行动的问题。"罗杰斯则认为："咨询是通过与个体持续的、直接的接触，向其提供心理帮助并力图促使其行为、态度发生变化的过程。"

《中国大百科全书·心理学》则认为"心理咨询"是"一种以语言、文字或其他信息为沟通形式，对来访者予以启发、支持和再教育的心理治疗方式。其对象不是典型的精神病患者，而是有教育、婚姻、职业等心理或行为问题的人。不能合作和无法交流的患者不能作为心理咨询的对象，但可以通过对其亲友提供咨询指导而间接给患者以帮助"。

综上所述，心理咨询是受过专业训练的心理咨询师与有教育、婚姻、职业等心理或行为问题的或有轻度的、属于机能性的心理失常的来访者进行人际交流，通过语言、文字或其他信息的沟通形式帮助其重新认识自我和社会，克服成长过程中的危机，促进其健康发展的一个过程（图8-5）。

图8-5　大学心理咨询室

（二）心理咨询的特点

心理咨询主要包括以下两大特点。

1. 专业性

心理咨询具有专业性，它是一系列心理学的活动过程，需要心理咨询师应用心理学的有关知识和技术对来访者的心理问题进行分析，提供心理学的帮助。因此，心理咨询师必须经过专业训练，要在心理学有关理论指导下应用各种心理咨询的理论分析、评估来访者的问题，使用行为矫正、以人为中心等技术帮助来访者。

2. 过程性

心理咨询具有过程性，它是一个完整的过程，因为心理咨询不仅要解决现有问题，更要促进人的成长。如果没有同感的基础，也没有思想交流的过程，心理咨询师有着再高超的理论技术也无法产生真正的心理咨询的效能。可见，心理咨询是一种特殊的人际关系的确立，不能是一两次见面，或一两次通信可以实现的。

（三）心理咨询的要素

心理咨询的基本要素包括咨询主体、咨询客体、咨询手段和咨询目的。

1. 咨询主体

咨询主体是通常所说的心理咨询者、心理咨询师等从事心理咨询的专业人员。只有经过心理学、医学等方面训练的心理咨询师、心理医生才能成为心理咨询的主体。

2. 咨询客体

咨询客体是指接受心理咨询的人，也就是通常所说的来访者。咨询客体的范围很广，既包括有心理障碍和心理疾病的人，也包括正常人。

3. 咨询手段

心理咨询的手段主要有语言、文字、表情、姿势以及一些仪器设备等。在具体的应用过程中，通常是多种手段的综合运用，而不是单一的。

4. 咨询目的

心理咨询的目的是提高咨询客体的心理素质，增进其身心健康，减少或避免其消极情绪、消极行为的发生。

（四）心理咨询的意义

心理咨询作为一门新兴科学，与大学教育活动相结合，逐渐成为高等教育中不可忽略的组成部分，对大学生个体的健康成长有着重要的意义。

1. 心理咨询有助于学生积极有效地面对现实

心理咨询能够让学生更全面、客观地认识自己和现实，对于面临的问题会积极通过改善自己的方式去应对，从而更加有效地、积极地面对现实。

2. 心理咨询有助于提高学生的心理健康水平

心理咨询是一项直接服务于每个学生的经常性活动，有助于及时了解学生身心发展存在的各种问题，了解学生身心发展的影响因素，帮助学生客观认识自己的身心健康现状和发展水平，从而提高学生的心理健康水平，帮助学生顺利实现身心的健康发展。

3. 心理咨询有助于学生认识自身问题的根源

通过心理咨询，那些心理正常和有轻微心理疾病的学生能够正确认识到自身面临的尚未解决的内部冲突对自己身心发展的影响，认识到了问题的根源，才能从根本上解决问题，健康成长。

4. 心理咨询有助于学生深化自我认识

心理咨询能够帮助学生深化对自我的认识，纠正学生的不适应行为，为学生提供改变自我、完善自我、发展自我的机会。

二、大学生心理咨询的内涵

（一）大学生心理咨询的概念

由心理咨询的概念可知，大学生心理咨询就是指受过专业训练的心理咨询师对有心理问题的大学生进行指导和教育，帮助其克服心理障碍和成长中的心理危机，重新认识自我，形成健康的心理的过程。

（二）大学生心理咨询的过程

大学生心理咨询的一般过程主要包括建立人际关系、收集信息、心理诊断、实施指导和咨询结束5个步骤。

1. 建立人际关系

大学生心理咨询的第一步就是咨询双方建立平等、相互信赖的关系，这一步是心理咨询取得成功的先决条件，也贯穿于整个咨询过程的始终。心理咨询师不能将自己视为高人一等的专家，而应该以平等的身份热情、友善、诚恳地对待来访者；来访者要将心理咨询师看作是可以信赖的对自己有帮助而又无威胁的人，这样才能尽情地向心理咨询师倾诉自己的心理问题。

2. 收集信息

大学生心理咨询的第二步是收集信息，这是为心理诊断和心理治疗提供重要依据的一步。所收集的信息主要包括来访者的具体的情况，心理咨询师可以通过了解来访者的基本情况、了解来访者的心理问题和需求这两个方面来收集信息。来访者的基本情况主要包括来访者的姓名、性别、年龄、民族、兴趣爱好、性格特征、文化程度、睡眠状况、健康状况、社会文化背景、偶像人物等。来访者的心理问题和需求主要包括来访者的学习工作和生活适应问题、认知发展问题、个性发展问题、行为品德问题、情绪困扰问题、人际交往和冲突问题、升学或职业选择问题、心理障碍、心理疾病等问题，以及来访者本人对自己的问题有无明确的意识，希望得到何种帮助的需求等。

3. 心理诊断

大学生心理咨询的第三步是心理诊断。通过诊断，心理咨询师才能确定来访者存在的心理问题的类型、性质、程度及产生原因，为下一步解决问题提供条件。

4. 实施指导

大学生心理咨询的第四步是实施指导，这是心理咨询最重要的阶段。在对大学生心理咨询实施指导时，应根据来访者的症状程度采取最佳的治疗方法进行相应的指导，使来访者形成健康心理。如果心理咨询师对于治疗来访者自身没有很大把握，就应该将来访者及时转诊，以免错过最佳的治疗时机。

5. 咨询结束

一旦心理咨询师的指导措施产生了效果，来访者的咨询见效时，心理咨询就结束了。在来访者离开之前，心理咨询师应嘱咐来访者以后要注意的问题，如果来访者主动谈收获、领悟和以后的打算，心理咨询师应积极鼓励，增强来访者的信心。此外，心理咨询师还应对来访者进行追踪调查，获取进展信息，并适当调整咨询目标和解决问题的策略，确保之后咨询工作的成果。

值得注意的是，大学生心理咨询的各个步骤不是截然分开的，它们彼此联系，相互交叉衔接，循环交替进行。

（三）大学生心理咨询的原则

大学生心理咨询遵循的原则主要有保密性、预防与治疗相结合、客观性、系统性、发展性和教育性原则。

1. 保密性原则

大学生心理咨询保密性原则是指心理咨询师对来访者的心理问题、彼此谈话都不能随便公开，来访者的名誉和隐私应受到道义上的维护和法律上的保证。严格遵守保密性原则是大学生心理咨询的一条基本原则。

2. 预防与治疗相结合原则

大学生心理咨询要遵循预防与治疗相结合的原则，以预防为主，防重于治，一方面要对来访者进行心理疏导和教育；另一方面又要对其进行心理治疗，提高其心理健康水平。

3. 客观性原则

大学生心理咨询要遵循客观性原则，即心理咨询师要客观、实事求是地对待来访者的心理现象，来访者要以认真、诚实的态度配合咨询工作。

4. 系统性原则

在大学生心理咨询中，心理咨询师要坚持系统、整体的观点，对人的心理进行多层次、多因素的系统分析，对各种心理现象及其形成的因素之间的关系进行整合的研究，不能片面，这就是系统性原则的具体要求。

5. 发展性原则

世界上的一切事物都处在运动变化发展中，这就要求大学生心理咨询要遵循发展性原则，心理咨询师要以发展的眼光来看待来访者的心理问题和心理疾病，为来访者指明心理发展的方向。

6. 教育性原则

心理咨询以教育为最高目标，把心理教育作为教书育人的整个系统的一个重要环节，这就要求大学生心理咨询要遵守教育性原则，要将心理教育、心理咨询、心理治疗相结合，帮助大学生克服心理障碍，提高大学生的心理健康水平。

三、大学生心理咨询的方法

大学生心理咨询的主要方法有信件咨询、电话咨询、现场咨询、门诊咨询和网络咨询等，具体如下。

（一）信件咨询

信件咨询是心理咨询师以通信的方式解答大学生提出的心理问题，为其提供指导。这一方法简便易行，私密性强，涉及面广，不受时空限制；但心理咨询师与大学生没有面对面交流，不能深入了解大学生的心理状况，只能给出原则性的指导意见，咨询效果得不到保证。

（二）电话咨询

电话咨询是指心理咨询师通过电话对有心理问题的大学生进行劝告、安慰和指导。这一方法迅速及时，但通话时间有限，传递信息也有限，心理咨询师如果不能取得有心理问题的大学生的信任，就难以控制局面，咨询效果得不到保证。

（三）现场咨询

现场咨询是指心理咨询师到有心理问题的大学生宿舍或家里为其提供服务。这一方法能及时搜集到第一手的客观资料，但在我国实行还有一定的难度，需要大力倡导。

（四）门诊咨询

门诊咨询是指心理咨询师与有心理问题的大学生面对面交谈，详细了解、分析大学生的心理问题。这一方法针对性强，了解信息全面，亲切自如、保密性好，是一种首选的心理咨询方法；但要求心理咨询师要有心理学、咨询心理学、医学和临床学方面的知识，能够将心理咨询与心理治疗同步进行。

（五）网络咨询

网络咨询是指心理咨询师通过网络对有心理问题的大学生给予安慰、解答和指导。这一方法便于大学生真正毫无顾忌地倾诉自己的隐私、暴露自己的问题，也便于心理咨询师全程记录咨询过程，从而反复思考、温习，还可以凭借行之有效的软件程序评估、测量大学生的心理问题，并具有极强的保密性、隐蔽性、快捷性及实时性；但双方的真实身份不便识别，并且可能存在信息交流不充分而引起误会、投射效应等问题，需要心理咨询师进一步研究和思考。

第四节 大学生网络心理问题的干预

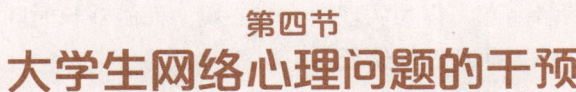

为帮助大学生正确对待和使用网络，有效解决大学生在上网过程中所产生的心理行为的失调、心理障碍，有必要对大学生网络心理问题进行调适，采取措施培养大学生健康网络心理。只有对大学生网络心理问题进行干预，才能避免大学生心理冲突和困惑加重，避免长期发展成为心理问题甚至疾病。

一、大学生网络心理障碍分析

（一）认知大学生网络心理障碍

简单来说，网络性心理障碍是因上网过度引起的心理疾病。它包含三方面的内容，一是上网者的心理或行为偏离了社会公认的规范或适宜的行为方式，表现为心理或行为上的失常或反常、失调或无序；二是上网者的社会价值观与现实社会价值观错位；三是上网者适应环境能力缺失，社会适应能力低下。具体而言，大学生上网过度可能引发的网络性心理障碍主要有以下几种情况。

1. 认知过程障碍

大学生上网导致的认知过程障碍主要有感知觉障碍、注意障碍、记忆障碍和思维障碍。

感知觉障碍主要是指幻觉，这是由于长时间激烈的网上游戏、聊天等刺激而产生的虚幻的知觉。它实际上是由大脑皮层感受区异常兴奋引起的，与感觉器官无关。注意障碍主要是注意品质的异常，它可表现为注意的强度、广度、稳定性和持久性等方面。如长时间上网而沉醉在虚拟世界，病态地对网上图片、游戏、图像等过分注意，所表现出不应有的过高的警觉性，即所谓的注意增强。记忆障碍是指记忆力减退。上网过度的大学生，长期不学习专业知识，大脑的记忆力得不到充分的锻炼，会出现明显的记忆力减退。思维障碍是指思维僵化，自学能力和语言表达能力差，表现为听课、读书抓不住要领和重点，不会举一反三、触类旁通，不善于归纳和总结等。

迷恋网络的学生长期处于疲劳状态，违背了人的生理规律，不注意科学用脑，没有科学地掌握记忆规律，逻辑思维能力得不到锻炼，容易产生认知过程障碍。

2. 情感过程障碍

网络引发的情感过程障碍主要包括病理性优势心境和情感反应障碍。病理性优势心境是指某种病态心境笼罩着整个人的精神状态。上网的大学生在游戏中获胜时所表现出的一段时间异常持续性的情绪高亢，称为病理性愉快心境。而游戏长时间不能过关所表现出的异常持续性心境不佳，称为病理性情绪低落。

大学生在网络中的交往主要是人机对话或以计算机为中介的交流。他们终日与电脑终端打交道，缺乏有感情的人际交往，这容易使他们趋向于孤立、自私、冷漠和非社会化，对现实生活中他人的幸福和社会发展漠不关心。大学阶段是大学生人际交往能力和人际关系形成的重要时期，由于网络交往与传统的具有亲和感的人际交往大不相同，往往难以形成真实可信和安全的人际关系，大学生在网络交往中一旦受骗上当就容易对现实产生怀疑、悲观和敌视的态度。当前不少大学生上网的大部分时间花在玩网络游戏上，而网络游戏不少是以战争、暴力、凶杀等为主要内容，这使痴迷于网络游戏的大学生易形成冷漠、无情和自私的性格。另外，由于上网过多导致学习成绩下滑，迟到或旷课严重，从而担心家长责备，害怕学校处分，容易产生焦虑、苦闷和压抑的情绪，对其学业、生活产生极其不良的影响。

3. 意志行为障碍

过度上网大学生的意志行为障碍主要包括意志增强、意志减退和意志缺乏。意志增强表现为在长时间网络游戏中，不顾疲劳，继续用各种方法攻战，企图取胜过关的病态意志。意志减退是指终日沉醉于虚拟世界的大学生，经常在上课和做作业时情绪低落，对听课、做作业不感兴趣，以致意志消沉，对学习产生厌恶感，并逐步失去信心。意志缺乏是指大学生对除上网以外的任何活动都缺乏动机、要求，对工作、学习缺乏自觉性，个人生活极端懒散，行为孤僻、退缩。

4. 人格障碍

人格障碍一般是指在没有认知过程障碍或智力障碍的情况下，人格显著偏离正常。其突出表现是指过度上网的大学生在沉迷网络的过程中，会开始具有某种根深蒂固的适应不良的行为模式。这些行为模式相对稳定，对行为及心理功能的多个重要环节有显著影响，以致对环境适应不良，并常常伴有主观的苦恼或精神痛苦以及社会功能和行为方面的问题。

（二）大学生网络性心理障碍的成因

大学生网络性心理障碍的形成，除了环境因素的影响外，主要还是其自身的原因。

1. 生理变化的影响

长时间上网会使大脑中的化学物质多巴胺水平升高，这种化学物质会令患者呈现短时间的高度兴奋，沉溺于网络的虚拟世界中而不能自拔，但之后的颓废感和沮丧感更为严重，时间一长，就会带来一系列复杂的生理和生物化学变化。例如，有一名大学三年级男生，经常在早上8点进入机房，直到晚上9点机房关门才离开。由于长时间过度上网，该生面容憔悴，情绪低落，并常伴有莫名其妙的言行，出现了生理和心理方面的异常。

2. 心理准备的错位

网络社会既是一个有序的社会，也是一个无序的社会。就现实环境而言，网络社会具有有序性；但对于虚拟环境以及诸多网络行为而言，网络社会却具有极大的无序性。这种矛盾的后果造成了信息时代人类的焦虑与不安。大学生渴望独立思考，却又常常对网络虚假信息深信不疑，本想获得新知识，却又不能对错位的东西进行甄别和判断，这是造成大学生网络性心理障碍的根本原因。

3. 人际交往的剥夺

网络是用于个人或群体沟通的社会技术，很多大学生利用电子邮件、聊天软件等工具，同远在异地的亲朋好友加强联系，但是由于上网时间过多，参加社会活动和日常人际交往的时间被剥夺，引起了社会退缩行为，导致他们的心理健康水平下降。

4. 信息不足的错觉

巨量的网络资源使身处其中的大学生们产生自己信息不足的错觉，从而越来越拼命地沉迷其中，最终把自己折腾得疲惫不堪。有的大学生甚至因为恐惧信息的丧失而失眠，严重损害了身心健康。

二、大学生网络心理问题的调适

当前，对大学生网络心理问题进行调适是一件极其要紧的事。具体而言，可以从以下几方面来实现对大学生网络心理问题的调适。

（一）树立科学的网络观

大学生要树立科学的网络观，全面正确地看待网络，不要为了逃避现实生活中的问题或者排遣消极情绪而沉溺于网络世界。同时，大学生还要充分明确网络只是一种工具，而不是生活，要把它作为传递、交流信息的有效途径和学习、掌握知识的有力手段。也就是说，大学生要合理地利用网络为自己服务，以健康的人格与积极的心态处理好现实世界与虚拟空间的关系，避免用上网来麻痹自己，从而产生各种网络心理问题。

（二）充分认识网络心理问题的危害

很多大学生上网的主要目的是缓解学习压力、宣泄消极情感、摆脱孤独寂寞、追求时尚流行等，可是，上网通常不能达到以上目的，反而成了大学生生活的依赖，其上网行为在潜移默化中强化，最后"形成宣泄消极情绪—上网—注意力从现实中转移—身份虚幻—

忘记现实烦恼—回归现实—孤独、烦恼—宣泄消极情绪的恶性循环"，长此以往，形成消极的条件反射，不自觉地在上网过程中感到兴奋不已，沉溺其中，不能自拔。为此，大学生在享受网络带来的诸多便利的同时，要理性地认识网络孤独、网络焦虑与网络成瘾所带来的危害，加强安全意识和自我防范意识，避免自己的思想、心理和行为被网络垃圾所误导。

（三）透彻分析自身迷恋上网的原因

大学生应对自己上网的动机进行分析，充分认识上网的诱因。具体做法，可以比较上网前后的两种感觉，弄清楚自己希望从网上得到什么，逃避的是什么。如果上网是由于现实中的孤独感，那就要认识到虽然自己在网上花费了大量时间，但存在于现实生活中的孤独感并没有因此而得到减弱或消除。针对这种情况，应该深入地分析造成自己孤独的原因，并有针对性地采取科学的措施来消除原因，彻底改变目前所处的困境。

另外，大学生还可以将自己在网上表现的优良品质，运用到现实生活中，观察一下其在实际生活中所产生的效果；也可以尝试一种新的生活方式，从而发现一些生活的乐趣，摆脱困境。

（四）自律与自我管理

对于大学生而言，自律不仅能够充分体现其自尊、自主与自由，而且非常有助于其养成良好的"慎独"习惯。在网络世界中，由于信息含量巨大，各种文化、价值理念、论断交织在一起，各色诱惑俱在，是非难断、虚实难辨，网络世界又充满着自由，缺乏强大的、明确的外在约束。面对这样一个五彩缤纷的网络世界，大学生会由于认知偏差或侥幸心理而产生心理上的矛盾与困惑，以致产生多种网络心理问题。

为此，大学生在开始上网之前有必要制订一个科学合理的计划和目标，有意识地给自己限定上网的时间，不断培养自己的自制力、控制力。同时，大学生在每次上网之前，最好能够花上几分钟时间认真想一想"我要上网做什么""我准备上多长时间的网"等问题，甚至可以把上网要完成的具体任务、设定的上网时间等，列在一张小纸片上，以更好地督促自己有节制地上网。

（五）加强校园信息发布管理，营造良好的网络信息环境

在当前校园网络信息广泛传播的环境下，加强校园网络媒体的建设具有重要的现实意义，也势在必行。

借助网络传播监管技术，对网络传播行为进行源头上的规范。同时，大力倡导网络实名制，即网络传播主体可以在网上采用匿名的方式发布信息，但在网络注册时，应该登记个人的真实身份资料，加强对网络传播行为的有效监管。学校要充分发挥网络传播的积极

正面示范作用，特别是开展全面的教育；要加强对广大教职员工的网络教育，使其适应新形势下网络工作的需要；同时要对学生开展广泛的思想政治教育，督促他们主动学习网络知识和技能，从而强化其政治意识，正确对待和使用网络。

（六）团体心理辅导

团体心理辅导是"在团体的情境下进行的一种心理辅导形式，它是通过团体内人际交互作用，促使个体在交往中观察、学习、体验、认识自我、探索自我、调整改善与他人的关系，学习新的态度与行为方式，以促进良好的适应与发展的助人过程"，其辅导方式有成员互相辅导、师生辅导、小组讨论、讲座、行为示范等。

（七）正确对待网恋

随着大学生上网人数的不断增加，大部分学生已经逐渐偏离上网的初衷，网恋便是其中的一个典型表现。网恋是基于互联网而发生的恋爱，由于其自由、虚拟、浪漫，产生联想的空间大，而成为一种新型恋爱模式。网恋大多是速成的，聊过几次天、发过几次电子邮件便"一见钟情""相见恨晚"。心理学家指出，大学生通常很容易沉溺于网恋，把网络爱情当作生活的唯一追求（图8-6）。

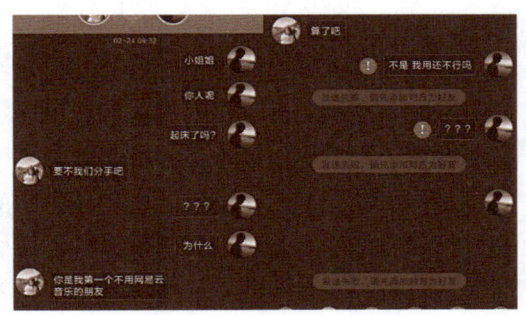

图8-6　大学生网恋

对网恋上瘾的大学生，中午、晚上不好好休息，加班加点在网上谈恋爱，上课时却精神不振、昏昏欲睡，有的大学生甚至因网恋而逃课，不仅对学业造成了不良影响，而且很容易减少与身边同学、老师、家长之间的交流，从而导致其不愿参加集体活动，性格变得怪异，严重者还会导致人格分裂，有的则靠偷窃等不法行为支付上网费用。

大学生之所以进行网恋，有的是为了追求浪漫、时尚，有的是为了寻求感情寄托，有的是为了消除自卑，有的是为了吸引与探索神秘的异性，有的是为了表现自我，等等。不管是出于哪种目的，几乎都有一个共同点：大学生网恋都抛弃了"恋爱是为缔结婚姻"的原则，把网恋当作一种网络游戏，在游戏中进行情感交流，释放自己被压抑的性本能。而且，大学生在网上谈恋爱时，通常以模糊的性别和身份出现，不受现实和社会的种种规则约束，不重视对方的付出。因此，大学生网恋的成功率相当低，有关调查称网恋成功率仅为0.62%。

网恋的成功率十分低，但花费成本却非常高，这种成本不仅包括金钱、时间、学业，还有心灵，得到的却是一场梦，一场空。因此，大学生要理性看待网恋，认识到网恋的实质是虚拟的，不能与现实生活相交。网恋的大学生不要盲目地把自己放在心灵恋爱或精神恋爱的位置上，而应该建立在坦白的位置上，如果无法搞清楚对方的真实资料，最好不要再进行深一层的交流。

三、培养大学生健康网络心理的方法

网络是把"双刃剑"，人类既是网络的创造者、受益者，又可能成为网络的沉迷者或受害者，更有可能成为网络中的加害者。因此，在网络时代，大学生需要提高自己的分辨力、判断力、控制力、免疫力，带着健康的心理上网。另外，学校应从以下几方面来培养大学生健康的网络心理。

（一）以防为主，大力开展大学生心理健康的宣传教育工作

网络文化背景下，人们应该主动、公开、广泛地对大学生进行心理健康教育，而不应该坐等学生上门，然后对其进行保密的、个别的心理疏导。通过对大学生进行有针对性的网络心理健康教育，适时举办专题讲座和宣传橱窗，同时不定期地举办心理健康宣传日或宣传周活动，积极营造增进心理健康的良好氛围，能够有效帮助大学生增加心理健康知识，增强承受挫折、适应环境的能力，以及提高心理调适能力，从而极大地增强大学生的心理素质，使其能够在网络世界中健康、积极地成长（图8-7）。

图8-7　开展网络教育宣传讲座

（二）教育大学生自觉遵守网络规范和道德

大学生要树立良好的网络道德，加强自身上网的政治意识、自律意识、法治意识、安全意识、责任意识。具体而言，大学生自觉遵守网络规范和道德，需要做好以下几方面。

（1）传播文明，不在网上说恐怖、下流、淫秽的语言，不浏览、传播或者下载、复制、制作各种色情淫秽的文章和图片，不利用互联网发布虚假、污秽信息。

（2）不过分沉溺于网络虚拟世界，遵守网络文明公约"五要五不"：即要善于网上学习，不浏览不良信息；要诚实友好地交流，不侮辱欺诈他人；要增强自护意识，不随意约会网友；要维护网络安全，不破坏网络秩序；要有益身心健康，不沉溺虚拟空间。

（3）不做不道德的"黑客"，不从事网络赌博等非法活动，不破坏网络系统，或者威胁网络安全。

（4）对网上不文明行为和网络道德失范现象，予以避免和消除。

网络是信息时代的产物，大学生应该充分发挥其积极作用，不从事有害于他人和社会的网络活动，树立健康的网络心理。

（三）引导大学生辩证地看待网络

网络的虚拟空间和虚拟情境使"社区"生活和情感交流显得十分逼真，但它毕竟是假的，是与现实生活脱节甚至背离的，大学生不可能脱离社会现实生活而存在，尽管可以暂时逃避到虚拟的网络"乐园"，在其中获得情感的满足和慰藉，但终究要回到现实社会中，面对现实生活中存在的各种问题。因此，大学生要清楚地了解网络的虚拟性与现实之间的差距，勇敢地直面现实，接受不能改变的现实，树立信心，落实行动，提高自身的心理素质和抗压能力，而不是一味地逃避。总之，大学生要辩证地看待网络，既要利用网络的快捷、便利来学习和解决问题，又要明辨是非，远离色情传播与赌博游戏，不沉溺于网络的虚幻情境，提高自己对网络信息的免疫力。

（四）督促大学生积极参加健康有益的活动

大学生要自觉地积极参加各项有益的校内活动和校外社会实践活动，搞好校园网络文化建设活动。通过这些活动，加强相互之间的交流与沟通，充分调动自身的主动性、积极性和参与意识，展示其才华和创新能力，开阔个人视野，增强辨别是非的能力、抵制力以及自信心，体验到自我价值感和自豪感，从而感受生活的意义和多姿多彩。

（五）改进高校教育与管理

积极开展各种网络活动，培养大学生鉴别是非、认识大体的能力，使大学生自觉地维护和保护自己的身心健康，是高校教育与管理工作的重点。为此，高校应该积极帮助大学生建立各种团体，使其在参加团体组织的活动过程中，获得被接纳、关爱和归属的满足。此外，高校还应该制定上网学生行为规范、大学生上网违规行为处分管理规定等规章制度，大力宣传法规制度的教育，加强大学生的网络责任意识。同时，对于任何网络违法行为，一旦发现，则严加处罚。

（六）提高大学生辨别和运用信息的能力

高校应把心理健康教育与思想政治教育结合起来，教育大学生树立马克思主义人生观、世界观、价值观，指导和帮助大学生树立正确的理想信念、良好的道德情操，增强其识别与警觉网络文化的能力，帮助他们确立正确的信息价值标准，坦然面对网上所充斥的大量信息，学会辨别是非，锻炼自我，增强自主、自律的主体意识和能力，学会合理运用信息。

心灵探索

心理适应性测试

心理适应性主要是指各种个性特征互相配合，适应周围环境的能力。一个人能否尽快地适应新环境，能否处理好复杂、重大或危急的特殊情况，与他（她）的心理适应性高低有很直接的关系。心理适应性量表（表8-1）共20道题目，每题有5种答案。

学生自由分组，在阅读每题后，从答案中选择符合各自实际情况的一种答案。教师进行总结评价。

表8-1　心理适应性量表

序号	题目	选项				
		A	B	C	D	E
1	假如把每次考试的试卷拿到一个安安静静、无人监考的房间里去做，我的成绩一定会好一些	很对	对	无所谓	不对	很不对
2	夜间走路，我能比别人看得更清楚	是	好像是	不知道	好像不是	不是
3	每次离开家到一个新地方，我总爱闹点毛病，如失眠、拉肚子、皮肤过敏等	完全对	有些对	不知道	不太对	不对
4	我在正式运动会上取得的成绩常比体育课或平时练习成绩好些	是	似乎是	吃不准	似乎不是	正相反
5	我每次明明把课文背得滚瓜烂熟了，可在课堂上背的时候，却总要出点差错	经常是	有时是	吃不准	很少这样	没有这样
6	开会轮到我发言时，我似乎比别人更镇定，发言也显得很自然	对	有些对	不知道	不太对	正相反
7	我冬天比别人更怕冷，夏天比别人更怕热	是	好像是	不知道	好像不是	不是
8	在嘈杂、混乱的环境里，我仍能精力集中地学习、工作，效率并不大幅度降低	对	略对	吃不准	有些不对	正相反
9	每次检查身体，医生都说我"心跳过速"，其实平时我脉搏很正常	是	有时是	时有时无	很少有	根本没有
10	如果需要的话，我可以熬一个通宵，精力充沛地工作或学习	是	有时候是	无所谓	很少是	完全不
11	当父母或兄弟姐妹的朋友来家做客时，我尽量回避他们	是	有时是	不一定	很少	完全不
12	出门在外，虽然吃饭、睡觉、环境等变化很大，可是我很快就能习惯	是	有时是	不一定	很少是	完全不是
13	参加各种比赛时，赛场上越热烈，观众越加油，我的成绩反而越上不去	是	有时是	不一定	很少是	不是

续表

序号	题目	选项				
		A	B	C	D	E
14	上课回答问题或开会发言时,我能镇定自若地把事先想好的一切都完整地说出来	对	较对	不一定	不太对	不对
15	我觉得一个人做事比大家一起干效率高些,所以我愿意一个人做事	是	好像是	不一定	好像不是	不是
16	为了求得和睦相处,我常常放弃自己的意见,附和大家	是	有时是	不一定	很少是	根本不是
17	当着众人和生人的面,我感到窘迫	是	有时是	不一定	很少是	不是
18	无论情况多么紧迫,我都能注意到该注意的细节,不丢三落四	对	较对	不一定	不太对	不对
19	和别人争吵起来时,我常常哑口无言,事后才想起该怎样反驳对方,可是已经晚了	是	有时是	不一定	很少是	不是
20	我每次参加正式考试或考核的成绩,常常比平时的成绩更好些	是	有时是	不一定	很少是	不是

1. 心理适应性量表记分方法如下。

凡单号题（1,3,5,……），从A到E依次记1、2、3、4、5分；凡双号题（2,4,6,……），从A到E依次记5、4、3、2、1分。

2. 全部20题得分之和与心理适应性的关系如下：

81～100分：适应性很强；

61～80分：适应性较强；

41～60分：适应性一般；

21～40分：适应性较差。

3. 同学分组讨论，教师进行总结评价。

第九章

大学生生命教育

↳ 情境导入

　　某普通高校一名大二的学生刘勇，本来成绩优秀，和同学相处也算平和，但是后来逐渐开始不想学习，逃课，考试不及格，甚至想要退学。他的心理压力很大，来到咨询室求助，他向心理咨询师提出了几个问题："老师，我觉得上学没有意义，甚至活着都没有意义，尤其像我这样的普通人。""我身边有的同学在追求名利，但是我不感兴趣。我以前想要好好学习，让我的爸妈过上更好的生活。可是我去了招聘会，那些单位发的工资根本不够养活我自己。""现在，自己过着庸庸碌碌的生活，甚至在夜深人静的时候，感觉到一种别人不曾理解的孤独。"

思考

　　你有哪些建议和措施可以帮助这个学生走出困境？

学习目标

知识目标
1. 理解生命的本质和生命的意义,以及如何创造生命的价值。
2. 掌握大学生生命观的形成因素和影响因素,包括文化、家庭等方面的作用。
3. 理解大学生心理危机的预防和干预方法,特别是在面对毕业压力和社会恐慌时的应对策略。

能力目标
1. 能够分析和解释生命的深层含义,帮助大学生形成积极健康的生命态度和价值观。
2. 能够识别和评估大学生可能面临的心理危机和社会恐慌问题,提供有效的预防和干预支持。
3. 能够指导大学生增强自我安全感,特别是在择业过程中可能出现的恐慌情绪的管理和应对。

素质目标
1. 培养对生命和生命意义的尊重和理解,增强对生命创造和生命价值实现的关注和实践能力。
2. 提升帮助大学生处理心理危机和社会压力的能力和意愿,促进其全面发展和成长。
3. 通过生命教育和心理支持,提高大学生的综合素质和实际行动的能力。

思维导图

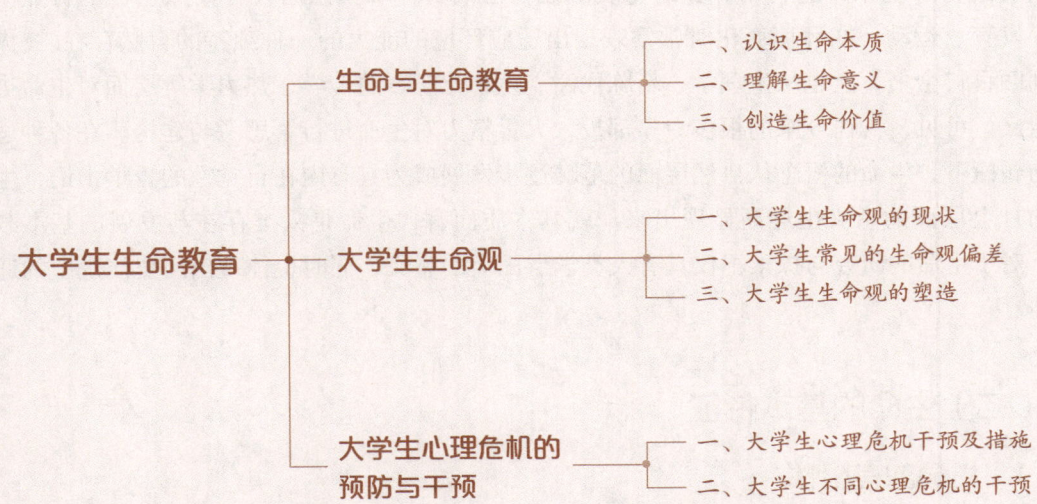

第一节 生命与生命教育

生命的问题一直是人们在思考和探索的问题。正是由于生命一去不复返，生命才会显得弥足珍贵，人们对于生命本质的探索和生命价值的追问也不会停止。生命中承载了情感、智慧和力量，任何东西都无法替代，它是人类创造一切价值的前提条件。了解生命的意义和价值，先从生命本质开始。

一、认识生命本质

（一）生命的概念

生命是世界上美丽而神圣的现象之一，自人类进入文明之后，对于如何看待生命和处理生命之间的关系已经成为不可回避的课题。从古至今，各位专家学者也发表了自己对于生命的看法。西方哲学普遍认为"生命是世界的、绝对的、无限的本原，它跟物质和意识不同，是积极地、多样地、永恒地运动着的。生命不能借助感觉或逻辑思维来认识，只能靠直觉或体验来把握"。恩格斯对生命的理解是，生命是蛋白质的存在形式，生命活动的过程即为蛋白质的新陈代谢。新陈代谢一旦停止，生命就停止，蛋白质就会分解。恩格斯的思想在一定程度上揭示了生命的物质基础，生长和发育是生命的过程，新陈代谢是生命更新的过程。

从现代生命科学的角度上看，生命是由高分子的核酸蛋白体和其他物质组成的生物体所具有的特殊现象，能利用外界的物质形成自己的身体和繁殖后代，按照遗传的特点生长、发育、运动，在环境变化时常常表现出适应环境的能力的一种独特的自然存在。《大不列颠百科全书》上也从生理学、新陈代谢、生物化学、遗传学、热力学等层面对生命进行定义。可见，古往今来的很多专家都投入大量精力对生命进行了思考与建构。在各种思想的碰撞下，生命的概念从自然层面的范畴逐步发展成为具有内在自觉性的哲学术语，生命的社会层面的意义也逐渐显现出来。就其本质而言，生命是人类存在与发展的基本载体。对于生命的研究与探索不仅具有人类学层面上的意义，同时也体现出历史演进中的通约性。

（二）生命的基本特征

1. 生命的有限性

生命存在于世界上的时间是有限的，所谓的长生不老只是人类基于生命本身的美好愿望和遐想，无论是谁，都无法摆脱生老病死的命运。有限性是生命的本质属性，正是由于生命的这一特点，也让死亡的到来成为生命本身的必然表现。德国哲学家海德格尔认为人类只有承认生命本身的有限性才能意识到死亡。"生而有涯，死而有期"说的就是这个道理，每个人的生命有且仅有一次也彰显了生命的可贵。

2. 生命的不可逆性

生命存在于世界上是不可逆的，生命不可能推倒重新再来一次，世界上也没有后悔药。有人曾描述人生是一场单程旅行，从呱呱坠地来到这个世界上起，就不由自主地投入到这趟旅行中，不容有选择的余地。生命的一维属性更加印证了其短暂而珍贵，认识到这一点将使大学生不虚度光阴，努力追求实现生命的价值和意义。

3. 生命的超越性

由于生命的有限性，人类才能超越生理上的限制，进一步拓展生命的精神领域，彰显生命的意义和价值。虽然生命是有限的，但是对于生命意义的追求是无限的。对于生命超越性的理解，超越性不仅仅是指自我改善，也是对自我有限性的突破。德国哲学家雅斯贝尔斯指出人依赖于自身主动性，使得生命进程向前迈进一个未知目标。人类生命只有在不断超越中才能逐渐趋近于真善美的境界，实现生命的意义和价值。

二、理解生命意义

如果今天是自己生命中的最后一天，你会不会完成你现在想做的事。当自己的回答连续多次是否定的时候，有的人才意识到自己需要改变当下的生活。人类的目标不是追求心理或灵魂的安宁，而是在现实到理想的奋斗中体验生命的意义。

对于生命意义的探索，有学者认为生命意义包括目标、统合、实现感三个核心特征。目标是指生命的意义存在于对目标的追求之中。统合是指收获生理、心理、精神的满足，即三者的需求满足的交互作用以及与周围世界的交互作用构成的整体。实现感是指对目标实现或完成程度的体验，主要通过成就感、满足感、价值感等体现出来。由此推论心理疾病的根源在于人们丧失了生活的意义、失去了生活的目标。

心理学研究发现，生命意义与心理幸福感有极显著的正相关。生命意义能增进人的希望，在压力中起到调节作用。生命意义感高的人，其自我效能感也高。

之所以有这么多人轻生，其实是经历太少、太过幼稚的结果，心太过脆弱，一遇到难题，便觉得没了希望，不知道同亲人、朋友沟通，不知道与他人商量。有时候换个角度想想，也没啥大不了。都说"夕阳无限好，只是近黄昏"，可黄昏又何尝不是独具魅力呢？

三、创造生命价值

什么是生命的价值？生命价值的内涵包括了自我价值和社会价值两个方面。自我价值是指个体的生命活动对生存和发展具有的价值。社会价值是指个体的生命活动对社会和他人所具有的意义。自我价值和社会价值是辩证统一的，社会价值是实现自我价值的基础，没有社会价值，自我价值便无存在的意义。

（一）珍爱生命——增强生命意识

世间万物，唯有生命最为珍贵。蒙田曾在《热爱生命》中写道："我想靠迅速抓紧时间，去留住稍纵即逝的日子；我想凭时间的有效利用去弥补匆匆流逝的光阴。剩下的生命愈是短暂，我愈要使之过得丰盈充实。"塞涅卡也曾说过："如能善于利用，生命乃悠长。"从生命发展的动态过程上来看，生命是立体的、多层次的，包括3层含义。

表层含义：尊重生命。尊重生命要保护生命、不轻视生命、不轻易放弃生命，尊重个体生存的权利。当人们用平等的眼光看待所有的生命，尊重和爱护所有的生命，世界将会呈现出无限生机。

中层含义：珍惜生命。梁秋实曾说："没有人不爱惜他的生命，但很少有人珍视他的时间。"珍视生命是有效地利用时间，不虚度光阴，不消极生活。

深层含义：发展生命。马斯洛曾在自我实现理论中提到：从人的天性中可以看出，人类总是不断地寻求一个更加充实的自我，追求更加完美的自我实现。发展生命是超越生命的有限，探索生命的无限，活出生命的精彩，追求生命的意义和价值。

（二）完善生命——推动生命成长

1. 肯定生命的意义和价值

生命的价值在于劳动和创造。由于人的劳动能力具有潜在性和创造性，人因此能够创造更多的生命价值，其包括2层含义：一种是能够衡量的物化价值，即物质财富；另一种是无法物化衡量的，基于人的道德品质、思想创造出来的精神财富。通过劳动创造出来的物质财富和精神财富，推动着人类社会的发展。

生命的价值在于奉献。每个人的生命都有其独特性，但实现其生命价值的途径却不相同。"生命的多少用时间计算，生命的价值用贡献计算。"人们赞美春蚕，是因为它食用桑叶，吐出蚕丝，闪耀"春蚕到死丝方尽"的奉献精神。我们享受着前人奋斗的成果，同时便担负了奉献后人的重任，在实现生命价值的道路上做好自己，承担起生命的责任，实现自我，造福社会，推动社会的进步与发展。

2. 正视挫折，挑战命运

人类生命里天然赋予着活力之泉，它使得个体激发出发展与完善的动力，不再深陷于毫无活力的泥潭，在社会属性的体现与获得中彰显其独特意义。

独臂男孩张家城在5岁时因为意外失去了右臂，但小家城并没有因此怨天尤人，活得坚强而乐观。每天用左手练习吃饭、穿衣服，还帮家里干活。12岁时小家城爱上了篮球并立志成为一名职业篮球运动员，为此他每天练习运球和投篮，凭借坚韧不拔的意志练就一身篮球技能。中央广播电视总台对张家城报道时曾写道："永不放弃是体育精神，永不妥协是生命的意义。"汪国真曾在《热爱生命》中写道："我不去想未来是平坦还是泥泞，只要热爱生命，一切，都在意料之中。"《曾国藩家书》中也曾提到"平生长进，全在挫折"。人生是一个体验的过程，在体验的过程中你赋予人生何等意义就会收获什么样的人生。当你赋予人生积极、正面意义，你将会收获充实而圆满的人生。

心灵拓展

心若向阳，无畏绽放

在尝遍生活的苦涩后依然能够以苦化甜，对生命充满期待并依然付出奉献，这句话很好地诠释了邹勇松的坚强品格。教育部于2018年授予邹勇松同学"全国优秀大学生"荣誉称号，并用"心若向阳，无畏绽放"评价邹勇松。新华网评价他"一滴水折射大海，一个人背后是整个民族。从邹勇松身上，我们看到了民族的力量，更看到了民族的希望"。

邹勇松是长沙理工大学计算机与通信工程学院2015级研究生。2017年6月，邹勇松被诊断为肾衰竭，每天要为自己做4次透析，病榻上的他不知道自己的生命能够维持多久。面对病魔，邹勇松同学不懈奋斗、勇于创新，学习成绩优异并拥有了6项专利和软件著作权。面对逆境，邹勇松同学心系他人、奉献社会，定期参加志愿服务。不仅如此，他毅然提交"器官捐献"申请，自愿向红十字会登记捐献眼角膜，成为第183877位志愿登记者。邹勇松说："人总有一死，如果能用自己的器官延续他人的生命，这也算是最后的价值。我活着，就是要让别人活得更好。"

（三）提升生命——延伸生命价值

1. 懂得感恩

感恩是一种生活态度，是一种生活智慧，也是一种处世哲学。人们在付出爱、感受爱、接受爱、回馈爱中将爱的力量循环传递下去，在爱的体验中滋养和成长。心怀感恩，并向他人传递爱的能量是人性成熟的表现。在每个人的成长过程中出现了很多的人，父母、老师、同伴、各行业的工作者，等等，他们给了我们爱、智慧和克服困难的勇气和力量，学会感恩，才懂得如何实现自己的价值。

2. 履行社会责任

探索生命价值的过程也是承担和履行生命责任的过程。所谓的生命责任，一方面，是人人有责任去实现个体生命的自我价值；另一方面，个体也需要对其他人、对社会承担起自己的责任，共享自己所创造的物质财富和精神财富，用自己的奉献和他人建立联系，做一个有益于社会的人。无论何种身份、行业和岗位，个人都要与国家和民族的命运联系在一起，在奉献的过程中升华自己，为他人、为社会带来更多的价值，有限的生命因此闪耀光芒。

第二节 大学生生命观

大学生处于一生中生命力最为旺盛、最富朝气的时期，也是对生命充满好奇和探索的时期。他们能够有意识地理解生命、尊重生命和珍惜生命，建立积极健康、乐观进取的生命态度，努力实现生命的价值。

一、大学生生命观的现状

生命观是个体对生命的认识，反映了对自己和他人生命的态度。大学生正处于生命观形成的关键时期，生命观的正确与否不仅影响今后的人生和对生活的态度与看法，也会对社会产生巨大的影响。国内学者通过对大学生生命观进行实证调查，得到以下4个方面的研究结果。

（一）生命认识

大学生对生命的认识情况主要包括对生命的珍惜情况、自我生命存在认知、对自己和他人生命的态度、对自我生命的责任感和对待死亡的态度等方面。调查结果发现，接近90%的大学生能够认识到生命的珍贵，可以做到珍惜爱护自己的生命，并对他人和其他生命表现出同情和爱护；回答"对大学生张华舍身救农民的看法"时，84.9%的大学生选择"应该用更安全的方式救人"，大学生普遍能理性看待舍己救人的行为；在对待亲人离世方面，大多数大学生对死亡都持有正确的态度，即一致认为死亡是生命必经的过程。

整体而言，当代大学生对生命的认识是理性的、积极的，但也有少数大学生对生命认识存在着一定的偏差。

（二）生命态度

生命态度是指个体对生命历程中出现的具体事件的态度和认识，也有学者将生命态度包含在生命认识中。生命态度调查研究主要涉及生命价值是否高于爱情、财富，是否应该尊重和爱惜生命，以及对牺牲生命救人的看法等方面。大学生生命态度调查研究表明，大多数学生的生命态度是积极的。大多数学生非常注重生命的唯一性，并能够珍爱生命，把生命视为最宝贵的东西。比如，当问到对于"生命与爱情"的看法时，84%的大学生赞同"生命最重要，没有生命就谈不上其他追求"；有97%的大学生赞同"我的观点可能会随着年龄的增长及经历、阅历的增多而改变，但只要活着就总有希望"。由此可见，当代大学生对待生命的态度总体上是积极的、乐观的。

（三）生命意义

对生命意义的追寻和思考是一个人生命观成熟程度的体现，学界对生命意义维度的划分方式纷繁多样，大学生生命意义状况通常从学习目标、生命责任、自我超越、人生理想、职业选择、奉献与利他以及生命价值等7个方面进行衡量。结果表明，多数大学生对学习目标、生命责任、自我超越、人生理想以及职业选择等5个方面都有正确积极的认知，80%以上的大学生比较满意自己的人生，认为自己的生命很有意义和价值。而且，大学生以积极进取的方式来追求自己的人生价值，也能够认识到有理想、有目标和意志坚定的重要性，68.2%的大学生选择"我希望努力追求活出不一样的人生"。

在奉献与利他维度上，关于"如何真正实现生命的意义"的问题，79%大学生认同"让我所爱的人们幸福"，56.9%大学生认同"为社会做出贡献"，25.5%大学生选择"为家人和子孙谋得福利"。可见，多数大学生具有奉献和利他的想法。在生命价值维度上，相比较于个人"小我"和社会"大我"的实现，多数大学生更倾向于自我的实现，占76.9%。

（四）生命和谐

生命和谐包括自我身心和谐以及个人与他人、社会、自然之间的和谐。大学生生命和谐调查研究的主要内容包括生活中的压力来源、挫折应对、对生活的满意程度、人生规划和人际关系等。调查结果显示，超过50%的大学生对自己目前的生活状态表示满意，能够以积极的、开放的心态面对人生中的诸多不如意，能够积极寻求解决问题的途径和方法，并认为可以通过自己的努力获得幸福。当被问到"如何应对糟糕的生活状态"时，近70%的大学生选择自我调整和寻求朋友帮助；60%的大学生选择通过参加运动或社会活动，积极转变不良情绪，及时释放压力；20%左右的大学生选择寻求心理咨询专业人员帮助。

二、大学生常见的生命观偏差

大学生处于对生命意义和价值的认识从不成熟、不稳定向成熟、稳定发展的关键阶段。在这一阶段，大学生常见的生命观偏差主要表现为以下2个方面。

（一）漠视生命

近年来，大学生群体中漠视生命、暴虐生命的事件时有发生，比如大学生"虐猫""虐狗"事件等，这些暴虐生命的事件在一定程度上表明了个别大学生对生命权利和尊严的漠视现象。浙江大学《大学生攻击性行为的社会心理研究》课题组的调查报告显示，在对待他人或者其他动物生命的态度上，20.4%的大学生在宠物被虐待时表示无动于衷，只有4.8%的大学生会感到伤心难过；49.2%的大学生承认对其他学生有过不同程度的暴力行为，87.3%的大学生承认曾经遭受过其他同学不同程度的暴力行为。这种漠视生命的行为在很大程度上会导致个人情感经验的缺失，引发人格的缺陷和人性的扭曲，甚至诱使个体以极端的方式暴虐生命、否定生命。

（二）游戏生命

游戏生命指个体消极颓废、空虚无聊、精神荒芜和对生命不负责的现象。部分大学生由于缺乏对自己生命意义和价值的深刻认识，片面追求感官快乐，忽视甚至怀疑生命存在的意义和价值。如果失去了支撑生命活动的目标和价值追求，就容易出现人生无目标、不求上进、厌倦学习、虚度光阴和消极颓废等消极心理倾向，各种"躺平"心态开始蔓延。有些大学生认为生活无聊，学习没有动力，上课迟到、早退甚至旷课成了家常便饭，转而将大部分时间浪费在休闲娱乐、沉浸于网络世界而不能自拔。根据浙江工商大学的调查研究，有40%的大学生经常感到郁闷，有56%的大学生偶尔感到郁闷，仅有4%的大学生从来没有感到郁闷，这也表明大学生群体存在着一定程度的消极颓废情绪。

三、大学生生命观的塑造

（一）挖掘生命的内在渴望

罗曼·罗兰说："生命是这世界上最好的礼赞。"人类有一种原始的、与生俱来的对自身生命的惊讶、赞叹和敬畏，因而追寻生命意义、获得幸福人生是个体的内在渴望，并在这种寻求生命意义与价值的过程中获得满足感。人的生命对任何人来说都只有一次，对于每个人都弥足珍贵，因而个体需要直面人生境遇，承担起生命赋予我们的责任，体悟其中的真谛。然而，在人生的历程中，很多人却往往忽略了自己苦苦追寻的、最为珍贵的东西究竟是什么。一旦个体忽略了确认自己内心渴望的东西，他就可能在人生之路上迷失了方向。相应地，一个人只有认清自己内心真正的渴望时，他才可以有意识地舍弃那些无足轻重的、并不触及生命意义的东西，这样，他的人生才能变得充实和丰盈。

（二）发现生活之美

日常生活中的体验与感悟都是生命意义的重要来源，发现与体验生活之美可以丰富个体生命的意义。林清玄在《轻轻走路，用心生活》一书中说："心里常有花季的人，什么时候都是很好看的。即使花都谢了，也有可观之处。"当个体置身于广阔的天地之间，眼观春花秋月、云卷云舒、草原山峦、百川归海，可以感受自然之美；看日出日落、斗转星移、四季更迭、春华秋实，可以感受苍穹之美；观赏传世古董、聆听传统中国戏剧、沉浸于优美的音乐世界，可以欣赏艺术之美；遨游知识海洋、探索奥妙无穷的宇宙万物，可以体会科学之美；生活点滴中，平凡人的友善真诚、嘘寒问暖等，可以感悟人性之美……

大自然的鬼斧神工、文学家的纵情描绘、艺术家的匠心创作都能使人们陶醉于"忘我"的境界，与大自然、艺术融为一体。这些生活之美的发现和体验，可以唤起人们内心的美好和感动，这些都可以不断地丰盈和充实人们的内心。

（三）传递感恩与奉献

生命的意义在于付出，在于给予。没有付出，怎能感受到"赠人玫瑰，手留余香"的温暖呢？因而传递感恩与奉献是对生命意义的核心诠释。感恩是对生命给予的深刻领悟，奉献是对生命存在的最好回报。汪曾祺在《人间草木》一书中有过深情地告白："你说我在做梦吗？人生如梦，我投入的却是真情。世界先爱了我，我不能不爱它。"感恩父母生命的赐予和辛劳养育之恩；感恩老师谆谆教诲、无私传授人生真谛之恩；感恩亲朋好友无微不至的关心与善良诚挚的支持；感恩学校为大家提供优美的成长环境和知识学习的殿堂；感恩国家为大家创建了一个稳定和谐的社会环境。

生命的价值在于奉献，当代大学生要勇于奉献、敢于担当，具备一份主动奉献爱的能力，除了要爱自己、爱生活，更要爱他人、爱社会、爱祖国。比如用深厚的爱去感恩父母的无私付出和养育之恩，以博大的胸襟去包容社会万物的点点滴滴，让生命因为奉献精神和责任意识而变得富有价值。人们可以尝试以下保持感恩之心的秘诀：通过言语或行动把自己的感恩之情表达出来，向给你关心、帮助的人表示感谢；每天向生活赋予你的东西表示由衷的感谢；写感恩日记，每天记录值得感恩的3件事，可以是家人的嘘寒问暖，朋友间的彼此关心，一首动听的歌曲，抑或一顿可口的美食等。

（四）宽容待人待己

宽容是一种博大的胸怀和积极的人生态度。古今中外，成大事者莫不心胸开阔，气度恢宏，所谓"量小非君子，无度不丈夫"。对人宽容者拥有足够的包容心，他们"额上能跑马，肚里能撑船"，善待周围的一切人，包括犯过错误的人、伤害过自己的人。有研究发现，选择原谅别人，会让自己更容易忘掉痛苦的经历，从不良情绪中解脱出来。

当然，这也包括宽容自己，要学会原谅自己，不可偏激，不要陷在某个问题上出不来。人生是一次修行，人们一边犯错，一边修正，一边成长。宽容是人生难得的佳境，是一种需要修行才能达到的人生境界。

1. 勿以自己的错误惩罚自己

生活中有很多烦恼都源于自己同自己过不去，由于自己的一些过错终日陷入无尽的自责、哀怨、痛悔中，认为如果自己曾做了或没做某事该多好。泰戈尔说："如果错过太阳时你流了泪，那么你也要错过群星了。"人生苦短，何必执着于过去的遗憾，你需要的是用行动和希望来代替无尽的悔恨和自我折磨。请原谅自己的过失，把"如果"改为"下次"吧。

2. 勿以别人的错误惩罚自己

人生旅途中总会遇到伤害自己的人和事。康德说："生气是拿别人的错误惩罚自己。"既然已经对自己造成伤害，若再对此耿耿于怀，沉浸在痛苦、愤怒中不能自拔，就是反复伤害自己。人非圣贤，孰能无过，学会宽容别人的过错就是让自己保持快乐的心情，原谅别人就是善待自己。人们控制不了别人的行为，但却完全可以控制自己的态度，不妨一笑而过，做自己心情的主人。

3. 勿以自己的错误惩罚别人

为掩饰伤疤、维护自尊，把自己的过错归咎于别人或迁怒于别人，这样只会导致更多的指责和埋怨。谁也不想做"替罪羊""出气筒"，如果伤害身边真正关心自己的人，只会让生活更加不幸福。因此，要敢于承担自己的失误，获得别人的宽容和谅解，做出弥补和改进。

（五）正视苦难与死亡

根据弗兰克尔的观点，坦然正视苦难与死亡是拓展个体生命意义的重要途径。大多数人都希望可以用自己喜欢的方式，度过幸福的一生，然而各种苦难、逆境与挫折是人生旅途中必然组成部分。成绩优异的学生可能会考试失利，身体健硕的运动员可能会疾病缠身，一掷千金的富商可能会一夜破产……弗兰克尔却将经历苦难看作活出人生意义最重要的途径。弗兰克尔认为，当一个人遭遇到一种不可避免的、无法改变的苦难时，他就得到了一个最好的机会，去实现最高的价值与最深的意义。换言之，当生命中必然要经历各种苦难时，我们不应恐惧、退却，而是需要去发掘其中的意义，因为它能激发我们在苦难中体验生命甚至是享受生命的巨大潜力。从这种意义上，经历苦难反而成就了一番新的生命成长。

凡是生命，都必然要面对死亡。如果说生是偶然的，死亡反而是必然的。生命的终点就是死亡，每个人都是注定要去面对死亡的，这是任何生命形式都难以抗拒的自然规律。死亡是生命的导师，正因为有了死亡，才有对生命的思考，因为死亡的必然性，生命才显得弥足珍贵。了解了死亡的必然性，人们就应该对生命更加敬重，更好地珍爱生命，更加珍惜当下生存的每一刻。相反，如果人们的世界里没有死亡，那么生命也就会失去意义。

 第三节 大学生心理危机的预防与干预

一、大学生心理危机干预及措施

（一）心理危机干预

心理危机干预是指采用紧急的应对方法缓解或消除心理危机状态，使其恢复到心理平衡状态。对于心理危机干预工作而言，在大学生处于严重心理状态或心理危机时，及时给予心理辅导与治疗，帮助其正确面对危机和压力，尽快摆脱危险状态，摆脱心理危机，回归正常的心理平衡状态。

（二）危机干预方法

心理危机干预，简单来说就是让被干预者把经历的灾难事件、内心的感受和体验说出来，把情感宣泄出来，淡化灾难带来的恐惧、焦虑、自责等多种消极情绪，让当事人可以尽快恢复正常生活和身心健康。从理论上说，创伤事件后的心理干预越快越好，尽量在心态未落入谷底之前进行。一般时间把握在创伤事件后1~3个月内，尽可能用最短的时间，让其恢复到最正常的状态。干预越及时，个体的心理康复越快。

1. 宣泄情绪

心理危机干预最重要的就是帮助被干预者把情感宣泄出去。

（1）倾听与陪伴。个人的感受性不同，有的人经历危机后受的打击特别大，什么都做不了。这时候要听他说、任他哭，对那些不说不哭的，就陪伴他一起静静地坐着。注意少说类似"我也经历过这样的事，知道这是什么滋味……""想开点，没事儿，别哭了，过去就好了，时间一长就忘了"这样的话。因为这样说很苍白，尤其是当事人非常难过的时候，越多的默默陪伴越好。其实你的出现本身就是一种支持。

不需要说什么话甚至可以连当时经历都不要去回忆，可以只安静地陪伴，平复他们的情绪。你可以轻拍他的肩膀、拥抱。在人类最本能的生理需要上升为第一需要时，他最直接的视、听、嗅、触觉更加敏感，这样做，是给他以最直接的支持——有人与你在一起。危机援助中的一些语言技巧如表9-1所示。

表9-1　危机援助中的语言技巧

不该说	应该说
别哭了	想哭就哭出来吧
想开点儿	这真是难以承受
我了解你的感受	我无法想象你现在的感受
这有什么大不了的	这对你来说一定很难面对
时间长了就好了	你一定感觉这样的伤痛无以忘怀
吃饭！睡觉！要不身体垮了	我把粥放在保温桶里了
需要我做什么，就告诉我	我会随时在你身边，随时给你电话，请允许我时刻提供帮助

（2）寄托与责任。特别表现在失亲者身上。父母离世的人可能在走进父亲生前的书房，给母亲在世时精心养的花浇水时都有特别的感情。所谓"睹物思人"，就是一种情感上的寄托。对于那些心理基础比较好、个性坚忍的人，如果其本人有很强的尽快投入工作的意愿，不要加以制止。承担自己的社会责任，有助于提高复原力，尽快恢复正常生活。当然，也要防范因害怕静下来又想起伤心往事而拼命工作的情况。

（3）自助自救。可以写日记、找人倾诉、上网聊天、运动发泄、远足旅行等，总之，是通过一切正常的宣泄手段把情绪释放出去。

（4）小组讨论。对于集体性的创伤事件，小组讨论是一种重要有效的宣泄方式。在小组讨论中，要把同一伤害程度的个体放在一起。比如6个震后的幸存孤儿，都是十几岁的孩子，心理创伤比较严重。把他们组成一个团体，先用简单问题破冰，让他们开始自我介绍，而后在推进的过程中，用来自同伴间的安慰，给予彼此支持。

2. 学会告别

对于亲人朋友的死亡要有一个告别仪式。这是一个承认、了结这个事实的过程。承认到接受事实还需要时间，但承认是接受的必经之路。

人们要去告别一件事情，譬如告别一段感情，剪短头发、剪断牵挂。像电影《花样年华》里的梁朝伟，把结局封存在老树的树洞里；把想对死者说的话写在风筝上，在有风的天气放飞，飞到最高时剪断手里的线……这些活动都不是无意义的，它们有明确的象征性，都是为了不回避，把情感表达和宣泄出来。

走的人已经走了，在世的人还要前行。对死者的告别，对于生还者有非常重要的意义。如果有一天，你再不刻意回避或纠缠于这些事情，你就能够平静地和人谈起你经历的磨难。

二、大学生不同心理危机的干预

（一）对大学生饮酒问题的干预

在大学校园里，有些大学生有饮酒的习惯（图9-1）。对此有必要对大学生的饮酒问题进行干预。

1. 学校制定政策

有关部门可以下发一些政策文件，对大学生饮酒过量进行严厉的干预。例如，学校对于酒精饮料的数量进行严格的控制，提高酒精饮料的消费价格，甚至在学校中不允许售卖酒精饮料等。

图9-1 大学生酗酒

2. 普及相关知识

学校可以通过课堂教育或是举办一些活动来说明饮酒的危害，帮助大学生有意识地重视该问题。

（二）对大学生吸烟问题的干预

1. 预防吸烟

在大学校园里随处可见"禁止吸烟"的公共标识，大学生应该自觉、严格遵守相关规定。

2. 戒烟治疗

对一些大学生来说，厌恶疗法在戒烟治疗的初期可能有效。戒烟治疗可以通过厌恶疗法，即通过更加糟糕的刺激手段使大学生对吸烟产生厌恶。或者通过刺激控制的方法，主要是要求人们对刺激大学生吸烟的原因进行控制。刺激控制方法本身对于减少吸烟很有效，但与其他方法合用时效果更好。

自我监控是大学生自己选择记录吸烟行为的一种方式，比如吸烟的频率及每次吸烟的时间、地点、环境。大学生可以通过这种方法来进行自我监控，可以把铅笔、纸张跟香烟放在一起。这项技术本身可以暂时性地减少吸烟量，但主要目的是收集信息以利于其他干预技术的应用。

心灵探索

生命意义感量表（中文修订版）

根据下列描述与你的情况相符合的程度，在1~7中做出选择，1代表"完全不符合"，2代表"大致不符合"，3代表"较为不符合"，4代表"不确定"，5代表"较为符合"，6代表"大致符合"，7代表"完全符合"。

（1）我正在寻觅我人生的一个目的或使命。（　　）
（2）我的生活没有明确的目的。（　　）
（3）我正在寻找自己生活的意义。（　　）
（4）我明白自己生活的意义。（　　）
（5）我正在寻觅让我感觉生活富有意义的东西。（　　）
（6）我总在尝试寻找自己生活的目的。（　　）
（7）我的生活有一个清晰的方向。（　　）
（8）我知道什么东西能使自己的生活有意义。（　　）
（9）我已经发现一个让自己满意的生活目的。（　　）
（10）我一直在寻找某样能使我的生活感觉起来很重要的东西。（　　）

该量表为自评量表，用于测量生命意义感和寻求意义感的程度。

计分方式

本量表分为两个分量表，将每个分量表的得分相加得到该分量表的总分（第2题负向计分，即选择1计7分，选择7计1分）。各分量表的题目如下：

寻求意义感：1、3、5、6、10；
拥有意义感：2、4、7、8、9。

结果评定

寻求意义感：总分越高，代表你寻找自己生命意义的程度越高；
拥有意义感：总分越高，代表你觉得自己生命有意义的程度越高。

第十章

大学生幸福心理与积极心理

📥 情境导入

　　一位父亲正在花园里割草，他的小女儿尼奇在旁边玩耍。这位父亲是一个做事认真的人，他割草时也是专心致志；而尼奇是一个天真活泼的孩子，她在父亲旁边又唱又跳，还不时把爸爸割下的草抛向天空。父亲对女儿的行为很不耐烦，于是对女儿大声斥责了一句。尼奇走开了，可不久又回到花园里，一本正经地对父亲说："爸爸，我能与你谈谈吗？""当然。"父亲回答说。"爸爸，你还记得我五岁生日吗？我从三岁到五岁一直都在抱怨，每天都要说这个不好那个不好，当我长到五岁时，我决定不再抱怨了，这是我从来没做过的最困难的决定。不过我却发现，当我不再抱怨和哭泣的时候，你也会对我停止吼叫和训斥。那你是否也可以不再那样经常郁闷吗？"

　　这位父亲感受到了一种被闪电击中般的震动，他一下子明白了许多道理。他认识到，是尼奇自己化解了她的抱怨。他明白了，培养孩子不能盯着他身上的缺点，而是认识并塑造他身上的优点，将这些最优秀的品质变成促进他们幸福生活的动力。他也意识到，自己总是用消极的方式对待他人的缺点和不足，而如果换一种积极的生活方式自己可能会更快乐。

　　这一天改变了这位父亲的生活。他过去的五十年都在阴暗的气氛中生活，心中有许多消极的情绪，而从那天开始，他决定让心灵充满阳光，让积极的情绪占据心灵的主导。这位父亲就是积极心理学的开创者，美国心理学家赛里格曼。

💭 思考

　　是什么改变了这位父亲？为什么？

学习目标

知识目标

1. 理解幸福的概念及其在大学生群体中的重要性。
2. 掌握提升幸福指数的方法和策略,包括个人行为和心理调节的技巧。
3. 理解积极心理学的定义、背景和发展历程,以及其在大学生心理健康中的应用和意义。
4. 掌握积极品质的概念及其在个体发展中的作用和影响。

能力目标

1. 能够分析和评估大学生幸福心理的形成因素和影响因素,提供个性化的幸福提升建议。
2. 能够设计和实施有效的幸福指数提升方案,改善心理状态和生活质量。
3. 能够运用积极心理学的理论和方法,保持积极情绪和心理健康。
4. 发展积极品质,如乐观、坚忍等,增强其心理韧性和成就动机。

素质目标

1. 培养对幸福心理及其重要性的认识和理解,促进大学生积极追求和实现个人幸福生活的能力。
2. 提升帮助大学生提高幸福指数和积极心理的实际操作能力和意愿。
3. 增强通过积极心理学和积极心理健康教育来推动大学生全面发展的责任感和实际行动能力。

思维导图

大学生幸福心理与积极心理
- 幸福心理概述
  - 一、幸福是什么
  - 二、提升幸福心理的方法
  - 三、培养大学生的幸福心理
- 积极心理学概述
  - 一、积极心理学的含义
  - 二、积极心理学诞生的背景
  - 三、积极心理学的发展
- 培养积极品质
  - 一、遗传抑或环境的作用
  - 二、人格品质的发展
  - 三、积极品质的作用
  - 四、开展大学生积极心理健康教育的途径
  - 五、形成大学生积极心理健康教育的合力

第一节 幸福心理概述

一、幸福是什么

快乐论认为幸福就是快乐的主观体验,通常对应的是主观幸福感。主观幸福感是指人们对其生活质量所做的情感性和认知性的整体评价。幸福是一种以高水平的生活满意度、高水平的积极情绪和低水平的消极情绪为特征的积极的心理状态。

实现论认为幸福是自我潜能和才华的实现与发展,重视意义和价值,通常对应的是心理幸福感以及社会幸福感。心理幸福感主要是指一个人的全部心理潜能的实现。在心理幸福感看来,幸福不仅仅是获得快乐,而且还包含了人与真实自我的协调一致,通过充分发挥自身潜能而达到完美人生意义的体验。社会幸福感则是指个体对自己与他人、集体、社会之间的关系质量,以及对其生活环境和社会功能的自我评估。社会幸福感坚持幸福的真正实现是在于个人机能的实现及对他人或社会产生的意义和价值。

二、提升幸福心理的方法

幸福不是"得到",而是"做到",幸福的关键在于人们主观的行动,别再浪费时间纠结自己是不是幸福,而应仔细想想什么可以让自己幸福,去做那些让自己幸福的事情。那么,如果想要更加幸福,可以做些什么呢?

1. 越助人越快乐

你与世界上最幸福的人之间的差距在于他们拥有更高质量的亲密关系,维持亲密关系靠的是行动,没有什么比关心和帮助他人更能深化自己与别人的关系了。在帮助别人的过程中,大家彰显了自己的能力和价值,这也让人们收获自信,对生活有了更多的掌控感,同时,当你帮助别人的时候,别人也会因此而喜欢你、感激你,这为你赢得了笑容、感激和可贵的友谊。并且,它意味着,在你感到脆弱的时候也不会孤独无助。

需要注意的是,乐于助人不是要成为"圣人",付出的时候要量力而行,做好事应该是自愿自发的,这才能获得最大的幸福回报。此外,如果重复做同样的好事,也会降低获得的幸福感,所以做好事也要富于创意,多想新点子。每周找一天做几件好事,与以往的好事有些不同,这样做好事的幸福感就会最大化。

2. 越欣赏越享受

人超强的适应能力会让自己很快将各种美好习以为常,而那些善于欣赏眼前美好事物,沉浸于当下美好感觉的人则不容易陷入忧郁、压力等负面情绪中,也会拥有更高的幸福感。懂得享受的人，不一定是拥有最多的人，但享受到的才是你真正拥有的。所以不妨每天抽出一点时间，放慢脚步，品味一些你通常匆忙完成的事情。

3. 越追求越满足

回想一下你最幸福的时光，是无所事事，还是专注地投入做些什么？专注是一件非常美好的感觉，在心理学上，这种感觉就叫"幸福流"。当一个清晰的任务占据你全部的注意力，你有能力接受挑战，并且每一步都能得到实时的反馈时，你就会进入这个状态。不管你是认真画一幅画，写一篇文章，或是炒一盘小菜，下一盘好棋，打一轮游戏，当这项活动需要运用一定的技能，并且你认为自己是可以胜任和有能力完成的，那么当你全身心投入去完成的时候，一种充实的幸福感便会油然而生。

能带给我们幸福感的是对内在目标的追求，而内在目标源自内心，它显现出的是人们发自内心的渴望与热情。作家常说自己写作并非是为了经济上的原因，是因为写作本身是快乐的，水手花费大量的时间和金钱来保养自己的船，是因为对水手来说，什么都比不上出海带给自己沉浸式的快乐。仔细想想，有什么事情是不给你钱，你也愿意干的？

4. 学会乐观

快乐不是没有痛苦，快乐和痛苦是两种相对独立的情绪，不是人们通常理解的"黑"与"白"，黑多了白就少了，而白多了黑就少了。快乐可以是"饱"，痛苦是"渴"，人们可以痛并快乐着，即使在痛苦中，人们还是依然有快乐的机会和可能。乐观和悲观的人对事物的解释是不同的，而人们可以学着培养自己的乐观情绪，比如，在遇到让自己痛苦的事情的时候问问自己：这种状况还能怎么理解？有好的一面吗？对我来说会不会是一次机会？如果在这件事情中有所学习的话，我学到了什么？我做得什么是值得肯定的？

5. 建立自己可行性的幸福方案

很多人尝试了多种方法依然没有幸福起来，也许是因为没有找到适合自己的方式。建立自己的幸福方案，最需要的不是金钱，而是对自己的留意与观察，是对幸福的在意与投入。留心观察那些容易让你感到幸福的事情，列出内容、感到幸福的程度、需要投入的时间，然后用积极的行动来寻找幸福。

三、培养大学生的幸福心理

面对就业难、考研热、学费高、学业压力过大、家长以及自身期望高等众多问题，都会影响大学生的幸福感。所以，培养大学生的幸福感主要从以下几个方面来进行。

（一）家庭方面

家是幸福的源泉，是对一个人成长最有力的情感支撑。家庭的环境状况对一个人的影响是一辈子的，是根深蒂固的。因此，家长应为子女营造一个理想的成长氛围，让孩子更多地感受家的温暖，从而有幸福感。这包括积极进取的学习氛围、不畏艰苦的劳动氛围、朴素节俭的持家氛围、孝亲敬长的关爱氛围、愉悦身心的娱乐氛围、和谐平等的民主氛围、健康乐观的心理氛围、和睦温暖的亲情氛围。

（二）学校方面

作为在校大学生，极大部分的大学生是在学校住宿的，学校就是学生的第二个家，因此高校在大学生幸福心理的培养中起着十分重要的作用。培养大学生科学的世界观、价值观和心理认知与情感认知，建构良好的生活氛围是培养幸福心理的重要前提。而学校作为大学生生活的大环境，要充分发挥其教书育人作用，培养出符合社会要求的大学生，也必须同时重视大学生幸福心理的教育。

首先，要让"幸福教育"进入思想政治理论课堂的主渠道，对大学生进行正确的世界观、人生观、价值观的教育，引导他们树立科学的观念，培养他们健康的心态和正确的生活态度，科学地确立人生目标和发展理念，在发展中不断正确认识自身和社会，从而对未来发展能有科学的理解、预测和评价。

其次，打造积极向上的集体，发挥班级和寝室的支持作用，良好的社会关系可以增加个人的主观幸福心理。对于大学生来讲，离开了依赖的家庭环境，班级和寝室是大学生学习生活的主要群体环境。对于性格内向的学生，要引导他们进行主动的人际交往，积极参加各项集体活动，使他们融入集体之中，提高他们的幸福体验。再次，加强校园软硬件环境建设，提升学校教学、科研和服务学生的水平，积极营造"三全"育人氛围，打造校园文化品牌，丰富校园文化生活，加强校园基本建设，为学生提供一个优质的学习、生活环境，这是提升大学生幸福心理的基础性工程。

最后，加强挫折教育，提升大学生的挫折承受能力。现在的大学生中，独生子女占大多数。他们从小在较为优越的环境下成长，有来自各方面的呵护和关爱，所经历的不幸遭遇最少，却最容易受到不幸带来的伤害，也最不能体会到幸福的珍贵。开展挫折教育，正确引导大学生认识和应对挫折是提高大学生幸福心理的一项重要内容。

（三）社会方面

建设和谐、公正的社会秩序，为大学生提供竞争公平、机会均等、和睦、舒畅的社会环境。随着经济体制改革的深入，大学生家庭状况不均的现象时有发生，会导致一些在就业、生活等方面的矛盾冲突。大学生即将融入社会，面对社会存在的不公正、不和谐的因素，也给他们造成了潜意识的压抑和自我价值的否定，幸福心理也就减少了。因此，建立和谐公正的社会秩序就显得尤为重要。

（四）个人方面

幸福与否，最主要还是要看个人。自我意识包括自我认识、自我体验、自我调控三个方面。要达到积极的自我统一，需要在自我认识上形成正确的自我分析，根据实际情况，制定符合自身特点的目标，使理想自我与现实自我趋向一致。在自我体验上，善于把握积极肯定的情感，激发信心和上进心，正确对待消极否定的情感，不因外界的影响而陷入自卑自怨的境地。在自我调控上，努力提高自我认识水平和自我表达能力，建立良好的人际关系，增强愉悦的心灵感受，从而获得更多的社会资源和自我满足感；积极地对待生活中偶然的不幸，有效调节不良情绪，学会进行积极的心理暗示，悦纳自己，进而获得幸福体验。

第二节 积极心理学概述

一、积极心理学的含义

积极心理学是美国心理协会（American Psychological Association，APA）前主席、著名心理学家赛里格曼教授正式开创的，可以说，没有赛里格曼就没有积极心理学。在1998年的美国心理协会年度大会上，赛里格曼指出了20世纪心理学研究中存在的两大问题：其一，心理学在民族和宗教冲突问题上的介入不够；其二，对人的积极品质和积极力量的关注不够。因此，他认为21世纪的心理学要把这两个方面作为其工作中心。在这次会议上，赛里格曼第一次使用了"积极心理学"一词，不过是加了引号的，因为在当时整个心理学界，甚至包括赛里格曼本人，还并不十分清楚积极心理学的确切含义。

1998年的会议标志着积极心理学开始孕育，赛里格曼的发言也吹响了积极心理学运动的号角。随后，有大量知名心理学家投身于积极心理学的研究工作中来。2002年，斯奈德和洛佩兹主编的《积极心理学手册》出版，这标志着积极心理学的正式形成。

所谓积极心理学，是利用心理学目前已经比较完善的各种研究方法（如实验法、调查法、问卷法以及质性研究方法等），来研究人的发展潜力和美德等积极力量和品质的一门科学。它倡导人类应该用一种积极的心态来对心理现象和心理问题做出新的解读，以此激发每个人自身所固有的某些实际的或潜在的积极力量和品质，从而使每个人都能顺利地走向属于自己的幸福彼岸。它认为心理学不仅要帮助处于某种"逆境"条件下的人知道如何求得生存和发展，更要帮助那些处于正常境况下的人学会怎样建立起高质量的个人生活和社会生活。

> **心灵拓展**
>
> ### 赛里格曼教授
>
> 赛里格曼教授是积极心理学的开创者。他本科毕业于普林斯顿大学，1967年在宾夕法尼亚大学获得心理学博士学位。另外，他还有3个荣誉博士的名衔。40余年来，他一直致力于乐观心态、习得性无助以及压力的科学研究，在宾夕法尼亚大学心理学系担任首席教授，同时也是美国积极心理学中心的主管。他曾担任美国心理协会临床心理学分会的主席，在1997年时，他以史上最高票的纪录，当选为美国心理协会主席。
>
> 赛里格曼教授出版了21本著作，发表了200多篇文章。其中比较著名的有《真正的幸福》《可以学得乐观》《你可以改变什么，不能改变什么》《乐观的小孩》。他的著作已经被翻译成20多种语言，无论是在美国还是在其他国家都大受欢迎。他的研究曾经被许多媒体重点报道过，其中包括《纽约时报》《时代杂志》《每周新闻》《美国新闻》等媒体杂志；他也多次在电视以及电台上，担任积极心理学领域的发言人。
>
> 赛里格曼教授得到过许多奖项，其中有美国心理学应用及防治中心的罗拉奖，精神治疗研究协会的终身成就奖。还有两个重要的终身成就奖来自美国心理协会，一个是为了表彰他的科学研究；另一个是为了表彰他所提出理论的应用价值。

二、积极心理学诞生的背景

任何学科或理论的诞生都有其历史渊源与现实背景，积极心理学的出现也不例外。

1. 理论背景

积极心理学的理论渊源，最早可追溯到20世纪30年代特曼关于天才和婚姻幸福感的研究，以及荣格关于生活意义的研究。但很遗憾，第二次世界大战时期这种研究被迫中断。直到20世纪五六十年代，以马斯洛、罗杰斯等为代表的人本主义心理学又重新关注人类的积极层面，重视积极的心理活动。人本主义思潮所激发的重视人类潜能的运动，对积极心理学的出现产生了深远的影响，为积极心理学的发展奠定了理论基础。

但是，早期的积极心理学研究者为了能跻身于主流心理学之列，否认自己与人本主义心理学有着某种关系，期望将积极心理学作为独立的学科或流派来区别于人本主义心理学。但从两者的理论主张上，也不难看出它们的渊源关系：例如，两者都重视人的积极层面，几乎拥有相同的研究主题，如积极情绪和积极人格（马斯洛称为健康人格）等；积极心理学强调激发患者自身具有的种种能力和自助潜能，这与人本主义"以当事人为中心"的心理治疗观如出一辙，都强调当事人的自助变化。到了2002年以后，大多数积极心理学研究者才开始承认人本主义心理学是积极心理学的一个重要发展渊源。

此外，后现代建构主义理论也对积极心理学的出现产生了重要影响。代表建构主义主流方向的社会建构主义认为，任何一种建构都必须通过人与社会（环境、他人）的互动才能实现。从这一角度看来，积极心理学所强调的积极品质的形成离不开环境，以及积极心理学把积极组织系统和积极关系的构建作为自己的一个重要研究方面，显然是受到了建构主义理论的影响。

2. 现实背景

积极心理学的诞生，一方面固然有来自心理学自身发展变革的原因，但另一方面也是时代发展的一种必然产物。

心理学自诞生之日起，就被赋予了3项使命：①治疗人的精神或心理疾病；②帮助普通人的生活更加丰富充实、有意义；③发掘并培养具有非凡才能的人。但第二次世界大战之后，心理学更关注第一项使命，而忽略了后两项使命，使得心理学变成了一门类似于病理学性质的学科，导致"很多心理学家几乎不知道正常人怎样在良好的条件下获得自己应有的幸福"。传统的心理学变成了"消极心理学"。例如，提到心理学，人们就会想起病态、幻觉、焦虑、狂躁等，而很少涉及健康、勇气和爱。再例如，当你告诉别人你是一名心理学专业的学生时，在多数情况下对方可能会说："学心理学不错，可以帮别人排忧解难。"这显然是受到消极心理学思想的影响。

一直以来，大多数心理学家的任务是理解和解释人类的消极情绪和行为。但是，没有心理问题并不等于心理健康。就目前来说，虽然人们处于物质文明高度发达的时期，但人们的生活质量与精神追求却相对落后，负面心理层出不穷，如精神危机、信仰危机、精神空虚、纵欲主义、孤独、焦虑、抑郁等。这一现状迫使研究者不得不反思传统心理学存在的问题，把心理学长期被遗忘的两个使命重新提上日程。他们认识到，心理学应该重归本来的研究主题，即使一切生命过得更有意义，应该研究人类的积极品质，关注人类的生存与发展，用一种更加开放的、欣赏性的眼光去看待人类的潜能、勇气、品质、动机、期望和能力等。这就是积极心理学诞生的现实背景。

三、积极心理学的发展

积极心理学如同一股清新的空气注入传统主流心理学之中，令人耳目一新，并获得迅猛发展。1998年1月，赛里格曼邀请了心理学家西卡森特米哈伊、福勒等到墨西哥尤卡坦半岛的艾库玛尔共商积极心理学的内容、方法和基本结构问题。除了讨论积极心理学本身的理论问题外，这次会议还提出了许多推动积极心理学发展的具体措施，例如，怎样吸引年轻学者投身到积极心理学的研究工作中来，怎样促进积极心理学与人们的日常生活更接近,怎样在普通民众中提高积极心理学的影响等。

1998年后,赛里格曼利用自己的名望为积极心理学的研究工作拉来了大笔赞助。美国邓普顿基金会还专门为积极心理学研究设立了奖励基金,该奖励每年进行一次,主要表彰那些在该研究领域中做出杰出贡献的学者。1999年11月,在美国盖洛普基金会的赞助下,积极心理学研究者在林肯市召开了第一次积极心理学峰会,明确了积极心理学今后的发展方向。

2000年1月,在心理学杂志《美国心理学家》(第55卷第1期)上,刊载了一个有关积极心理学的特辑,共15篇文章,其中大多数文章是由当时一些著名的心理学家撰写的。2001年3月,《美国心理学家》杂志又设立了一个积极心理学研究专栏,进一步介绍积极心理学(特别是一些年轻心理学家)的最新研究成果。2001年冬天,美国《人本主义心理学杂志》也刊出了一个包含7篇文章的积极心理学研究专辑。刊载于世界著名心理杂志上的3个特辑,一方面昭示了当代心理学界对积极心理学的肯定和认同,另一方面也极大推动世界各地的心理学工作者投身于积极心理学的研究工作中。

2002年,由斯奈德和洛佩兹主编的《积极心理学手册》由牛津大学出版社正式出版,该手册对积极心理学新近取得的各方面研究成果做了系统总结,全书包括55篇有影响力的文章。这本书标志着积极心理学发展的第一个阶段,即通过发起一场运动而求得自己独立的阶段已经完成,积极心理学正式呱呱坠地了。

在此之后,积极心理学在短短几年内从美国扩展到加拿大、日本、欧洲和澳大利亚等国,当然也包括我国,成为一种世界性的心理学潮流,正受到越来越多心理学工作者的关注。

心灵拓展

受欢迎的积极心理学

据《中国青年报》报道,在世界著名的美国哈佛大学,"积极心理学"已成为最受欢迎的课程,选择它的学生已经超过了曾经最为热门的"经济学导论",排到了第一位。

积极心理学在哈佛大学从不被人接受到开始火爆只经历了短短几年的时间。泰勒·本·沙哈尔在他的《幸福的方法》一书中这么说:2002年,我第一次在哈佛大学教授积极心理学,当时只有8名学生报名,其中还有两名中途退学。第二年,听这门课的学生近400名。第三年,学生人数达到850名。2006年,听这门课程的学生已经逾1000人,超过了曼昆的"经济学导论"。

自从哈佛校刊和《波士顿环球报》报道了积极心理学课程火爆哈佛之后,质疑声就从来没有停止过。泰勒也在思考这门课程为何大受欢迎:"如何解释哈佛大学等高校对积极心理学热切的需求?是因为当今社会抑郁的人越来越多?还是21世纪的教育或西方的生活方式使然?"

据哈佛大学一项持续6个月的调查发现，学生们正面临着普遍的心理健康危机。调查称：过去的一年中，有80%的哈佛学生，至少有过一次感到非常沮丧、消沉，47%的学生，至少有过一次因为太沮丧而无法正常做事，10%的学生称他们曾经考虑过自杀。在这种情况下，积极心理学成为最受欢迎的课程是理所当然的。

目前在美国，有100多所高校开设了"积极心理学"课程。

第三节
培养积极品质

一、遗传抑或环境的作用

一直以来，人格特质的行为遗传学研究备受瞩目。它的主要目的是，分析人与人之间在人格特质上存在的差异，遗传和环境因素分别能解释多大的比重。换句话说，它要研究人格特质上的个体差异有多少比例是由遗传因素导致的，有多少比例是由环境因素导致的。

在人格特质的行为遗传学研究中，许多研究结果证明了遗传因素和环境因素均具有重要作用。例如，杜恩证实，人格特质个体差异的40%可归因于遗传，非共享环境因素的贡献率为35%，共享环境和测量误差的贡献率分别为5%和20%。此外，一些研究者认为，共享环境基本或很少能解释个体人格特质的差异，仅可以解释差异的6%，而非共享环境和测量误差可以解释个体特质差异的51%，遗传可解释差异的43%。

遗传因素确实对人格特质在一定程度上具有决定作用。研究者发现，兄弟姐妹间存在相似的人格特质，他们认为，这种相似性主要是由遗传而不是共享的环境所导致的。因为，即便是生活在同一家庭中的孩子，他们也并没有享有相同的环境条件，不同孩子具有的经验存在差异。这一观点很好理解：所谓"会哭的孩子有奶吃"，爱哭的孩子可能得到父母更多的关爱和物质给予，他们接受的家庭环境和其他兄弟姐妹就有所不同了。因此，如果一个家庭中兄弟姐妹存在相似的人格特质，则至少可以说明遗传因素对人格特质在一定程度上具有决定作用。

但是，虽然兄弟姐妹的人格特质存在某种相似性，但更多的还是存在某些差异，所谓"龙生九子，子子不同"，这可说明环境因素对人格特质的影响。例如，孩子本人的选择、孩子本人的行为（如爱哭）、出生顺序、性别、相貌等会改变他所处的家庭环境的影响，这种有差异的影响造成了即使生长在同一家庭中的孩子，他们的人格品质也有所不同。此外，对于生活在不同家庭环境中个体的人格品质差异，环境的塑造作用更是不可忽略，儿时的家庭氛围、父母的教养方式、父母的榜样作用、安全感的建立、亲子依恋的形成、对挫折的应对、同伴的影响、学校教育等，均对人格品质的形成具有极为重要的影响。

总之，虽然研究者认为人格品质具有一定遗传性，但这并不意味着对环境效应的轻视，遗传和环境的作用始终影响着人格的形成和发展。环境对人格品质的塑造作用也意味着，人们能够通过改变环境因素，如改变家庭、学校教育、生活环境等因素以及采用专门训练等方式，来培养一个人的积极品质。

二、人格品质的发展

每个人现在所具有的人格品质都是从幼童时期逐渐发展而来的。在幼童时期，人们的气质就是他们的人格品质，随着个体社会化的进程，气质开始受到个体经验的影响，同时它又反过来影响个体的经验，二者相互作用的结果就构成了每个人独具特色的人格品质。

图10-1是伦敦大学艾森克提出的气质与人格特质关系模型，指出传统的气质类型四分类（之前讲过的胆汁质、多血质、黏液质、抑郁质）实际上相当于神经质和外向性人格特质交叉所形成的四个象限。依据这个

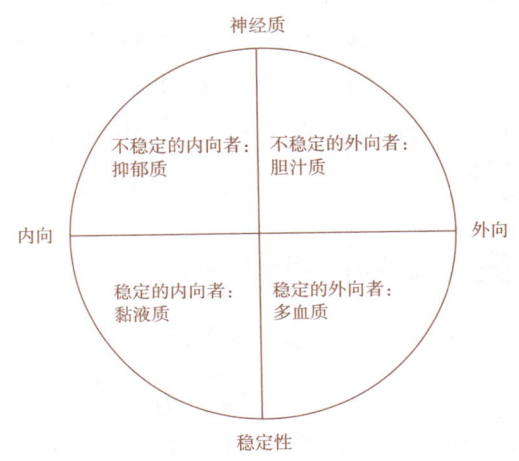

图10-1 艾森克的气质与人格特质关系模型

模型，抑郁质的人是神经质的内向者，黏液质的人具有稳定内向的品质，而如果你是多血质，那么你可能具有灵活、开朗的人格品质；如果你是胆汁质，则你可能比较易怒、精力充沛。虽然这个模型过于简单，但起码说明气质和人格品质间存在密切的关系。

同时也有研究表明，气质和人格特质间的关系可延续至成人阶段。例如，那些活动水平高，且具有积极情感气质的儿童，他成年后将是外向的，并能同时获得与外向相关的那些积极品质；在注意力持久性方面表现出色的儿童，日后将会具有与高度严谨性相关的积极品质；胆汁质的儿童日后在生活中可能具有高度的神经质；而具有极端气质特征的儿童将来在面对压力时，可能会更加脆弱，容易退缩。

关于人格特质发展的另一个重要结论是，人格特质的发展在一生当中是相当稳定的。著名的丹尼丁研究为人格特质的持续性发展提供了强有力的证据。该研究是关于人类发展的极大规模的追踪研究之一，从1972年一直持续到1994年。研究者选取了1972年4月到1973年3月间出生的婴儿作为观察对象，在他们3、5、7、9、11、13、15、18、21岁时进行追踪研究。被试定期到丹尼丁研究机构接受生理、心理、精神疾病方面的测试，此外，

研究者还对他们的父母、师长、同伴进行问卷调查。

在参与实验的幼儿3岁时，研究者依据观测资料，将他们分为低控制型、抑制型、良好适应型3种气质类别。然后在这些被试的成长过程中，通过自我报告、他人评定和官方记录等形式来收集相关的数据。研究结果非常有意义。

第一，早期被判定为低控制型的幼儿较冲动、情绪性明显、对任务没有持久性，在孩童时期，父母和老师都反映他们难以管理。18岁时，使用MPQ（多维人格问卷）对他们的人格结构进行测试，发现他们具有高度的冲动性和攻击性，与同伴关系较疏远。在21岁时，他们有更多的就业困难和人际冲突，并被认为是不值得信赖的。

第二，被判定为抑制型的幼儿非常害羞、害怕与他人交往。18岁时，他们显得拘谨、过于自控、不希望扮演领导角色、对他人的影响力小。21岁时的研究发现，他们获得的社会支持较少，心理健康状况受到抑郁的严重影响。同时，他人评定显示这些具有抑制型气质的人不易被团体接纳，社会地位偏低。

第三，良好适应型的幼儿具有较好的自控力，对研究人员很友好，试图去完成富有挑战性的任务，但却不会因为任务太难而过于焦躁不安。在随后的成长过程中，这些行为特征依然非常明显。

三、积极品质的作用

1. 积极品质与幸福感

个体是否具有积极的品质与其幸福感有密切的关系。一项研究发现，个人的主观幸福感与其高外向性和情绪稳定性密切有关。在另一项针对成年人的研究中，研究者发现，积极品质与卡罗尔·瑞夫提出的心理幸福感的6个维度间存在密切的相关性。例如，情绪稳定性、外倾性和严谨性等积极品质与自我接纳、对环境的掌控、生活目的等幸福感的维度有关；外倾性的积极品质与个人成长、良好的人际关系、个人的自主性等有关。

从日常生活经验中，大家也可体会到，更积极的品质能带来更高的幸福感。例如，当一个人具有沉静、满足、不紧张，不易怒等积极品质时，他更可能拥有积极的情绪体验；当他拥有开朗的、好社交的、不苛求的积极品质时，他更容易交到朋友，受人欢迎，获得更多的社会支持资源；当他具有好奇的、敢做敢为的、严谨的、勤奋的、有组织的积极品质时，他更可能在学习、工作和生活领域获得成功，体会到成功带来的喜悦；当他具有宽仁的、有同情心的、不炫耀的积极品质时，他更可能体会到爱与内心的闲适等，无疑这些都会提升他的幸福感。

尽管研究者对人格特质与幸福感间存在关系的原因尚处于争论当中，但可以确定的是，具有积极的品质会让你更加幸福。

2. 积极品质与学业成绩

对于学生来说，具有积极的品质与取得良好的学业成绩关系密切。近几年，国内研究者对这一问题进行了探讨，得出许多有价值的结论。

赵文学以349名大学二年级本科生为被试，以"大五"人格测验IPIP-NEO-PI量表为工具，研究了大学生英语四级成绩与人格特质的关系。结果发现："大五"人格特质中外向性人格特质和英语学习成绩呈显著相关，具有不同外向性水平的大学生，其英语学习成绩呈现显著差异。具有沉稳内向品质的人比外向活泼的人的英语学习成绩更高。在开放性维度上，不同水平的大学生其英语学习成绩也呈现显著性差异，在开放性维度得分低的被试英语成绩偏高。这一研究结果非常有趣，因为从理论上说来，高外倾性、高开放性的个体，英语成绩应该更好，但该研究结果恰恰相反。赵文学对此的解释是，这一结果体现了中国的英语四级考试体制存在某些弊端，即过多重视应试技巧，而在需要交流与沟通的英语口语表达和交际等方面重视不够。如果对人格特质各维度与英语听力、写作、口语表达等方面成绩的关系进行研究的话，可能会发现不一样的结果，即高外倾性、高开放性的学生，在这些方面表现更好。

王馨竹以400名高中生为研究对象，采用卡特尔16种人格因素问卷（简称16PF）为工具，对人格特质与语文、数学、英语成绩进行相关研究。结果发现：与语文成绩有显著相关的人格特质有聪慧性、敏感性和怀疑性，有恒性和幻想性与语文成绩具有非常显著的相关性；与数学成绩存在显著相关的人格特质有聪慧性、兴奋性和实验性，独立性与数学成绩存在非常显著的相关性；与英语成绩存在显著相关的人格特质是敏感性和忧虑性，聪慧性和紧张性与英语成绩存在非常显著的相关性；与三门课成绩总分存在显著相关的人格特质是聪慧性、兴奋性和独立性。

类似的研究还有很多。总体来说，学生在不同特质上具有的积极品质与其不同学科的学业成绩关系密切。作为教师，应该根据不同学科所需要的人格特质，结合学生的不同品质，进行区分性教学。

四、开展大学生积极心理健康教育的途径

1. 开设专业的积极心理健康教育课程

开设大学生积极心理健康课程，是对大学生实施积极心理健康教育的有效途径，也是促进大学生心理健康教育良性发展的必然选择。积极心理健康教育课程在国外早已有之，美国和欧洲一些国家的高校都开设了有关积极心理健康教育的课程，如哈佛年轻的讲师泰勒·本·沙哈尔开设的传播积极心理的幸福课，非常受大学生的欢迎，取得了良好的教育效果。专业的积极心理教育课程不同于以往的心理健康教育课程，需要懂得积极心理学知识的教师授课；学生使用的教科书也与传统意义上的教材不同，而是使用具有积极意义和积极内涵的心理健康教育书籍；在课堂上讲授的教学内容更多的是积极理念和正能量信息，如教会学生如何增进幸福感、如何让大学生提高对生活满意度、如何开发大学生自身的心理潜能、怎样使大学生充满乐观和希望等内容，以此培养大学生形成积极的心理品质和积极的人格特质，使大学生们积极面对生活，对未来生活充满希望。积极心理健康教育

也要改变传统心理健康教育的授课方式，不再是列举些消极的事例，而是通过积极的实践活动让大学生参与其中，引导大学生形成积极的健康的心理。

2. 通过多学科教学渗透积极心理健康教育

教学活动是学校教育最主要、最基本的活动形式，学生获得知识、发展能力、形成品德、掌握方法主要是在教学活动中实现的，这就使得在教学活动中融入积极心理健康教育具有时间和空间上的优势。高校应通过各学科的教学活动对大学生进行积极的心理健康教育工作。在多学科教学中进行积极心理健康教育，首先，教师要营造轻松愉悦的教学氛围，激励并支持学生在专业课学习中积极思考、主动参与、努力探索，在平等合作、融洽的师生关系中愉快完成教学任务，潜移默化地培养大学生积极的心理品质。其次，教师还应该具有积极的心理品质，并以自己的身体力行和言传身教影响和带动学生保持积极心理，以积极乐观的心态正确面对学习中的问题和困难。良好的教育方式能够塑造和培养全体学生的积极心理，各学科教学还要通过不断完善教学内容和教学方法，引导学生用积极的角度看待问题、用积极的心态处理问题，从而做到能够积极预防可能出现的心理问题。最后，要把大学生积极心理健康教育融入专业课学习中，是用能够涉及全体大学生的教育方式培养大学生的积极心理品质，各学科的教学可以从不同的角度，运用多种方式，使大学生积极心理培育形成一种常规的、持续的状态，这不仅有助于培养大学生的积极心理品质，更能够使大学生积极心理健康教育取得良好的效果。

3. 开展积极的社会实践活动

开展积极向上的社会实际活动，能够使学生踏出学校的大门，参与到积极的活动之中，对于社会环境有更好的了解，提高自身适应社会的水平，锻炼自己的毅力，有目标地培育自身的积极力量，加强自身的责任意识。开展积极的社会实践活动，需要学校与社会相关部门及人员的相互配合。学校可以与社会上的爱心机构合作，给学生们提供当志愿者服务的机会，让大学生参加公益活动，在帮助别人的同时体会到用自己的积极力量去帮助他人、感染他人、给需要的人提供服务的自我效能感，为社会正能量的传播贡献自己的一份努力，这更有助于培养大学生的积极品质，养成乐观的人生态度。积极的社会实践活动，不仅是让大学生走出校门，也可以将社会实践活动引入到校园中来。学校可以把社会不同领域的成功人士请到校园中来，在学校举办各种类型的讲座、见面会，讲述他们成功的经历与过程，用他们成功的案例展示他们积极的力量，用榜样身上的积极力量引导学生建立信心，发掘自身的积极品质，以此感染和带动大学生形成积极向上的心态。

4. 采用积极心理测量技术

心理测量是采用某种可以将心理现象量化或划分范畴的测评或量表，对测试对象的心理特征或行为进行描述，对人的行为表现及心理特征做出量化的解释。

心理测评是心理学服务于社会的一个重要手段，在心理健康教育中应用积极心理测量技术，可以得到比较客观的筛查、评估和判断学生心理健康状况的依据，从而增进心理健康教育的科学性，促进心理健康教育工作的深入开展。

5. 将积极心理干预策略付诸实施

诺佩塞·施基安认为人具有两种基本能力：认识能力和爱的能力。认识能力和爱的能力是每一个人都具备的心理素质。在现实生活中，它必须分化为各种现实能力：认知能力的进一步分化、发展可以产生准时、条理、清洁、礼貌、诚实、节俭等现实能力；爱的能力的进一步分化、发展导致了像爱、耐心、沟通、信任、希望、信仰和肯定等现实能力的产生。人的心理疾病就是这两种基本能力在不同文化背景下分化为个体的现实能力时发生冲突的结果。

在积极心理治疗过程中，治疗师关注来访者的积极品质，注重培养来访者的积极反应。第一，通过积极心理测量，来访者可以体会到治疗师正试图全面了解其品质，而不是只着眼于其"问题"。第二，治疗师向来访者表明他（她）与"问题"不是等同的，并鼓励其关注自己的积极品质，这样可以使来访者改造个人价值观，从而减轻其内心不必要的冲突。第三，关注来访者的积极品质可以促进来访者与治疗师之间的充分信赖，建立良好的治疗关系。积极心理治疗可以让来访者在关注中愉快而充满信心地积极解决其问题。第四，在治疗过程中运用直觉与想象，运用故事作为治疗师与来访者之间的媒介，强调发挥来访者的主观能动性，使来访者最终成为积极治疗者。第五，在积极心理治疗中，通过其自身的积极品质帮助来访者保持心理健康，是自身能力不断提升的实现。第六，积极心理治疗给来访者树立起信心和希望，调动起其潜能，最终问题被解决了，人也会变得更有力量。第七，积极心理治疗同样致力于改进人们的日常生活，积极心理治疗是通过考虑个人和环境优点而进行的积极过程。因此，在日常生活中如何积极地沟通、表达、自助、增进交往能力并保持健康是也积极心理学关注的核心。

五、形成大学生积极心理健康教育的合力

1. 家庭心理教育的积极配合

家庭是培养大学生积极心理品质的重要场所，大学生耳濡目染地受到父母的影响，父母的心理状态积极与否对大学生的性格及心理品质有着重要的影响。因此，家庭心理教育的积极配合在大学生积极心理品质培育过程中发挥了至关重要的促进作用，家庭形式的心理教育会在一定程度上成为大学生积极心理健康教育的重要组成部分。因为家庭心理教育具有长期性和易沟通性等优势，使家长更容易理解孩子的心理变化和情绪反应，从而能够及时采取有效的措施进行积极的心理疏导和干预。

在家庭心理教育中，家长首先要树立积极心理健康教育的观念，加强积极心理学知识的学习，掌握积极心理健康教育的内容，根据孩子心理发展不同情况的差异性，采用不同的教育方法，使孩子形成积极乐观的心理品质。另外，家长还要引导孩子正确看待生活和

学习中的挫折和困难，正确看待成功和失败，及时进行批评与自我批评，及时纠正自身的缺点，勇于承认错误，形成正确认识问题和处理主要问题的健康状态。与此同时，家庭心理教育应该与大学生积极心理健康教育同步进行、积极配合，要加强家庭和学校之间的联系，家长要了解孩子在学校的心理情况，实现家庭和学校的双向交流，发挥学校和家庭配合教育的最大合力作用，有力推动大学生形成积极的心理品质。

2. 社区成立积极心理咨询机构

除学校和家庭外，大学生居住的社区氛围也影响着大学生的心理状态。所以，进行大学生积极心理健康教育必须更好地体现社会的相关作用。可以依靠社区医院形式创建一些心理健康的相关咨询点，开展积极心理咨询活动，将积极的心理健康引入社区成员的日常生活中。社区积极心理咨询是社区组织协同社区医院提供的服务性工作，主要是心理咨询服务人员运用积极心理学的理念和知识，缓解社区成员的心理矛盾，解决心理问题，进而培养社区成员的积极心理品质。

社会积极心理咨询机构可以通过多种渠道开展积极心理咨询，一是开展社区居民的心理健康普查工作，建立心理档案，了解社区居民的心理特点和心理动态，有针对性地开展积极心理健康服务。二是通过社区宣传栏传播积极心理健康知识，宣传积极心理的维护与积极情绪的调节，对社区居民的心理起积极导向作用。三是开展积极心理健康主题座谈会，以孩子的教育、家庭人际关系、保持积极情绪等问题进行社区成员之间的相互交流，以自身真实经历引导社区成员的积极心理。四是开展积极向上的文体活动，可播放励志电影，组织主题晚会，举行献爱心活动等，营造积极、向上、健康、和谐的社区氛围，使生活在社区的每一位居民能够真切感受到积极的正能量。

3. 大众传媒传播积极的正能量

大学生积极心理健康教育的进行必须获得社会的一定支持，但是积极向上的气氛是培育大学生积极心理的重要外部因素，社会是否传播积极的正能量直接影响着大学生积极心理的形成程度和大学生能否健康成长。社会传媒应该关注大学生的心理健康，为大学生提供科学的信息，优化舆论环境，把社会效益放在第一位，营造积极向上的环境气氛，在一定程度上为大学生打造积极向上的成长环境和心理环境。大众传媒要在全社会传播积极正确的舆论导向，在宣传、理论、文艺、出版等方面要坚持社会主义主旋律，弘扬社会积极的正能量，宣传积极的社会信息，如客观、公正地报道先进人物和事迹，大力宣传大学生群体积极救人、见义勇为、互帮互助的先进人物和典型，使之在大学生群体中引起广泛认同感。同样，各种类型的网站要牢牢把握社会舆论的正确导向，对于社会责任进行一定承担，进行多样化的网络教育。要加大力度发展积极健康的文化产业，为大学生创造良好的文化服务平台。良好的社会舆论氛围有助于大学生积极心理健康教育的开展，有助于形成多方合力达到事半功倍的教育效果。

心灵探索

价值观测试

1. 如果你出差到某地开会，会后还有一天时间就要离开这个城市了，你最想干的事情是（　　）。

    A. 抓紧时间和同行者或同学交流一下工作和学习，因为开会人多，交流不深入

    B. 访亲、探友，因为已多年未见了

    C. 购物，想买物美价廉的东西，因为可以省钱

    D. 游玩、娱乐，因为来一趟不容易

2. 如果你只有100元钱，你最想买的东西是（　　）。

    A. 买参考书或文具

    B. 买食品探望父母或病友

    C. 买经济实惠的日用品，为过日子

    D. 去打保龄球或别的娱乐，因为这样很开心

3. 十年之内你为之奋斗的事情是（　　）。

    A. 职称、地位或取得某种文凭

    B. 找一个理想的爱人，生个可爱的孩子

    C. 要赚几万元以上，越多越好

    D. 买汽车和房子，过舒服的日子

4. 你选择朋友最重要的条件是（　　）。

    A. 在事业上能助你一臂之力

    B. 懂得友谊、珍惜友谊，也有温情

    C. 有钱有势

    D. 能说得来，并玩得来

5. 你最喜欢在床头贴的东西或在玻璃板底下压的东西是（　　）。

    A. 格言、名句、备忘录

    B. 亲朋好友的照片，以示思念之情

    C. 商业信息，以提醒自己哪里有减价购物的信息

    D. 大美人或风景画，看上去心情舒服

6. 你买衣服或鞋子，最注重的是（　　）。

    A. 有名牌商标或穿上显得有身份的

    B. 多数人都能接纳并喜欢的

    C. 物美价廉的

    D. 穿上舒服自在的

7. 你希望自己能成为一个这样的人（　　）。
   A. 有学识、有成就的人
   B. 有很多朋友的人
   C. 有很多钱的人
   D. 一个乐呵呵的人

8. 在假日里，你最喜欢做的事情是（　　）。
   A. 到书店、博物馆、图书馆、科技馆等地方去
   B. 和亲朋好友在一起度过
   C. 买打折物品去
   D. 游山玩水去

9. 如果两个人打架或违反纪律，你认为最好的处理方法是（　　）。
   A. 有是有非，分清是非，给以批评教育
   B. 以和为贵，和稀泥了事
   C. 按是非轻重，给以经济处罚
   D. 回避，少找麻烦

10. 如果你的生活还可以，现在想花1万元钱，你将选择（　　）。
    A. 买一台电脑
    B. 为亲爱的人买个钻石戒指，或孝敬父母
    C. 存银行、生利息，或买保值的物品
    D. 去旅游

11. 有以下工作岗位，你第一个考虑的条件是（　　）。
    A. 竞争激烈，提升快的单位
    B. 人事关系不复杂，集体氛围好的单位
    C. 能挣大钱的单位
    D. 饭店或娱乐场所

12. 你做事的习惯是（　　）。
    A. 有目标、有计划地干
    B. 拉上朋友一起干
    C. 先考虑经济得失
    D. 跟着感觉走

13. 你最羡慕的人是（　　）。
    A. 有成就有地位的人
    B. 有一个美满家庭的人
    C. 亿万富翁

D. 吃喝玩乐的人

14. 你最感兴趣的事是（　　）。

    A. 观看新奇产品或新奇事物

    B. 听抒情音乐

    C. 废物利用

    D. 怎么高兴就怎么玩

15. 你最喜欢看的影片是（　　）。

    A. 传记片

    B. 爱情片

    C. 商业片

    D. 娱乐片

16. 你希望从别人那里得到（　　）。

    A. 认可（认为你很重要）

    B. 悦纳（喜欢你，爱戴你）

    C. 援助（在经济上帮助你）

    D. 共乐（能和你玩在一起）

17. 你和朋友或家人常常切磋的事情是（　　）。

    A. 学问或技术

    B. 如何处理好人际关系

    C. 如何能挣钱

    D. 哪里最好玩

18. 如果遇到火灾，你首先从家中抢出来的东西是（　　）。

    A. 你的设计图纸、论文、书稿

    B. 父母以及爱人常用的东西以及照片等

    C. 存折或钱

    D. 你最喜欢、最好玩的东西

计分方法及分析

1. 每题1分，18道题共18分。

2. 选择A的是成就感；选择B的是友谊、爱情；选择C的是金钱观；选择D的是娱乐观。

3. 如果你在A、B、C、D方面的任何一方面得18分，这一项所代表的价值观就是你的主要价值观。当某一项的选择较多时，说明你的价值观倾向于这一方面：14~17分是中等价值观；10~13分是次等价值观；10分以下是稍有这种倾向。

参考文献

[1] 王金凤,柴义江. 大学生心理健康教程[M]. 2版. 北京:人民邮电出版社,2024.

[2] 陈萍,陈金蕾. 大学生心理健康教育[M]. 北京:科学出版社,2024.

[3] 唐颖彦,胡燕. 大学生心理健康教育[M]. 北京:清华大学出版社,2023.

[4] 樊富珉,王建中. 当代大学生心理健康教程[M]. 武汉:武汉大学出版社,2023.

[5] 吴汉玲. 当代大学生心理健康与全面发展研究[M]. 北京:中国原子能出版社,2022.

[6] 滕燕. 大学生心理健康教育[M]. 北京:高等教育出版社,2022.

[7] 俞国良. 大学生心理健康[M]. 2版. 北京:北京师范大学出版社,2022.

[8] 李可依,毛可斌. 大学生职业生涯规划与发展[M]. 北京:北京工业大学出版社,2022.

[9] 彭彦华,彭海滨. 大学生职业生涯规划[M]. 北京:人民邮电出版社,2022.

[10] 赵传刚,杨建. 新时代大学生职业发展与就业创业指导教程[M]. 成都:电子科技大学出版社,2022.

[11] 陈红,邵景进. 大学生心理健康教育(微课版)[M]. 北京:人民邮电出版社,2022.

[12] 方晓义,夏翠翠. 大学生心理健康教育(慕课版 双色版)[M]. 3版. 北京:人民邮电出版社,2022.